# Marie Luise Kaschnitz

*Eine Biographie*

*von*

*DAGMAR*

*VON GERSDORFF*

Insel Verlag

Erste Auflage 1992
© Insel Verlag Frankfurt am Main und Leipzig 1992
Alle Rechte vorbehalten
Druck: MZ-Verlagsdruckerei GmbH, Memmingen
Printed in Germany

# Inhalt

*Für Bernd*

Es sieht schlimm aus in der Welt.
Aber wie es aussehen würde ohne die
jahrtausendelangen Anstrengungen der
Schreibenden, wissen wir nicht.

*Marie Luise Kaschnitz*

# I.
# Wälder der Kindheit
## (1901-1924)

*Die Familie der Freiherren von Holzing-Berstett*

> Und rasch war die Zeit meine Zeit.
> Wer von Pferden gezogen zur Welt kam
> Verließ sie im Raumschiff.

MARIE LUISE KASCHNITZ war die jüngste von drei
Schwestern, von denen jede auf besondere Weise zur Ma-
lerei, Musik oder Dichtung befähigt, jede ein Leben lang
schöpferisch tätig war. Sie wird als außerordentlich lebhaft bezeichnet, eine kluge und interessierte Gesprächs-
teilnehmerin, »eine stimulierende Zuhörerin, wach, aufmerksam, gefesselt von Neuem«. Sie war den Menschen
leidenschaftlich zugewandt, an ihren Schicksalen und Zufällen anteilnehmend – »eine Menschenfischerin« nannte
sie sich selbst. Sie hatte dunkles Haar und ein ernstes,
schönes, von innen her belebtes Gesicht. Charakteristisch
waren ihre auffallend dicken Brauen über großen, stahlblauen Augen. Die Faszination, die von ihr ausging, beruhte vor allem auf dem leuchtenden Blick dieser übergro-
ßen Augen. Sie selber wußte um die erotische Anziehungskraft und die strahlende Wirkung ihres Blickes – von
den »großen Augen« einer Seherin, einer Wächterin ist
häufig die Rede.

> Nur meine Augen laßt mir
> Diese von jeher offen
> Von jeher tauglich ...

Geboren wurde sie am 31. Januar 1901 – es stimmte sozusagen, wenn sie auf die Frage nach ihrem Alter festzustellen pflegte, sie sei »so alt wie das Jahrhundert«. – Sie meinte aber weniger eine in Daten abgesteckte Zeit als vielmehr die Fülle der Ereignisse, die in ihr Leben fielen. »Das Kind einer alten, fragwürdigen Welt« nannte sie sich und bezeichnete damit den Spannungsbogen, den die Geschichte seit ihrer noch völlig aristokratisch geprägten Kindheit im Wilhelminischen Kaiserreich über Weimarer Republik und Diktatur im Dritten Reich bis zur Demokratie der Bundesrepublik Deutschland beschrieben hatte.

Als sie, durch hohe literarische Auszeichnungen geehrt, am 10. Oktober 1974 in Rom starb, hinterließ sie ein einzigartiges erzählerisches und lyrisches Werk, in dessen Verbindung von poetischer Klarheit und geistiger Sprengkraft sich der Bogen, den ihr Leben beschrieben hatte, spannungsreich gespiegelt findet.

✳

> Wälder der Kindheit sind auch
> Nicht für ewig gemacht
> Ziemlich späte Erfahrung.

Marie Luise von Holzing-Berstett entstammte einer alten, adligen Offiziersfamilie. Die Vorfahren des Vaters wie auch der Mutter kamen aus Baden. In Karlsruhe hatten der 30jährige Max Freiherr von Holzing-Berstett und die zehn Jahre jüngere Elsa Freiin von Seldeneck 1896 die Ehe geschlossen, dort wurde auch, im Haus der Großeltern, Marie Luise geboren – zur großen Enttäuschung der Mutter, die nach zwei Mädchen endlich den Sohn und Stammhalter erhofft hatte. Die Tochter hat unter der Kränkung, nicht erwünscht zu sein, offensichtlich mehr gelitten, als ihre selbstironische Schilderung im *Haus der Kindheit* uns wissen lassen will. Darin berichtet noch die über Fünfzigjährige von der »völligen Gleichgültigkeit« der Mutter, als sie erfuhr, daß es wieder kein Namensträger, wieder kein Erbe der Stammgüter, sondern nur ein Mädchen war. »Es hätte mich interessiert, das Gesicht meiner Mutter zu sehen, als man mich ihr, das dritte Mädchen, das sie zur Welt brachte, zeigte.«

Der einzige Sohn wurde dann drei Jahre nach ihr geboren, Adolf Max Arthur, genannt Peter, das Lieblingskind der Mutter. Zwischen den älteren Schwestern und dem behüteten Sohn fühlte sich das Kind Marie Luise doppelt vernachlässigt, doppelt einsam. »Ich tue mir leicht weh, und man tut mir leicht weh, die Geschwister, die Mutter und der Vater, der mich übersieht.« Noch gegen Ende ihres Lebens, beim Anschauen eines alten Familienfilms, schreibt sie die im Kern bittere Bemerkung nieder: »Meine Mutter, die lächelnd auf mich zukommt, mich ansieht, mich ... Ich lasse den Film zurückspulen: Ich muß noch einmal sehen, wie meine Mutter mir zulächelt, so voller Liebe, ich war nicht gemeint.« (*Orte* 545)*

Mit dem Gefühl des Ungeliebtseins mag zusammenhängen, daß sie als Kind von extremer Schüchternheit war und ihr die Stimme versagte, wenn sie Bekannte begrüßen sollte, rot wurde, wenn man sie ansprach, und ohne ersichtlichen Grund in Tränen ausbrach, obgleich sie in der Schule zu den Besten gehörte. »Wunsch, ein Mannsbild zu sein, die ganze Kindheit hindurch«, ist in einem handschriftlichen Merkbuch zu lesen. – Der erste Roman, den die Dreißigjährige in Italien verfaßte, handelt von nichts anderem als vom Zorn und der Verbitterung darüber, als Frau neben dem Mann – auch wenn er der verständnisvolle

---

* Die Zitathinweise beziehen sich auf die Gesammelten Werke von Marie-Luise Kaschnitz, hg. v. Chr. Büttrich u. N. Miller, Frankfurt/Main: Insel Verlag, 1981-1989 (Römische Bandangabe, arabische Seitenzahl). S. auch den Nachweis S. 330.

Geliebte ist – keine Anerkennung zu finden. Das ungewöhnlich kühne Buch schildert einen weiblichen Konkurrenzkampf, der im Mordversuch gipfelt. Das Erstlingswerk mit dem irreführenden Titel *Liebe beginnt* behandelt ein Thema, das zum Zeitpunkt seines Erscheinens – 1933 – derart unüblich war, daß der Lektor des Verlages eine Änderung des Schlußkapitels verlangte und die ratlosen Kritiker das Anliegen der Autorin nicht einmal annähernd verstanden.

War sie, wenn schon ›nur‹ ein Mädchen, wenigstens hübsch und liebenswürdig? Keinesfalls, behauptet sie, wenn von der Kinderzeit die Rede ist, sondern blaß, pummelig, mit hellen, wäßrigen Augen, ungeschickt und ängstlich. Es ist die berühmte Erzählung *Das dicke Kind,* in der sie psychologisch schlüssig die Geschichte eines Mädchens erzählt, das als ein träges, gedankenfaules Geschöpf neben der schönen, graziösen Schwester dahinvegetiert, bis es durch ein lebensbedrohendes Ereignis den Mut findet, sich von der eigenen Feigheit und Trägheit zu befreien. Die Erzählung reflektiert die bittere Erfahrung des zurückgesetzten Kindes, von der Autorin später selber dechiffriert. Sie enthüllt darin als Schlüsselerlebnis den leidenschaftlichen und ehrgeizigen Wunsch, es dem bewunderten Vorbild gleichzutun, auszubrechen aus der Durchschnittlichkeit, etwas Besonderes zu leisten und zu erreichen.

Es gab diese Schwester, die *Das dicke Kind* in Worten der Bewunderung preist und die ihr in jeder Hinsicht überlegen war, nicht nur an Jahren, sondern vor allem an Begabungen, um die die jüngere sie glühend beneidete. Daß gerade Lonja, das intelligente Lieblingskind des Vaters, ihr Lebensziel verfehlte und nicht glücklich wurde, sondern bei allen ihren Vorhaben scheiterte, war von besonderer Tragik. Im Rückblick nimmt sich Lonjas Leben wie ein negativer Gegenentwurf zu dem ihrer berühmten jüngeren Schwester aus, die Lonjas ungewöhnliche Talente, ihre Leidenschaftlichkeit, ihren geistigen Mut hervorgehoben und zugleich beklagt hat, daß sich die Schwester in rastloser Unbeständigkeit verausgabte, sich und ihr Leben vertat wie eine Flamme, »die unstet brennt«. (III 741, 744)

Alle Mitglieder dieser Familie hatten geistige Interessen und musische Begabungen, alle waren in künstlerischen Dingen nicht nur aufnehmend, sondern vielseitig schöpferisch tätig, und es wirkt angesichts ihrer vielfältigen produktiven Fähigkeiten wie ein Wunder, daß ausgerechnet die unscheinbare und in sich gekehrte, verträumte und spätentwickelte Tochter Marie Luise sie schließlich alle übertraf. Ihre Eltern waren »ein schönes Paar, so schöne Eltern hatte kein anderes Kind« – zugleich litt die Tochter aber unter ihrer fernen und strengen »Gottähnlichkeit«, und ein Gefühl von Geborgenheit scheint sich nicht wirklich eingestellt zu haben.

Der Vater, Max Freiherr von Holzing-Berstett (1867-1936), preußischer Generalmajor, war nach ihrer eigenen Beschreibung ein hochgewachsener, schwarzhaariger, sportlicher Mann. Er hatte früh militärische Karriere gemacht, war, noch nicht dreißigjährig, zum Großen Generalstab nach Berlin und anschließend als Ordonnanzoffizier zum Prinzen Max von Baden, dem letzten Kaiserlichen Reichskanzler, berufen worden, ein vielfach ausgezeichneter Reiter und gebildeter Mann; er malte, verfaßte Aufsätze, schrieb Gedichte und blieb dennoch – vielleicht auch wegen dieser gegensätzlichen Eigenschaften – im Militärberuf ein Außenseiter, ein »halber Intellektueller und heimlicher Demokrat«. Den Regimentskameraden galt er als »der rote General«, Voltaire war seine Leitfigur, nicht Bismarck. Er war »ein Grandseigneur vom Scheitel bis zur Sohle« (Kasimir Edschmid), »ein vornehmer Repräsentant der Kaiserzeit« (Max Tau). Er war ein deutscher Idea-

list und später »eine Art Nationalsozialist, wenn es auch
den Nationalsozialismus, an den er glaubte, nie gegeben
hat ...«

*

Unstet die meisten Meinen
Schlecht Angepaßte
Verschwender und Betrüger
Ja auch solche
. . .
Unzufrieden die meisten mit sich selbst
Großmütig mit andern. Leute
    augenscheinlich
Die über alles Maß am Leben hingen ...

Die Lebensumstände der Vorfahren waren skandalumwit-
tert und boten viel romanhaften Stoff. Marie Luise Kaschnitz beschäftigt sich mit dem Plan, die einzelnen Schick-
sale der Familienmitglieder in einen Roman zu verweben,
beläßt es aber dann bei gelegentlichen Schilderungen pi-
kanter oder dramatischer Vorkommnisse, die sie »Fragen
nach der Familie« nennt:
    Nach dem Ahnherrn, der, wie auch sein Bruder, der
    Lustknabe oder, wie man sich damals ausdrückte, der
    Mignon seines Fürsten gewesen ist. Wie wurde die Ho-
    mosexualität damals beurteilt? in der Bürgerschaft, im
    Volke?
    Nach der Ahnfrau, die einem Markgrafen zur linken
    Hand angetraut wurde. Sie bekam einen hübschen adli-
    gen Namen und ein Schlößchen vor der Stadt. Durften
    ihre Geschwister, durfte ihre Mutter sie dort besu-
    chen?
    Nach der Rolle, die meine Ahnen in der Geschichte des
    unglücklichen Kaspar Hauser gespielt haben. Soviel ich
    weiß, hat mein Großvater in der Waschküche eines
    Anwesens bei Freiburg gewisse Papiere verbrannt.
    Wurde durch diese Papiere die großherzogliche Familie

belastet? Über den Knaben, der ›ein Reyter werden wollte, ein solcher, wie sein Vater war‹, durfte in unserer Familie nicht gesprochen werden. Warum nicht? (III 816)

Der Name Marie Luise Freiin von Holzing-Berstett, wie sie bis zu ihrer Heirat offiziell hieß, bestand in dieser Doppelform erst seit fünfzig Jahren. Zu den Holzings heißt es in den Urkunden: Rittermäßiger Reichsadelsstand 1652 für Johann Holzing, Besitz: die zu einem Familiengut vereinten Grundschaften und Güter zu Bollschweil, Ettenheim, Haslach, Grosweier und Bodersweier, Baden. Das Wappen enthält drei goldene Ringe auf schwarzem Sparren, in je zwei Feldern auf rotem Grund einen zweischwänzigen goldenen Löwen. (Sie hat sich für diese Dinge nicht interessiert, sonst würden bei ihrem Sinn für ›Zeichen‹ die zweischwänzigen goldenen Löwen in biographischen Skizzen gewiß auftauchen.)

Der Name der aus dem Elsaß stammenden Herren von Berstett, die urkundlich zum ersten Mal 1280 erwähnt werden, drohte zu Beginn des 19. Jahrhunderts auszusterben. Wilhelm Franz Freiherr von Holzing (1819-1905), der Großvater, fügte darum den Namen Berstett bei seiner Heirat im Jahre 1864 mit der letzten Erbin, Amélie Freiin von Berstett (1836-1907), dem seinen hinzu: Freiherr von Holzing-Berstett, 1898 adelsrechtlich bestätigt. Er war ein armer Offizier, sie die reiche, schöne und geistvolle Erbin einer elsäßischen Emigrantenfamilie, deretwegen er im katholischen Baden protestantisch wurde.

Die Enkelin hatte noch undeutliche Erinnerungen an dieses der Biedermeierzeit entstammende Großelternpaar in Karlsruhe. »Ich entsinne mich aber deutlich ihres Hauses in der Stefanienstraße, besonders an den Geruch in der Wagendurchfahrt und an den Schatten der Kastanien in dem kleinen Garten. Außerdem an eine zierliche alte Haushälterin, die französisch mit uns sprach ...« Als der alte Freiherr sechsundachtzigjährig starb, im Jahre 1905, war sie vier Jahre alt.

Die Eltern der Mutter sind »die alten Seldenecks« in Karlsruhe, bei denen sie oft die Ferien verbringt und in deren »Mühlburger Schlößle« es einen runden Salon gab, in dem Weihnachten gefeiert wurde – als unvergeßliches Erlebnis im *Haus der Kindheit* geschildert. Im Garten gab es ferner ein eigens für die Kinder errichtetes »Rosenhäuschen« mit kleinen Stuben und winzigen Möbeln und eine Schaukel, die als Inbegriff für Kindheitsglück im Hörspiel *Die Reise des Herrn Admet* eine entscheidende Rolle spielt: Alkeste ist bereit, für ihren Gatten Admet statt seiner in den Tod zu gehen. Aber erst als sie die alte, moosüberwachsene Schaukel wiedersieht und sich an das genossene Kindheitsglück zurückerinnert, ist sie bereit, den schweren Gang in die Unterwelt anzutreten.

Den überlieferten Anekdoten ihrer durch Heldentaten, diplomatische Fähigkeiten oder auch skandalträchtige Lebensumstände bemerkenswerten Vorfahren Holzing und Berstett stand sie eher skeptisch gegenüber, seltsam unwillig, sich in diese Reihe einzugliedern. Darum kommt es nie zu dem erwähnten Familienroman, sondern nur zu skizzenhaften Andeutungen über familiäre Vorkommnisse, die sie beunruhigt haben: daß einem Potsdamer Vetter ein drittes Ärmchen aus der Schulter wuchs. Daß Heros v. B., ihr zwanzigjähriger Berliner Vetter, sich wegen Spielschulden in der elterlichen Wohnung erschoß, was seine Mutter, die auf Reisen war, zufällig durch die Zeitung erfuhr. Wie ein anderer Verwandter, der einzige Bruder des Vaters, sich – ebenfalls der Wettleidenschaft wegen – das Leben nahm. »Er hatte Schulden und ist, wie es heißt, in die Hände von Wucherern geraten. Er hat Wechsel gefälscht und einmal sogar die Unterschrift einer hochgestellten Persönlichkeit nach-

nachgeahmt. Obwohl er das gehetzte Leben eines Krimi-
nellen führte, war er ein ausnehmend fröhlicher Mensch.«
(III 816)

> Unsere Väter wir erfuhren es noch
> Waren unruhig und ernst.
> Der einzige, der lachen konnte
> Nahm sich das Leben.

Sehr unterschiedlich fallen die Beurteilungen der Mutter
aus, Elsa Freiin von Seldeneck (1875-1941). Sie war eine
hochmusikalische, ja musikbesessene Frau, die bei Arthur
Schnabel Klavierunterricht erhielt und zur Sängerin aus-
gebildet war, eine Wagner-Verehrerin wie ihr Vater, der
ihr den Vornamen *Elsa* gab. Sie lud zu Konzerten in ihr
Haus ein, es wurden klassische Trios gespielt, Beethoven,
Schumann, Brahms, denen die Tochter hingerissen
lauschte. Den vier Kindern war sie eine phantasievolle und
erfindungsreiche Mutter, sie baute ihnen das Puppentheater mit den handkolorierten Kulissen auf und spielte den
»Freischütz« oder »Elisabeth von Thüringen« mit benga-
lischem Feuer und verstellter Stimme. Die Wirkung war
vollkommen. (Ein Hörspiel, das dem Schicksal der jungen
Elisabeth nachgeht, ist durch jenes Puppenspiel angeregt
worden.)
Die Mutter nahm die Kinder mit in die Berliner Philhar-
monie und ins Theater, wo die halbwüchsige Marie Luise
die berühmtesten Schauspieler der Zeit erlebte, Paul Hart-
mann in Wallenstein und Max Pallenberg in Julius Cäsar,
Käthe Gold als Gretchen, Gustav Gründgens als Mephi-
sto und Elisabeth Bergner in ihrer Paraderolle als Heilige
Johanna, und sie empfand »eine fast fanatische Verehrung
und einen glühenden Neid« diesen wunderbaren Größen
gegenüber. (*Orte* 461) Ihr Leben lang ist sie mit Begeisterung ins Theater gegangen und hätte auch gerne selber

Stücke für die Bühne verfaßt, doch ihre dramatischen Versuche »Die kleine Liebe« und »Nicht noch einmal« blieben in der Schublade liegen, und nur in ihren – insgesamt zwanzig – erfolgreichen Hörspielen konnte sie ihrem Hang zur Dialoggestaltung erfolgreich nachkommen.

Die junge Marie Luise hat nicht nur »unter dem Flügel lauschend« Musik in sich aufgenommen, sie spielte auch selber gut Klavier und ging mit der größten Begierde in die Oper. Davon kündet ein schmales, graues Büchlein mit der silbernen Aufschrift »Notizkalender 1918«. Er enthält die beinahe mondäne Welt der siebzehnjährigen ›höheren Tochter‹ im letzten Kriegsjahr, die Tennis spielt, reitet und mit ihrem Großvater Seldeneck im August 1918 eine Reise nach München unternimmt. Man besucht die Schack-Galerie und das Schloß Nymphenburg, die Pinakothek und das Deutsche Museum, und zweimal geht sie »allein« (wie sie eigens vermerkt) in den Glaspalast. An fast jedem Abend ist ein Opernbesuch notiert, darunter »Tristan« und »Götterdämmerung«; der alte Herr hat aber seine leidenschaftliche Wagnerbegeisterung nicht auf die Enkelin übertragen können. Der Kalender beweist auch für die übrigen Monate das musikalische Interesse der Siebzehnjährigen. Das Jahr beginnt mit »Carmen«, der Geburtstag am 31. Januar 1918 wird mit »Rigoletto« begangen, und das junge Mädchen fährt bis Freiburg, um ein Konzert mit Arthur Schnabel zu hören.

Seltener, dafür um so brisanter sind die eingetragenen politischen Ereignisse. 5. November 1918: »Beginn der Revolution. Die Flotte weigert sich auszufahren. Aufstände in Kiel, Hamburg, Lübeck. – Waffenstillstand ... Abdankung des Kaisers. Revolution in Berlin. Schießereien am Schloß. Bildung der neuen Regierung (vorläufig übernimmt der Soldaten- und Arbeiter-Rat Berlins die Führung). Prinz Max von Baden hier [in Karlsruhe] angekommen. Wilhelm II. in Holland interniert, ebenfalls der Kronprinz«. In *Orte* hat sie später ihre Gefühle während des Umsturzes geschildert: Sie hatte nichts dagegen, daß die alte Welt, die sie als überlebt empfand, unterging.

Die Mutter war die erste, die das Kind zur Musik führte. Niemals aber wird die Mutter liebevoll oder gütig genannt. Dem Kind erscheint sie unnahbar, »man küßte sie durch einen Schleier hindurch«, heißt es in wörtlicher wie symbolischer Formulierung, »wir waren stolz auf ihre Schönheit, und vor Glück zitternd warteten wir auf den Augenblick, in dem sich abends die Kinderschlafzimmertür öffnete und die Mutter, zum Ausgehen angezogen und mit langen glitzernden Ohrringen behängt, sich über unsere Betten beugte«. Es mag als bezeichnend gelten, daß sie dem Vater viele, der Mutter kein einziges Gedicht widmete.

Ihr über alle Maßen lebensfreudiges, geradezu glückshungriges Gemüt stieß bei der Tochter, die von sich selber sagt, sie sei zwar heiter, aber niemals lustig, auf Ablehnung. Obgleich der Vater sich nach dem Ersten Weltkrieg dem Familienleben weitgehend entzieht und wechselnde Freundinnen hat – sie beobachtet einmal, wie er eine fremde Frau küßt, die sie dreißig Jahre später wiedertrifft –, während die Mutter in der Not der Nachkriegsjahre ausländischen Studenten Deutschunterricht erteilt, unterliegt sie dem negativen Verdikt. »Trotzdem meine Mutter, sage ich, sehr schön und liebenswürdig war, fanden wir Kinder, daß mein Vater unter seinem Stand geheiratet habe, unter dem Stand seiner geistigen Fähigkeiten, seiner Einfühlung, seiner Phantasie.« (III 723/4)

Sie selber hat mehr dem ernsten, sensiblen, oft melancholischen Vater als der vitalen, heiteren Mutter geglichen. Ihr Wesen war in gewisser Weise ein Ausgleich zwischen der seit Jahrhunderten in der Familie auffälligen Veranlagung, wonach die einen »über alles Maß am Leben hingen«, während die anderen unter Ängsten, Depressionen und lebensverneinender Schwermut litten.

Liest man die Briefe, die die Tochter an die Eltern schrieb, so findet man die streng geäußerte Parteilichkeit nicht, nichts findet sich darin an Vorwürfen oder Kritik. Die Briefe sind warmherzig und auf beiden Seiten liebevoll-anteilnehmend. »Meine liebste Mama«, heißt es, »lieber Peleus«, so die in Weimar lebende, einundzwanzigjährige Tochter an den Vater. Sie wird übrigens niemals Marie Luise, immer nur »Leu« genannt, von den Geschwistern und Freunden ihr Leben lang.

*

Drei Schritte von meinem Vaterhaus
Bin ich über meinen Schatten gesprungen

Kaum jemand ist mit solch beharrlicher Intensität der Leuchtspur der Kinderzeit gefolgt wie Marie Luise Kaschnitz in ihrem gesamten Werk. Ihre Kindheits- und Jugenderfahrungen haben sich ihr auf eine so eindringliche Weise eingeprägt, daß sie, wie bei keinem Schriftsteller sonst, als Grundton ihre Dichtung durchziehen, farbige Bilder voller Poesie, Spiegelungen wie die der von ihr beschriebenen Laterna Magica, wenn es um Kinderglück und -phantasien geht, um Zauberworte und Verwandlungsspiele, Schaukelvergnügen und die ersten, unter dem Flügel verborgen erlauschten Musikeindrücke. Die Erinnerungen finden sich in authentischer oder verfremdeter Form, als Rückbesinnung, Anspielungen oder Symbole in den Erzählungen, den Gedichten und Aufzeichnungen wieder. Dabei fällt auf, daß es keineswegs bei der Schilderung unbeschadeten Kinderglücks bleibt, vielmehr lebt sie im Nachklang erfahrener Ängste und Täuschungen, kennt sie kindliche Eifersucht und die Kränkungen demütigenden Unterlegenseins, die Erinnerung an Tränen, Alpträume und nächtliches Geschrei, das (verbotene) Läuten nach dem Kindermädchen Lulu, das tröstend mit Zucker-wasser ins Zimmer kommt. Im *Haus der Kindheit* (1956) wird nichts ausgespart, nicht die Erinnerung an Tränen, Alpträume und nächtliches Geschrei, nicht das Quälen von Mensch und Tier, nicht der Sturz aufs Pflaster und nicht der Sturz aus der Welt kindlichen Vertrauens in die Sphäre von sexueller Neugier und elterlichem Betrug.

> Du auf einem Holzstoß sitzend
> Erinnere dich
> An die schrecklichen Ängste
> Die ungerechten Strafen
> In deiner Kindheit.
> Eines Tages wann
> Sahst du einen
> Erwachsenen weinen
> Und das war schlimmer als alles.

Sie habe, gestand sie später ihrer Tochter, unter den sie verfolgenden Bildern und der Fülle der Erinnerungen so gelitten, daß sie *Das Haus der Kindheit* habe schreiben müssen, um sich endlich von diesem Druck zu befreien. (»Kindheit: Ich werde das alles noch einmal erleben, | Ob ich will oder nicht. | Den Gärtner, der mit seiner Hacke auf uns losging ...«) Im *Haus der Kindheit* betritt die erwach-sene Besucherin ein »Kindheitsmuseum«, in dem sie frühe, elementare Erlebnisse noch einmal erleben, erfühlen, erlei-den muß. Insgeheim vermutet sie, daß auch die scheinbar behütetste Kindheit von Schrecken und Ängsten bedroht sein könne, von deren Ausmaß man sich keinen Begriff mache. »Den von mir lange gehegten Verdacht, daß das sogenannte Goldene Zeitalter meiner Kindheit ein fauler Zauber war, habe ich eben aufs neue bestätigt gefunden.« »Als ich ein Kind war und Marie Luise von Holzing hieß,

wohnten wir in Potsdam in einer Sackgasse ... Es gefiel
uns Kindern, die Ortsfremden in die Sackgasse zu locken,
die abschüssig war und die ich, des Radelns noch unkun-
dig, auf einem der Räder der großen Schwestern hinunter-
fuhr, um dort, wo ich hätte umdrehen oder absteigen sollen, donnernd zu stürzen. In solchen Dingen war ich
mutig, in anderen feige, ängstlich im Dunkeln, krankhaft
im Umgang mit Erwachsenen ...« (III 729)

### Kindheit und Jugend in Potsdam und Berlin

Immer marschierten Soldaten
Entlang dem Gartengitter
Alle Garderegimenter zu Fuß
In Schweiß und Staub
Die fallen sollten im ersten, im zweiten Krieg
Aber jetzt
Lachten sie noch, hatten Lippen und Zähne.

Bereits ein Jahr nach ihrer Geburt, 1902, siedelte die Familie aus der badischen Residenzstadt nach Potsdam über,
wo der Vater zum Rittmeister und Führer einer Eskadron
im Ersten Potsdamer Garde-Ulanen-Regiment befördert
worden war, bis er im Herbst 1908 als Flügeladjutant
Kaiser Wilhelms II. ins Große Hauptquartier versetzt
wurde.
Es war das kaiserliche Potsdam, die Stadt der Paraden und
Aufmärsche, des Drills, der Disziplin und der Uniformen.
Immer wieder das Geräusch der Pferdehufe und der mar-
schierenden Regimenter, sommerheiße, weißbestäubte
Straßen, Pferdebahn und rollende Kutschen, diese Bilder
haben sich dem Kind aufgedrängt.
Sobald sie von Potsdam spricht, fallen ihr erlittene
Schrecknisse ein. Dazu gehörte die von den Kindern ver-
langte »sportliche Ertüchtigung«, Geräteturnen, Schwim-

men und das Schlittschuhlaufen auf der Havel, »und wie wir da vor Müdigkeit und Ungeschick hinfielen und wieder aufstanden mit blutenden Knöcheln, und die Tränen gefroren auf dem Gesicht«. (*Orte* 522)

Ein Foto im alten Familienalbum zeigt ein achtjähriges Mädchen, das mitten auf der grauweißen Eisfläche steht und mit runden Augen ins Bild blickt. Es müht sich ernsthaft auf wackligen Beinen um Halt und um Haltung, aber nicht einmal für den Fotografen hat es zu lächeln vermocht. Dieses Bild mit dem Kind im hellen Wollmantel und auf Schlittschuhen war es, das zum Auslöser der Erzählung *Das dicke Kind* wurde, dieser Geschichte von großer innerer Dramatik. Das Bild, dessen Aussage die Erzählung verlängert und vertieft, muß bei der erwachsenen Betrachterin jene Verzweiflung wachgerufen haben, die sie als Kind empfunden hatte, und erregte ihre ins Surrealistische gleitende Phantasie. Die Erzählung beschreibt eine Frau, die ruhig am Schreibtisch arbeitet, als sie plötzlich von einem Kind besucht wird, das ihr schon beim ersten Anblick nichts als Abneigung einflößt. Die mühsame Unterhaltung mit dem raupenhaft essenden und gierig schmatzenden dicken Geschöpf vertieft noch die Antipathie, zumal das Kind hauptsächlich neidvoll von seiner schöneren, klügeren Schwester spricht. Dennoch folgt die Frau, neugierig geworden, dem Kind bis zum Ufer eines Sees, auf dem sie die liebliche Schwester ihre graziösen Pirouetten drehen sieht. Mit einer Mischung aus Schadenfreude und Entsetzen bemerkt sie dann, wie das plumpe Mädchen, das es der Schwester nachmachen will, im Eis einbricht. Sie kommt dem Kind aber nicht etwa zu Hilfe, sondern beobachtet mitleidlos, wie es sich unter Schmerzen und Verletzungen herausarbeitet. Aufgewühlt von dem Erlebten, läuft die Frau nach Hause, sucht erregt im Schreibtisch und hält schließlich ein altes Bild in der Hand, das niemand anderen darstellt als sie selbst, »in einem weißen Wollkleid mit Stehkragen, hellen, wäßrigen Augen und sehr dick«.

Dem Schriftsteller Horst Bienek antwortete Marie Luise Kaschnitz auf seine Frage, ob der Erzählung selbsterlebte Erfahrung zugrunde liege: »Ja, das dicke Kind bin ich selbst. Die Schwester ist meine Schwester Lonja, der See ist der Jungfernsee bei Potsdam. Wir haben dort in der Nähe gewohnt [in der Weinmeisterstraße]. Wir sind viel Schlittschuh gelaufen, und ich bin auch einmal eingebrochen, aber – wie das dicke Kind – nur einen Meter tief. Ich war auch ein braves, schläfriges und viel essendes Kind, aber eben eines mit vielen Ängsten und eines, das bei jeder Gelegenheit zu heulen anfing.«

Natürlich stimmen gelebte Wirklichkeit und dichterische Gestaltung nicht völlig überein. Doch liefert gerade die Biographie von Marie Luise Kaschnitz die Voraussetzung zu vielen ihrer Erzählungen und Gedichte. Sie selbst hat sich zu einer »ewigen Autobiographin« erklärt, hat behauptet, man könne an ihrer Lyrik beinahe ihr Leben ablesen – das ist wohl kaum im wörtlichen Sinne zu verstehen. Gerade die meisterhafte Ausponderierung von Intimität und Distanz aber, ihre Fähigkeit, den autobiographischen Bezug zu verdecken und zugleich zu benennen, ihn zu verschlüsseln und dennoch zur Dechiffrierung freizugeben, die Durchdringung von subjektiver Empfindung und reflektierter Erfahrung machen die geheime Spannung dieser Dichtung und ihre unmittelbare Wirkung aus.

*

Solange ich denken kann
Gingen Uhren immer zu schnell

Nur selten erklärt sie der in Potsdam erlebten Welt ihre Liebe, und immer nur dann, wenn es sich um die Natur handelt – sie war ein Naturkind, eines, das alles durch Augen und Ohren erfuhr. »Als ich ein Kind war, war alles noch unübersehbar, die vielen Gärten voller Geheimnisse, die Wälder ohne Ende, das Dunkel ohne Licht. Die Orte, die wir aufsuchten, hatten schöne redende Namen, Zaubernamen, Pfingstberg, Marmorpalais, Lustgarten, Jungfernsee, Heiliger See ...«

Sie erlebte die Welt durch die verwandelnde Kraft ihrer Phantasie, durch die ihr Namen zu Zaubernamen, Orte zu Wunderorten, Sprüche zu Zaubersprüchen wurden, eine selbsterschaffene Welt, mit übersinnlichen Elementen ausgestattet. Auf dieser Fähigkeit beruhte ihr Vermögen, eigene Erfahrungen wie durch Magie in Poesie zu verwandeln, von der Ebene nüchterner Beobachtung in die Sphäre des Übersinnlichen hinüberzugleiten. Als Kind hat sie sich dieser Fähigkeit einer überquellenden Phantasie aber nicht nur erfreut, sondern sich zugleich als »gepeinigt« bezeichnet. »EIRAM ESIUL nov Gnizloh, der Name ist, wenngleich nur der auf den Kopf gestellte eigene, ein Zauberspruch, den ich zehnmal, hundertmal, vor mich hinsage, mit dem ich Gewünschtes herbeirufe, Drohendes abwende ... Potsdam, der Jungfernsee, die Kirschblüteninsel Werder, Haubentaucher, Laufvögel, Kanäle im Nebel, lauter Vorübungen für die erst später zu erfahrende grenzenlose Fläche Meer ... Eiram Esiul, Erlkönigs Tochter, und was ich liebte, habe ich im Sumpfloch vergraben ... Eiram Esiul, geboren im Wassermann, also wenig solide, also gepeinigt von Phantasie.« (*Orte* 549)

Nicht beglückt, sondern »gepeinigt von Phantasie«, das ist ein Merkmal ihrer speziellen dichterischen Begabung. »Die Welt soll in Ordnung sein, ist aber nicht in Ordnung ... Darum das Schwarzsehen, die poésie noire ... Wer ausspricht, bannt, und der Wunsch, das Schreckliche zu bannen, mag die Ursache meiner traurigen Gedichte und pessimistischen Geschichten gewesen sein.«

Das Kind wurde hineingeboren in eine privilegierte Welt,

mit wechselnden Erzieherinnen und dem treuen Kindermädchen Lulu. Die Eltern gehörten nicht nur dem Adel
an, verkehrten nicht nur in aristokratischen und großbür-
gerlichen Häusern, sondern hatten Umgang mit den aller-
höchsten Kreisen, mit dem Kaiserhaus selbst. Fotos zeigen den Freiherrn von Holzing im Gespräch mit Kaiser
Wilhelm II. Seine Töchter waren gehalten, mit der einzigen Tochter des Kaisers, Viktoria Luise von Preußen, zu
spielen. »Für die Prinzessin ist im Park ein norwegisches
Holzhaus gebaut, eine Spielküche mit lauter kupfernen
Geräten, die Prinzessin bereitet Spiegeleier, natürlich muß
sie die Pfanne nicht sauber machen ... Wir haben uns mit
der Prinzessin sehr gelangweilt, wir wollen nicht mehr
spazierengefahren werden, aber wir müssen, wir werden
nicht gefragt.« Sie haßt jeden Zwang und schließlich auch
die Prinzessin, die »in unseren Augen blöd ist und blöd
das ganze Sanssouci«. (*Orte* 492)
Das bei Kindern oft früh entwickelte Gespür für Standes-
unterschiede, für Hoch und Niedrig, Arm und Reich verstärkt sich bei ihr noch unter dem Einfluß der drei Jahre
älteren Schwester Lonja, die der Mutter unsoziales Verhalten vorwirft und sich mit einem nahezu fanatischen Gerechtigkeitssinn für die Unterdrückten einsetzt. Auch
Marie Luise von Holzing nahm diese Unterschiede mit
wachen Augen zur Kenntnis. »Daß es in den Souterrain-
räumen aller dieser Häuser, dort, wo die Köchinnen und
Stubenmädchen, die Offiziersburschen und Lieferanten
sich aufhielten, höher und auf jeden Fall interessanter her-
ging als oben, war so gewiß, wie daß man uns dort nicht
haben wollte.« (III 684/5)
Mit zunehmendem Alter wächst die Abneigung gegen
Konventionen, Unnatürlichkeit und Etikette. Standesun-
terschiede drückten sich nach außen in der Kleidung aus,
und sie hat die obligaten Matrosenkleider als widerwärtig
empfunden, als einen sichtbaren und fühlbaren Zwang,

der Kindern angetan wurde. Sie spürte den militärischen Charakter der Einheitskleidung, die ihr »alles Häßliche und Beengende« der Kindheit zu verkörpern schien. (*Orte* 599)

Das sind bereits Erfahrungen, die sie in der Berliner Zeit machte. Im Jahre 1913, ein Jahr vor Ausbruch des Ersten Weltkrieges, zog die Familie zunächst in die Hardenberg-straße nahe der Kunsthochschule, dann in die Von-der-Heydt-Straße 6 im vornehmeren Tiergarten-Viertel, in eine repräsentative Zehn-Zimmer-Wohnung mit Biblio-thek, Veranda, Balkon, Salon, man verfügte natürlich über das einem herrschaftlichen Haushalt entsprechende Personal.

In *Rennen und Trödeln* hat Marie Luise Kaschnitz ihren Schulweg beschrieben, den Weg über den Lützowplatz, durch die Schill- und die Nettelbeckstraße, über den Wit-tenbergplatz am KaDeWe, dem Kaufhaus des Westens, vorbei. Interessanter als die Ortsbeschreibung ist, *was* sie dabei sieht, wohin ihre Augen immer wieder wandern: »Unbedingt stehen bleiben muß man vor der Auslage mit den Schneiderpuppen, hohe Brust und flacher Leib … Stehen geblieben wird auch vor den Sarggeschäften, die es hier in großer Anzahl gibt, mit brennenden Kerzen auf hohen Kandelabern, mit Wachsliliensträußen und silber-beschlagenen Prachtsärgen, leeren natürlich, die aber für die Kinder bewohnt sind von geheimnisvollen Toten, die eines Tages, gerade wenn sie vorbeikommen, den Deckel zurückschlagen und sich erheben werden.« (III 726) Die Faszination durch den Tod in seiner sichtbaren und un-sichtbaren Form hat schon auf dem Schulweg begon-nen.

Mit dem Bruder besuchte sie das Konservatorium in der Genthiner Straße zu Klavierunterricht, Notendiktat und Musiktheorie, und dort erlebten sie eines Tages den

Selbstmord einer ältlichen, in den Direktor verliebten Sekretärin, die sich aus dem oberen Stockwerk in den Tod stürzt. Das unvergeßliche Erlebnis findet sich wieder in der Erzählung *Die Schlafwandlerin* (1949) und in den hilflos Irrenden ihrer Gedichte (»Der Träumer fiel vom Dach | Er ging Spiralen ...«).

Sie scheint aber Berlin, die lärmerfüllte Großstadt zur Zeit des Ersten Weltkriegs, weder damals noch später geliebt zu haben, obgleich sie im Lyzeum Freundinnen fand und die Abwechslung, die Theater und Oper boten, sehr genoß. Als sie nach Jahrzehnten Berlin wieder besucht, notiert sie fast sachlich nur das Maß an Zerstörung, das sie vor Augen hat: »Glanz und Elend«, auf nichts passe dieses Wort Balzacs so gut wie auf Berlin, schreibt sie 1957 ins Tagebuch.

### Die Geschwister

Die gläsernen Äpfel rühren
Sich sacht, zum Greifen nah,
Dunkel spricht über den Türen
Der Kopf der Fallada.
Am schwarzen Himmel fliegen
Komet und Wandelstern,
Wir wissen nichts von Kriegen.

Das Kind war am engsten mit dem drei Jahre jüngeren Bruder Peter zusammen, da die unzertrennlichen Schwestern sie ausschlossen. »Ich spielte mit meinem kleinen Bruder, der tat, was ich wollte, aber ich wollte nichts anderes, als aus vertrauten Dingen unvertraute Welten aufbauen, ihn verwandeln, mich verwandeln, das ging so den ganzen Tag.«

Erinnerung und Phantasie und der Wunsch nach Verwandlung, diese Sehnsucht, in andere Personen hineinzusteigen und ein zweites Ich fremde Abenteuer erleben zu lassen, waren als Antrieb zum Schreiben mindestens ebenso entscheidend wie das Bedürfnis, sich anderen schreibend mitzuteilen.

Auch die Eifersucht spielte eine nicht unerhebliche Rolle dabei, der Konkurrenzkampf innerhalb der Familie. Sie empfand damals die Familienkonstellation mit intensiver Emotionalität – die unzertrennlichen Schwestern, die zusammenhingen wie Pech und Schwefel und sie von allem ausschlossen, so daß ihr nichts übrigblieb, als sich dem kleineren Bruder zuzugesellen.

In einer Bohnenlaube habe ich
Den Freundinnen meinen kleinen Bruder gezeigt
Vielmehr etwas Bestimmtes an meinem kleinen Bruder
Das sie nicht kannten
Aber anfassen durften sie das Bestimmte nicht
Wenn sie es versuchten, sagte ich, Schluß jetzt
Und zog ihm die Hosen herauf.

Die Eifersucht auf den Bruder, der von der Mutter bevorzugt wurde, geht aus der grausamen Erzählung *Nesemann* hervor, einer psychologisch alarmierenden Geschichte, die alles enthält, was in Kinderphantasien möglich ist: Lüge und Verrat, Quälerei und Schuld und eine Kindergrausamkeit, der Mordabsichten nicht fremd sind.

Nesemann ist der Name des Hausburschen, den sie zum Titelhelden macht (der Name taucht ebenfalls im *Haus der Kindheit* auf; II 317), obgleich sie selber, die Berichterstatterin, die eigentliche Hauptperson ist: sie hegt den Plan und führt ihn durch. Ort der Handlung ist ein Garten, in dem Nesemann mit dem Spaten beschäftigt ist, als die Mutter mit dem Ponywagen davonfährt, ohne Antwort und ohne Gruß, nur dem Bruder zärtlich zuwinkend. »Grab uns eine Grube, sage ich. – Was für eine Grube?

29

fragt der Nesemann. – Einfach eine Grube, sage ich.« Und
der Bursche gräbt, das Loch wird rechtwinklig und sehr
tief, er hebt das Mädchen und den Bruder hinein, holt auf
ihren Befehl hin Latten aus dem Stall und legt sie über die
Grube, »und dieses Gitter wird immer enger und die
Kühle wird immer tiefer, ein Haus in der Erde . . . Still soll
es bleiben, keiner soll kommen, der Bub soll den Mund
halten, der jetzt anfängt zu plärren und dessen kleines Gesicht so weiß wird in dem grünlichen Licht«.
Aber der Junge ist nicht still, er tritt gegen die Erdwände,
»und es kommt immer mehr Erde, die uns allen auf die
nackten Arme fällt und in den offenen Mund.«
Da kehrt die Mutter unerwartet zurück, die Kinder werden aus der Grube gehoben, viele Leute als Zuschauer stehen am Zaun, »und dann soll ich erklären, was geschehen
ist, und ich sage, ich weiß es nicht, und die Leute fragen:
Hat *er* euch da hineingesteckt? und ich sage: Ja. Denn
wenn ich schon mein Haus nicht haben kann, mein kühles
Erdhaus, so will ich wenigstens das haben, das Wichtig-
sein und das Gefühl, das jetzt in mir aufsteigt, so fremd
und süß, dieses dunkle Gefühl von Verhängnis und
Schuld.
Denn jetzt treibt alles dem Ende zu. Die Mutter kniet vor
dem Bübchen, das noch immer hustet und die Augen ver-
dreht«, – sie ist entsetzt und empört. »Ein Grab, sagt sie,
warum hat er ein Grab gegraben, aus welchen Gründen
gräbt man ein Grab?«
Auf unbestimmte Weise hängen Geburt und Grab, Mutterschoß und Geborgenheit im Schoß der Erde miteinander zusammen. Die Geburt des Bruders wird noch Jahrzehnte später aus dem angstvollen Gefühl der damals
Dreijährigen geschildert. »POTSDAM, und zu denken,
daß meiner Mutter, um ihre letzte Geburt zu beschleuni-
gen, dreißig Meter Mull in die Scheide gestopft wurden,
und das natürlich nicht in der Klinik, sondern zu Hause.

30

Womit sich die drei kleinen Mädchen während dieser Stunden beschäftigten, erinnere ich nicht, auch keine Schreie, keine Wasserschüsseln, obwohl doch die Wohnung nicht groß war.« Die Taufe des Bruders, ein Fest, bei dem die Mutter, im langen Spitzenkleid zart und schön, aus einem kostbaren Kelchglas Champagner trinkt, ist die erste bewußte Erinnerung.

Über den Bruder Peter heißt es: »Die Kinder, diese vier Kinder aus dem Potsdamer Löwenzahngarten, sind später viel herumgekommen ... Bei jedem etwas anderes und keine Vergnügungsreisen, sondern Lebensabschnitte, und wie gerne wäre zum Beispiel mein Bruder einmal wieder nach Istanbul zurückgekehrt, an den Ort seiner ersten großen Liebe, er hat diese schöne, zur Üppigkeit neigende Orientalin viel später, ich glaube nach dem Zweiten Weltkrieg, wiedergetroffen und hat sie noch immer mit den Augen der Liebe gesehen ...« (*Orte* 486)

Der Bruder, der lieber Mediziner oder Biologe geworden wäre, mußte nach dem Tod des Vaters das Landgut Bollschweil übernehmen, nachdem er eine Banklehre absolviert hatte. Er sei letztlich nicht glücklich geworden, Schuld des Vaters, »der ihm auch die schöne Orientalin ausredete, oder Mangel an Selbstvertrauen, und erst viele Jahre später empfand er, als ländlicher Gutsherr vielen ratend und helfend, so etwas wie ein kleines Glück«.

Bezeichnenderweise hat Peter von Holzing seine Mutter anders gesehen als sie. Es waren ihre Heiterkeit und ihre Schönheit, die ihn beeindruckten und den Wunsch weckten, eine ebensolche Frau zu heiraten. »Die Mama war Ehrendame der Großherzogin von Baden und wohnte im Schloß in Berlin mit eigenem Appartement«, schreibt er in seinen unveröffentlichten Erinnerungen. »Es war Gala-Vorstellung in der Oper in Berlin, und der Papa hatte Dienst als Flügeladjutant, und die Mama saß unten in der A-Loge, und sie war wunderschön.« Der Kaiser, heißt es weiter, der in der Opernpause einen Sektimbiß zu nehmen pflegte, bat seinen Flügeladjutanten, jene besonders elegante Schönheit dazu zu bitten. Der Vater steuerte auf die bezeichnete Dame zu – und erblickte seine eigene Frau, die sofort bereit war, dem Kaiser die Freude zu machen.

Aufschlußreich ist die Erinnerung des Bruders an den Burschen Nesemann. »Der Diener Nesemann war ein baumlanger, dünner Bursche mit einem unwahrscheinlich plattgeklopften Daumen, der beim Servieren in weißen Zwirnhandschuhen versteckt wurde; wir haben ihn sehr gern gehabt, denn er hat uns Burgen im Garten gegraben.« Bei Peter baut Nesemann den Kindern Burgen und vertreibt mit einem Schrubber die Stallratten, während die Schwester, mit einer übersensiblen Phantasie ausgestattet, ihn als einen Abgesandten des Teufels schildert, bereit, die Kinder in der Erde einzuscharren.

Marie Luise Kaschnitz hat nach ihrer Heirat eine Erzählung *Geschwister* geschrieben und darin die Trennung von Bruder und Schwester zu verarbeiten gesucht. Die Geschichte geriet aber im Stil schwülstig, im Inhalt pathetisch und wurde zu ihren Lebzeiten nicht veröffentlicht. Immerhin gibt sie eine Andeutung der vertrauten Beziehung weiter, die damals bestand und ein Leben lang erhalten blieb.

So streng, ja rigide die Tochter auch immer ihre Eltern beurteilt, so hat sie doch nicht verhindern können, daß gleichsam unfreiwillig deren Fürsorge und Wärme dennoch aus den Schilderungen aufscheinen. Die Gestalt der Mutter bleibt zwar ambivalent. Sorglos und selbstbezogen, habe sie auch noch im Weltkrieg kaum anderes getan, als dem Personal Aufträge zu erteilen und die Ausgaben in feiner Genfer Pensionatsschrift im Haushaltsbuch zu addieren. (III 565) Aber wenn sie musizierte, spielte und sang, Lieder und Balladen von Schubert und Brahms, wenn sie das herrliche Puppentheater spielte und alle Rollen klassischer Dramen mit verstellter Stimme sprach, »wurde die liebenswürdige und kindliche Frau zur Zauberin«. (III 724) Manches von dem, was die Mutter damals inszenierte, wurde der Keim zu einem Werk. Die Tochter beklagt zwar den spartanisch bedürfnislosen Alltag, die kratzigen billigen Kleider, die Schnürstiefel, die Graubrotscheibe mit der Rübenmarmelade – aber es war ein Lebenszuschnitt, den sie später selber fortführte: gespart wurde bei den täglichen Bedürfnissen, nie aber bei geistigen und kulturellen Ansprüchen.

Das Aufwachsen in diesem Elternhaus, so zwiespältig sie es empfunden hat, bedeutete ein unschätzbares Kapital. Marie Luise Kaschnitz hat zwar bestritten, Geborgenheit und ein ›echtes‹ Familienleben im bürgerlichen Sinne gehabt zu haben; an keine einzige Sommerreise mit den Eltern kann sie sich erinnern. (III 723) Tatsächlich zeigen die Ferienbilder am Strand von Bansin auf Usedom nur die vier Holzing-Kinder, Eltern sind nicht zu sehen. Es gab aber gemeinsame Ferien auf dem »Höllhof« im Schwarzwald, einem Familienbesitz, der 1937 abbrannte – das Erlebnis eines brennenden Hofes ist als ein Alptraum sowohl in der Biographie über Eichendorffs Jugend zu finden (1944) als auch in der Erzählung *Die übermäßige Liebe zu Trois Sapins* (1960), in der Lonja, die beneidete Schwester, eine Rolle spielt.

## Lonja

Was anders heißt Geschwister sein
Als Abels Furcht und Zorn des Kain,
Als Streit um Liebe, Ding und Raum,
Als Knöchlein am Machandelbaum.
Und dennoch, Bruder, heißt es auch
Die kleine Bank am Haselstrauch,
Den Klageton vom Schaukelbrett,
Das Flüstern nachts von Bett zu Bett ...

»Meinen Geschwistern zugeeignet« – die Widmung im *Haus der Kindheit* bedeutet nicht etwa eine klischeehafte Verneigung, die aus Rücksicht oder Freundlichkeit geschah. Vielmehr waren die vier Geschwister von Holzing – Mady, Lonja, Leu und Peter, wie sie genannt wurden – ein Leben lang verbunden in einer seltenen Sympathie. Diese Verbundenheit ist, soweit man aus der umfangreichen Korrespondenz ersehen kann, niemals abgerissen oder nur ernstlich getrübt worden. Gewiß, es gibt gelegentlich Sorgen, bei Krankheiten müssen gereizte Äußerungen beschwichtigt, Maßnahmen geschildert, bei Erbangelegenheiten Details geklärt werden. Aber immer besteht ein selbstverständliches Vertrauen, eine Verständigungsgrundlage, auf der bereits Andeutungen zur Übereinkunft genügen.

\*

Geschwister werden später fremd,
Vom eigenen Schicksal eingedämmt,
Doch niemals stirbt die wilde Kraft
Der alten Nebenbuhlerschaft,
Und keine andere vermag
So bittres Wort, so harten Schlag.
Und doch, sooft man sich erkennt
Und bei den alten Namen nennt,

34

Auf wächst der Heckenrosenkreis.
Du warst von je dabei. Du weißt.

Karola, die älteste Schwester, genannt Mady (geboren am
21. Januar 1897) war künstlerisch sehr talentiert. Sie malte
hervorragend, war außerdem wie die Mutter musikalisch
und bekam Klavier- und Gesangunterricht. Mit ihrem
herrlichen Haar, dem schmalen, intelligenten Gesicht,
ihrem Sinn für Farben und Eleganz war sie stets eine auf-
fallende Erscheinung. Dazu besaß sie Tatkraft und praktischen Lebenssinn. Sie heiratete in erster Ehe ihren Jugendfreund Wilhelm Freiherr Marschall von Bieberstein, einen
begeisterten Flieger, der dem jungen Mädchen an jedem
Geburtstag einen Strauß weißer Rosen über dem Bollschweiler Garten abwarf. Nach dem frühen Tod ihres Mannes, der 1935 auf dem Heimflug von Königsberg abstürzte, verwaltete sie den Besitz Neuershausen, erzog mit
Umsicht ihre drei Kinder und brachte sie – trotz mutiger
und nicht ungefährlicher Freundschaften zu Männern des
Widerstands im Dritten Reich – unbeschadet durch die
Nazizeit, die Kriegs- und Nachkriegsjahre.
Eigentliches Vorbild für Marie Luise aber war die zweite
Schwester, die dunkelhaarige, aparte Helene, genannt
Lonja (geboren am 8. September 1898), die in ihren Augen
fast nur Vorzüge besaß. Lonja schrieb und dichtete, sie war
sprühend phantasievoll und sprachbegabt und hatte ein in-
tuitives Gespür für Literatur. Lonja war das beneidete
Lieblingskind des Vaters, die einzige, die er anerkannte
unter seinen Töchtern. Mit ihr führte er lange Gespräche,
ritt er aus, spielte er Schach, das intelligente Mädchen war
ihm nach Wagner »Wotans kühnes, herrliches Kind«.
Ein Brief des Vaters blieb erhalten, unmittelbar nach Lonjas Hochzeit 1924 mit einem Schweizer Ingenieur geschrieben: »Liebe Leu, die Lonja ist weg. Wotans Abschied.
Mein stolzes Kind. Wie ein Schatten sind die wenigen Jahre

von ihrer Geburt bis zum Weggehen hingeweht. Ich habe wohl viel versäumt …« Die Einundzwanzigjährige verwahrte den väterlichen Brief voll Stolz, daß er sich zum erstenmal fragend an sie wandte.

Lonja schrieb und übersetzte Lyrik, war selbst »eine geborene Dichterin, von Dichtung erfüllt« (Benno Reifenberg). Sie fand glänzende Formulierungen, war in ihren Briefen geistreich, humorvoll und unterhaltsam. Der schwesterliche Austausch an Gedanken, Plänen und Ideen war gleichsam ein Bund auf Gegenseitigkeit. Marie Luise Kaschnitz hat ihre Schwester klug und kühn genannt, mutig und anmutig, dem Leben glühend zugewandt, sie hielt sie für die eigentlich Begabte und Begeisterungsfähige. Es stellt sich die Frage, warum dieser Frau zeitlebens Erfolg und Glück versagt blieben.

Die junge Frau ging mit ihrem Mann, dem Schweizer Ingenieur Jacques Stehelin, nach Japan, wo sie an Heimweh und an ihrer starken Vaterbindung litt. Die Ehe zerbrach, mit ihren zwei Töchtern blieb sie in Basel, kam erst nach dem Krieg nach Bollschweil zurück – die Jahre, die sie dort verbrachte, waren die einzig glücklichen in ihrem Leben. Seit ihrer Scheidung 1937 waren die Schwestern häufig zusammen, in Königsberg und Rom, in Paris und Süditalien. Später spricht Marie Luise Kaschnitz in bezug auf Lonja von ihrer Schuld – der Schuld, nicht genug geraten, getan, gesagt zu haben. Ist es das Schuldgefühl der Glücklichen und Erfolgreichen gegenüber der vom Schicksal Benachteiligten?

Daß die begabte Schwester kein Lebensglück fand, lag einmal an der gescheiterten ehelichen Verbindung.

Da sie es in eigenwilligem Stolz ablehnte, Geld von ihrem Ehemann anzunehmen, hatte sie exemplarisch das Schicksal vieler Frauen zu teilen, die mit unzulänglicher Ausbildung – einem abgebrochenen Jurastudium – in finanziell beengten Verhältnissen ihre Kinder großziehen müssen.

Zudem war sie ein Mensch, dem es an Energie, Ausdauer und planender Zielstrebigkeit fehlte. Lonja war sprunghaft und unausgeglichen, »eine Flamme, die unstet brennt«, fanatisch in ihrem Gerechtigkeitssinn, extrem freigiebig und sozial, aber unüberlegt und unberechenbar. »Wie andere Kinder ihren Besitz mit Leidenschaft verteidigen, gab Lonja mit Leidenschaft, so wie sie später auch sich selbst, ihre Zeit, ihre Kraft ohne Vernunft und Überlegung gab ... Eine bis zuletzt schöne und anmutige Frau, eine mit hervorragendem Gedächtnis ausgestattete Kennerin der Dichtung, eine Verschwenderin, auch in ihrer Liebe zu den Menschen.« (III 744)
Jene Bilder, die Marie Luise Kaschnitz in den »Aufzeichnungen« von ihren Schwestern entwirft, gab es tatsächlich, man erkennt sie auf alten Fotografien: drei Mädchen in Matrosenkleidern, auf dem Berliner Balkon in Korbsesseln lesend. Drei Schwestern auf einer Brücke am Potsdamer Jungfernsee, »... drei kleine Mädchen mit Schnürstiefeln und langen Haaren, die ihnen offen bis in die Kniekehlen hängen. Wohin unterwegs, durch das Schilf, eines hinter dem anderen ...« (»Kinder | Langhaarige drei | Über den Jungfernsee | Hinüber | Herüber.«) »Die Gesichter sind nicht genau wahrzunehmen, bekannt nur von Fotografien«, schreibt sie später, »allen stehen die Brauen dick, bürstenartig über den Augen, mit einer Neigung, in der Mitte zusammenzuwachsen, was im Volksmund auf Selbstmord weist. Aber keines der drei kleinen Mädchen wird sich später umbringen, zwei von ihnen werden, nicht alt, an dem Familienübel Krebs sterben, das dritte lebt noch, sitzt hier im Zimmer, döst und träumt ...« (*Tage, Tage, Jahre* 10)

*Das Herrenhaus Bollschweil im Schwarzwald*

Abends sitz ich am Feuer
Bau in die Flasche
Ein Haus, einen Brunnen, acht Linden ...

Fotos zeigen die noch junge Mutter, Elsa Freifrau von Holzing, schön und heiter, mit ihren drei Töchtern und dem dunkelhaarigen Sohn in einem Garten. Die Mädchen sind auf allen Bildern wie Drillinge gleich gekleidet und haben langes Haar, das bis zur Hüfte reicht. (»Die großen Schwestern liebten und haßten sich, rissen sich an den langen Haaren, schlugen aufeinander ein, bildeten eine Einheit« ...)
Der Vater ist auf den Familienfotos nie zu sehen. Bei Ausbruch des Krieges zog er, 47jährig, als Kommandeur einer Garde-Kavallerie-Brigade ins Feld. Seine Briefe an die vierzehn- bis sechzehnjährige Marie Luise tragen keine Ortsbezeichnung, lediglich den Vermerk »aus dem Osten«. Im Sommer 1918 wird Max Freiherr von Holzing mit der Beförderung zum Kgl. Preußischen Generalmajor pensioniert, doch bleibt er mit seinen Truppen freiwillig im Osten im Kampf gegen die Bolschewiken als neue Machthaber in Rußland. Er schließt sich dem zaristischen Admiral Alexander Koltschak (1874-1920) an, muß aber nach dessen Niederlage aufgeben. Seine Rückkehr nach Deutschland bedeutete für ihn, der von patriotischer Siegesgewißheit erfüllt gewesen war, einen Nullpunkt seiner Existenz und für seine Familie eine harte Bestandsprobe. Er kam gar nicht erst nach Berlin zurück, sondern siedelte mit seiner Familie für immer an seinen angestammten Wohnsitz über, das Gut Bollschweil im Schwarzwald, seit Jahrhunderten in Familienbesitz. Schon zuvor hatte die Familie in den Ferien das alte Anwesen kennengelernt, »das wir Kinder, damals schon lang in Berlin wohnend, als

unsere eigentliche Heimat leidenschaftlich zu lieben begannen«.

Es müssen dem Berliner Kriegskind, das Lärm, U-Bahn-fahren und Kaufhäuser gleichermaßen verabscheute, die Ferien auf dem Land jedesmal wie ein Wunder erschienen sein (»Stille war erst und vor allem ...«). Sie hat das schöne alte Anwesen immer geliebt und ihm wie der lieblichen badischen Landschaft ein Loblied gesungen.

O daß noch einmal gelänge, die holde Verwundrung
Und jenes erste der Bilder zum Leben zu wecken!
Beuge dich, Bruder, mit mir über den Spiegel des Teichs.
...
Alles war unser. Es zogen mit sanfter Gebärde
Waldige Hügel und Reben den Kreis uns der Heimat
Reicher und schöner als alles, was je uns gewohnt war.

(*Bollschweil*)

Ein Haus ist es eigentlich nicht, vielmehr ein Anwesen zwischen Schloß und Landgut, in der Architektur barock, mit ockergelb verputzten Mauern und dunkelgrünen Fensterläden unter einem hohen, geschweiften Dach, mit Pferdeställen und dem »Trottschopf«, in dem früher der Wein gekeltert wurde. Weiße, geschwungene Holztore führen auf den Hof und in den Garten – es gibt einen Ober- und Untergarten mit Springbrunnen und acht mächtigen alten Linden. Brunnen und Linden wurden zu Schlüsselworten, deren Nennung *Heimat* beschwören.

Mit Bollschweil verknüpft ist auch die Erfahrung der ersten Liebe. Es ist die Begegnung der Siebzehnjährigen mit einem jungen Mann, einem »Weltkriegsurlauber«, den sie in Freiburg traf, dessen Augen, dessen Stimme sie mochte und dessen Besuch sie dann, in einem »gewissen Hohlweg« in Bollschweil verborgen, erhofft, wo sie »auf das

Räderrollen seines Wagens vergeblich wartete«. (III 764)
Das Erlebnis wird nur ein einziges Mal vorsichtig ge-
streift.

> Und das Geheimnis bewegt euch zur Nacht wenn die
> dunkle
> Kuppel der Linden sich bis zu den Sternen erhebt.

Nach dem Ersten Weltkrieg fanden sie das Haus und den
parkähnlichen Garten »traurig verfallen« und verwahrlost
vor. Der Vater sorgte für die Wiederherstellung. Er nahm
Umbauten vor, legte die ersten Glashäuser einer zukünfti-
gen Großgärtnerei an, forstete die Wälder auf, pflanzte
eine Obstanlage. Für ihn bedeutete die Heimkehr eine
doppelte – historische und persönliche – Niederlage, was
dazu führte, daß er später vom Nationalsozialismus die
Rehabilitierung Deutschlands erwartete. Nach sechsund-
dreißig Dienstjahren in Friedens- und Kriegszeiten begann mit dem Ende seiner militärischen Laufbahn die Um-
stellung ins ungewohnte Zivilistenleben. Obgleich er auch
hier Karriere machte: 1929 wurde er zum Vorsitzenden
des Olympischen Komitees berufen und führte 1936 die
deutsche Reiter-Equipe zum Sieg. In der schwierigen
Nachkriegszeit aber zeigte sich nun vollends seine Unfä-
higkeit, Ehemann und Familienvater zu sein. Er sonderte
sich ab, zog nicht in das Herrenhaus, sondern schlief im
Garten, »die Nächte im Zelt waren«, schreibt seine Tochter, »der Nullpunkt, und wahrscheinlich ist er, auch als er
wieder im Hause wohnte und aß, nie wirklich heimgekehrt ... Am Abend saß er, während im Salon Musik
gemacht wurde, in seinem Zimmer und entwarf mit Pa-
stellkreiden phantastische Landschaften und allegorische
Gestalten ...«
Das war in der Nachkriegszeit, als es der Familie finanziell
so schlecht ging, daß die Mutter englische Studenten als

paying guests aufnahm, um zum Unterhalt beizutragen. Max von Holzing litt unter der gleichbleibenden Heiterkeit seiner Frau, ihrer »schrecklichen Munterkeit« und entfremdete sich ihr, indem er »eine große Liebe nach der andern hatte«, eine Tatsache, die die Tochter mit seiner schwierigen psychischen Veranlagung, seinen Depressionen entschuldigt, während sie für die ausgeglichene Haltung der Mutter, die zu derartigen Seitensprüngen keine Neigung hat, wenig Verständnis zeigt.

Als der Vater, der sich an einer schweren Krebserkrankung nicht operieren ließ, eines Nachts einen tödlichen Darmdurchbruch erlitt, »lag meine Mutter mit wachsverstopften Ohren im Nebenzimmer und schlief ausgezeichnet, was mich, als sie es mir arglos erzählte, entsetzte und worüber ich auch heute noch nicht hinweggekommen bin«. (*Tage, Tage, Jahre* 138)

Bollschweil wurde der Ort, den Marie Luise Kaschnitz bis an ihr Lebensende leidenschaftlich liebte. »Ich betrachte als meine eigentliche Heimat das Familiengut Bollschweil im Breisgau …« In Gedichten und Essays, in Erzählungen und Hörspielen hat sie dem Haus und der badischen Landschaft gehuldigt. (»O Fall des Brunnens, Stimme in den Zweigen | Geheime Gegenwart, die niemals endet …«). In jedem Jahr ihres Lebens kam sie dorthin zurück, und das Heimweh hat sie nie verlassen, ob sie in Ostpreußen oder Frankfurt, in Rom oder Griechenland war. Sie kam zurück in das »Blaue Zimmer«, in dem sie zuletzt schlief und das sie in *Orte* beschrieben hat, die blaugläserne Deckenlampe aus Murano, das weißgraue Treppchen, den Tisch mit den alten Dosen, im Schreibtisch die Dinge, die sie sammelte: eine Scherbe aus rotem Ton, eine Muschel, eine getrocknete Pomeranze.

»Es schien mir oft, als würde ich nicht mehr derselbe Mensch sein, wenn ich nicht wenigstens einmal im Jahr unter dem Rinnen des Brunnens und dem Rauschen der

Linden zur Ruhe gehen, nicht einmal vom Kamm des Rebberges hinüberschaun könnte auf das Haus, das inmitten seiner dunklen Bäume wie ein trotziges Tier in der Talmulde liegt.« (VII 369)

## II.
## Wenn ihr die Liebe gekannt habt
## (1925-1932)

*Die Heirat mit*
*Guido Kaschnitz von Weinberg*

Sagt mir doch nicht es gäbe keine Engel mehr
Wenn Ihr die Liebe gekannt habt
Ihre rosigen Fingerspitzen
Ihre eherne Strenge.

In München in der Leopoldstraße, im Hause des Verlages
O.C. Recht, bei dem die dreiundzwanzigjährige junge
Buchhändlerin die erste Stelle angetreten hatte, begegnete
ihr der aus Österreich stammende, vierunddreißigjährige
Kunsthistoriker und Archäologe Guido Kaschnitz von
Weinberg, der dort als Herausgeber von Kunstmappen tätig war.
Bevor Marie Luise von Holzing-Berstett nach München
kam, hatte sie, die auf dem Berliner Lyzeum kein Abitur
machen konnte – das war dort für Mädchen nicht vorgesehen –, sich bei der Thelemannschen Buchhandlung in
Weimar als Lehrling beworben. Aus dieser Zeit hat sie
einen Brief des Vaters aufbewahrt, der der Neunzehnjäh-
rigen seine Einwilligung gibt.
Bollschweil, 2. Dezember 1920    Liebe Leu! Hier
schicke ich Dir den Brief mit der Zusage von Thelemann, der nur vom Geldpunkt nichts enthält. Gräme
Dich aber nicht darüber, denn ich hoffe Dich, auch
wenn der Sold kärglich sein sollte, nächstes Jahr über
Wasser halten zu können. Offenbar giebts viel Arbeit,

und wohl anfangs ziemlich viel mechanische. Aber das scheust Du ja nicht. Glück auf, Dein Vater.

Weimar ist für sie weniger die Stadt Goethes als die der modernen Kunst, die Stadt des Bauhauses, der Maler Schlemmer und Feininger, Kandinsky und Klee, dessen Geigenspiel sie mit Bewunderung vom Gartengitter her anhört. »Ins Bauhaus ging ich lieber als ins Goethehaus, das Triadische Ballett machte mir mehr Eindruck als die Iphigenie im Stadttheater.« (III 753) Zum ersten Mal in ihrem Leben führt sie, obgleich mit zwanzig Jahren noch nicht mündig, ein relativ selbständiges Leben, kann ihren Interessen folgen und eigene Freunde erwerben. Sie lernt in der Buchhandlung einen eher chaotisch wirkenden jungen Mann kennen, der mit Fanatismus für die Syndikalisten eintritt, eine Partei, die den Staat nicht anerkannte und den Militarismus verdammte, der sie zu Arbeiterversammlungen mitnimmt und sie mit seitenlangen Briefen voller politischer Zukunftsvorstellungen überschüttet. Sie lesen gemeinsam Bakunin und Alexander Herzen und interessieren sich brennend für den Anarchismus »und andere radikale Lösungen, die wir von links, nicht etwa von der schon bestehenden nationalsozialistischen Partei erhofften«. (*Orte* 501). Der junge Fanatiker muß großen Eindruck auf sie gemacht haben; sein Vorname – Joy – taucht im ersten, unveröffentlichten Romanfragment und in ihrer Erzählung *Dämmerung* auf: darin ist Joy ein junger Ehemann, der ohne seine geliebte Frau nicht leben zu können meint, der dann aber über ihre tödliche Erkrankung schneller hinwegkommt, als er selbst vermutet hatte.

In München hatte sich ein Freundeskreis gebildet, mit dem sie Ausflüge macht, im Winter zum Skilaufen in die Berge, im Sommer zum Schwimmen an den Starnberger See. Sie ist begeistert von modernen Theaterinszenierungen, von Wedekinds »Frühlings Erwachen« und Brechts »Trommeln in der Nacht«.

Sie nimmt teil an Studentenfesten und privaten Einladungen, die den Nachholbedarf der »lost generation« stillen sollten, jener Jugend, die sich nach dem verlorenen Weltkrieg in möglichst viele Vergnügungen stürzte. Im Grunde ist sie aber keineswegs der Typ, sich bei solchen Veranstaltungen zu amüsieren, eher ist sie die Beobachtende, die inmitten von Tanzmusik, Lärm und Alkohol distanziert in der Reserve bleibt. Damals entstand die Erzählung *Das Examen war vorbei*. Darin versucht sie, die Situation eines Mädchens zu schildern, das nach der bestandenen Prüfung an einer Verbindungsfeier, einem Fest von Corpsstudenten teilnimmt, schwankend zwischen geistiger Überheblichkeit und plötzlichem Verlangen nach sinnlichem Genuß, zwischen Erschöpfung und Lebenshunger. Es ist offenbar die erste Erfahrung einer ungewohnt heftigen, zugleich anziehenden und abstoßenden sexuellen Neugier. Die jugendliche Autorin, damals ganz im Bann ihres Lieblingsdichters Georg Trakl stehend, gibt die groteske Atmosphäre – den erhitzten Rauschzustand überspannter junger Leute in einem rauchgeschwängerten Saal voll wehender Fahnen und dröhnender Jazzmusik – in hart aufeinanderfolgenden Sätzen wieder, in einer parataktischen Sprache, die ganz im Gefolge expressionistischer Ausdrucksmittel steht.

Marie Luise von Holzing mit dem ausdrucksvollen Gesicht, dem wachen Blick, den lebhaften Bewegungen und dem bis zu den Hüften reichenden Haar hatte viele Bewerber, deren bekenntnishafte, zärtliche oder halb literarische Briefe sie in der Anhänglichkeit an die Freunde und an die eigene unbelastete Jugend immer aufbewahrt hat, trotz des Vorsatzes, sich unsentimental von alter Korrespondenz zu trennen. So lassen sich die Lebensspuren einiger Freunde über Jahrzehnte hinweg verfolgen: die des Karlsruher Schulkameraden Werner Burger, der Gedichte liebt und später als Chefarzt ein Karlsruher Krankenhaus leitet, oder des Schriftstellers und Journalisten Bernhard von Brentano, Verfasser des Romans »Theodor Chindler« und der »Berliner Novellen«, der 1933 in die Schweiz emigriert, wo sie ihn erst nach dem Krieg wiedersieht.

»Manchmal lasse ich die Reihe meiner Verehrer an meinem Auge vorüberziehen. Das altmodische Wort ist am Platze und auch wieder nicht, insofern, als auch Männer dabei waren, die ich angebetet habe und die sich um mich überhaupt nicht gekümmert haben ... Die Jahre nach dem Ersten Weltkrieg, die sechs Jahre, in denen ich Küsse bekam und Küsse gab, mich aber, wenn einer mehr wollte, wie ein Teufel wehrte. Wie ich meine lächerliche Jungfernschaft verteidigte, mich aufsparte für einen, der noch kommen sollte und dann auch wirklich kam. Unvorstellbar schon der nächsten, um wieviel mehr der übernächsten Generation diese trotzige Entschlossenheit, alles unter einen Hut zu bringen, die geistige und seelische Übereinstimmung und die Freude im Bett.«

Sie hatte viele Freunde, aber der Richtige war nicht darunter. Ein Ehepaar lädt sie an den Starnberger See ein, um die Wahl Hindenburgs zum Reichskanzler mit jungen Leuten zu besprechen. Was passiert dort? »Der schöne schwarzhaarige Sohn des Hauses ging mit mir zum See und griff nach mir in der Badehütte, bekam aber nicht mehr als einen Kuß und ein Gelächter, dann schwamm ich ihm durch das laue abendliche Wasser davon. Dieser und jener wollte mich in der Münchener Zeit zur Geliebten, zur Frau, auch der Klavierspieler, der mir abendelang Beethoven und Brahms vorspielte, vielen Dank, und: Bitte, jetzt bringen Sie mich nach Hause. Ich ließ mich lieben und liebte nicht.« (III 759)

Als sie Guido von Kaschnitz in München kennenlernte, war er eben im Begriff, den Verlag wieder zu verlassen und nach Rom überzusiedeln. Der Zufall wollte, daß sie, in einer kalten schäbigen Dachkammer nahe dem Siegestor untergekommen, nach einer besseren Bleibe Ausschau hielt, die er, der abreisen wollte, zu bieten hatte. Er hinterließ ihr ein beheizbares Zimmer – die Briketts lagen in der Badewanne. Seine Visitenkarte steckte noch an der Tür. Sie selber hat diese Begegnung als schicksalhaft empfunden. »Unsere Wege führten trotzdem aufeinander zu, Schritt für Schritt, todsicher, geheimnisvoll auf den einen Punkt des Begegnens und Erkennens zu.« (*Wohin denn ich* 427)

Guido Freiherr Kaschnitz von Weinberg war elf Jahre älter als sie. Er wurde am 28. Juni 1890 in Wien geboren, als dritter von vier Söhnen des Sektionschefs und Chefs der Landwehrintendantur August Freiherr Kaschnitz von Weinberg. Die Vorfahren, im 16. Jahrhundert aus Litauen nach Oberösterreich eingewandert, 1701 in den Ritterstand erhoben, waren Beamte, Gutsbesitzer, Offiziere. Der junge Guido machte eine Ausnahme. Schon als Gymnasiast interessierte er sich leidenschaftlich für antike Funde, er machte eigene Ausgrabungen, deren Ergebnisse der erst Siebzehnjährige im Jahrbuch für Altertumskunde veröffentlichte, so daß der ohnehin tolerante Vater die Einwilligung zum Studium gab, obgleich der Platz in der Ritterakademie zur Vorbereitung der militärischen Laufbahn schon vorgesehen war. Der Sohn promovierte mit dreiundzwanzig Jahren an der Wiener Universität in Klassischer Archäologie. Doch der Ausbruch des ersten Weltkriegs unterbrach seine Laufbahn, als k.u.k.-Offizier kam er an die italienische Front.

Nach Kriegsende ist unter den Verhältnissen einer aufgelösten österreichisch-ungarischen Monarchie und der Wirtschaftskrise an eine Berufung nicht zu denken. Der inzwischen Dreißigjährige ist froh, durch Vermittlung seines Wiener Schriftsteller- und Dramaturgenfreundes Otto Zoff bei einem Verlag in München unterzukommen, wo er die Edition von Handzeichnungen Alter Meister betreut. Als das Deutsche Archäologische Institut in Rom wieder eröffnet wird, bewirbt er sich dort in der Hoffnung, endlich die Möglichkeit zum eigenen wissenschaftlichen Arbeiten zu bekommen. Als ihm Marie Luise von Holzing begegnet, steht seine Abreise nach Italien bevor.

Es sei sein Blick gewesen, sagt sie, ein zugleich gütiger, melancholischer und leidenschaftlicher Blick, der diese unwiderstehliche Macht auf sie ausgeübt habe. In der Wirkung seines Blickes lag für sie zusammengefaßt, was sie als Faszination seiner Persönlichkeit bezeichnet, einer Anziehungskraft, die er zeitlebens für sie behielt und die sie schon damals nicht mehr losließ, so daß sie es war, die ihm, sobald sich eine Gelegenheit bot, nach Italien folgte. Sie ging zuerst nach Florenz und arbeitete in der Buchhandlung von Leonardo S. Olschki, wechselte von dort in das Antiquariat seines Bruders Cesare Olschki nach Rom über, wo sie Guido von Kaschnitz wiedersah.

Sie hatten beide vielfache und weitgefächerte Interessen, Geisteswelten, die sich berührten. So wie sie sich in Weimar mehr für die Moderne als für die Klassik interessierte, hatte er in Wien und München die Entwicklung der zeitgenössischen Kunst verfolgt, die Werke von Klimt, Schiele und Munch gesehen, die Arbeiten des Bauhauses, der Brücke-Maler, der russischen Konstruktivisten. Beide interessierten sich lebhaft für die Welt des Theaters, die ihm durch den Dramaturgen Otto Zoff besonders nahegebracht worden war, er hatte an den Aufführungen von Brechts frühen Stücken und an neuen, revolutionär wirkenden Inszenierungen von Andrejew, Wedekind und Strindberg teilgenommen und selber für den Freund Goldonis »Diener zweier Herren« aus dem Italienischen übersetzt.

Neben den ausgeprägt musikalischen, literarischen und künstlerischen Interessen gab es die Übereinstimmung der politischen Ansichten. Beide, obgleich konservativen adligen Familien entstammend – ein Vorfahre von Kaschnitz hatte als Berater Kaiser Josephs II. Bedeutung erlangt –, hatten sie sich einem demokratischen Sozialismus zugewandt – sie, aus Protest gegen die überalterte Monarchie und beeindruckt von den fanatischen Vorträgen ihres Weimarer Freundes, fand es in der Ordnung, daß die alte Welt unterging. Die Erfahrungen der Jugend nach einem verlorenen Krieg, aus dem ihr Vater körperlich und geistig geschlagen zurückgekommen war, Kapitulation und Wirtschaftskrise hatten ihr Bewußtsein geprägt und ihren Blick für politische und soziale Zusammenhänge geschärft. Guido war in Wien Mitglied einer sozialistischen Studentenvereinigung gewesen und hatte als erklärter Kriegsgegner sogar noch an der Front die linksgerichtete, gegen den Krieg agierende Arbeiterzeitung bezogen. Beide dachten sie liberal.

In Guidos Wesen habe immer etwas von einem Vaganten und einem Einsiedler gelegen, sagt Marie Luise Kaschnitz später bei dem Versuch, sein Leben zu beschreiben. Sie fügt hinzu, daß jedes aufgeschriebene Leben, eben um des nicht Sagbaren willen, eine Fälschung sei. Die Guido innewohnenden Fähigkeiten zur Leidenschaft, das starke erotische Element, sein Gefühl und sein Erkenntnistrieb seien in Worten nicht zu erfassen, sein Blick nicht zu beschreiben – »glühend, schwermütig und rein zugleich war dein Blick, und wie sollte man es jemandem klarmachen aus den Daten deines Lebens, das Jünglingshafte und Männliche, das Mönchische und Anarchische, das Verbindliche und Einsame, was alles vielleicht in jedem Mann steckt, aber nicht bei jedem beherrscht wird von einer so starken, so unbestechlichen Humanität . . .« Sie hat ihn einen »Fahrenden Gesellen« genannt, eine Odysseus-Gestalt, den Suchenden und Besitzlosen in ihm gesehen. »Ich hab' mein Sach auf nichts gestellt, kein Spruch, der besser auf meinen Mann gepaßt hätte, der nichts in die Ehe gebracht hatte als eine gotische Johannesfigur –« (»Uns haben Gärten gehört, | Die wir gesehen, | Wir haben Häuser gebaut im Vorübergehen ...«). Sie waren beide in ihrem Leben viel auf Reisen, in allen Semesterferien monatelang unterwegs, sie lebten in gemieteten Wohnungen und liebten das alte Gutshaus Bollschweil im Breisgau, das dem Bruder gehörte, dem sie jederzeit willkommen waren. An Haus oder Garten, an Besitz überhaupt war ihnen beiden nicht gelegen (»Uns gehört kein Baum, | Uns gehört kein Stein, | Sag mir, daß du liebst | Frei zu sein ...«). Guidos einzige bedeutende Erwerbung, die er sich gegönnt hatte, ein Terracotta-Kopf des Renaissance-Bildhauers Riccio, ist nach dem Krieg von den Amerikanern konfisziert worden.

Was Guidos Persönlichkeit auszeichnete und für sie das Faszinierende gewesen sein muß neben seinem Charme, der durch eine wienerisch gefärbte Ausdrucksweise noch verstärkt wurde, seiner direkten Zugewandtheit und persönlichen Ausstrahlung, waren die in seinem Wesen liegenden rätselhaften und unergründlich gegensätzlichen Eigenschaften, eine Gespaltenheit, die ihn schwer bestimmbar machte. Einerseits war er ein systematisch arbeitender, von seiner Aufgabe erfüllter Wissenschaftler, der sich ein schier nicht zu bewältigendes Programm – die Erforschung der Strukturgeschichte der mittelmeerischen Kunst – zur Lebensaufgabe gemacht hatte, der die Einsamkeit liebte und zur Schwermut neigte. Andererseits war er ein glänzender Gesellschafter, humorvoll, lebhaft, ein kluger Redner und hervorragender Stilist, ein Mann, der Gäste und Musik liebte.

Ich wünschte zu sagen
Daß dein Wesen Gerechtigkeit war
Deine Bewegung Anmut
Dein Auge Feuer.
...

Ich wünschte zu sagen
Daß du jedem die Würde zurückgabst
Die jedermann hatte
Und ihn hochhieltest in der Ehre
Die jedermann zukommt.

»... nicht die geringste Andeutung, was du für mich warst, was ich für dich war und daß wir uns gut verstanden haben, denn vielleicht haben wir uns gar nicht verstanden, sondern uns nur immer wieder mit Entzücken erkannt. Hinwendung, Fortwendung, Hinwendung, verlieren, wiederfinden, einander gehören, und das alles am Ende verschweigen ...«

Aber schweigen möchte ich über das
Was nur uns beide anging.
Über die Namen, die wir uns gaben
Täglich neue
Und wie wir beieinander ruhten ohne Furcht.

Die Liebesgedichte, die Marie Luise Kaschnitz schrieb, sind Ausdruck für eine Liebe, die in ihrem Leben als das einzig Wirkliche, das Tragende und Bleibende erkannt wird.

*Die Ewigkeit*

Sie sagen, daß wir uns im Tode nicht vermissen
Und nicht begehren. Daß wir, hingegeben
Der Ewigkeit, mit andern Sinnen leben
Und also nicht mehr voneinander wissen.

Und Lust und Angst und Sehnsucht nicht verstehen
Die zwischen uns ein Leben lang gebrannt,
Und so wie Fremde uns vorübergehen,
Gleichgültig Aug dem Auge, Hand der Hand.

Wie rührt mich schon das kleine Licht der Sphären,
Das wir ermessen können, eisig an
Und treibt mich dir ans Herz in wilder Klage.

O halt uns Welt im süßen Licht der Tage
Und laß solang ein Leben währen kann
Die Liebe währen.

### Sieben Jahre Rom

Wer tauscht zur rechten Zeit das Rechte ein?
Tanzfigur rätselhafte
Umfangen und Fahrenlassen.
Geben wir zu ohne Glück
Tauschen wir nichts.
Weder Jahre noch Tage noch Küsse.

Die Trauung findet in der Bollschweiler Kirche Sankt
Hilarius statt, an einem milden, schneelosen Dezembertag des Jahres 1925. Die Eingangstür des Gutshauses mit
dem steinernen Holzingschen Wappen über dem Tür-
sturz – goldene Ringe und zweischwänzige Löwen in je
vier Feldern – ist mit Tannengirlanden umkränzt. Davor
steht die Braut im weißen Kleid, den Myrthenkranz im
kurzen Haar – sie hatte sich, weil Guido das hüftlange
Haar abscheulich und »unappetitlich« fand, einen Bubi-
kopf schneiden lassen. Gruppenfotos mit Trauzeugen
und Gästen, unter denen Bernhard von Brentano fehlt:
er saß in Berlin, arbeitete an seinem ersten Roman und
hatte kein Geld für die Fahrkarte. Der Wind reißt an

dem langen Schleier, läßt ihn flattern, der Bräutigam lacht, »Windsbraut« hat er sie genannt (»Mir war das recht, ich bin immer gern gegen den Wind gelaufen«). Als ein Codewort geheimen Einverständnisses wird dieses Wort zuweilen auftauchen in ihren Briefen und Gedichten.

Das junge Paar sah, was die finanzielle Lage betraf, nicht gerade in eine rosige Zukunft. Das Gehalt, das der Assistent am Deutschen Archäologischen Institut bekam, war so dürftig, daß die junge Frau ihrer Schwester Lonja schreibt, sie könne aus Gründen der Armut vorläufig keine Kinder haben.

Der Direktor der Biblioteca Hertziana, Kurt Steinmann, schenkt dem Paar zur Hochzeit ein Relief vom Parthenonfries in einer Kopie des 19. Jahrhunderts. Es zeigt zwei Jünglinge zu Pferde, von denen der vordere sich umwendet und dem nachfolgenden winkt. Diese Darstellung hat für sie immer eine große Rolle gespielt, findet sich in ihren Texten als Gleichnis für Freundschaft und Gefolgschaft, beschwört das Bild von Einheit und Unzertrennlichkeit herauf. (»Ihr sollt in mir sehen | Einen von zweien | Und hinter meinen Worten | Unruhig horchen | Auf die andere Stimme«). Aus dem Hochzeitsgeschenk wurde, als Guido starb, ihre Gabe für sein Grab.

Das junge Ehepaar wohnte während der ersten römischen Jahre sehr beengt, zunächst in den ehemaligen Zimmern für Stipendiaten des Archäologischen Instituts, danach, ebenfalls sehr einfach, im Assistentenquartier in der Via Sardegna, in der sich das Institut auch heute, allerdings in einem Neubau, befindet.

Die Jahre in Rom bedeuten für Marie Luise Kaschnitz »das Glück« schlechthin. Es war der Anbruch einer neuen Lebensepoche. Man schränkte sich ein, man sparte, man war glücklich, in Italien zu sein in diesen aufgewühlten und unsicheren Jahren von 1925 bis 1932, in denen in

Deutschland die Vorentscheidungen für eine politische Neuordnung getroffen wurden.

In Rom sein zu dürfen, bedeutet ihnen viel, »sie wurden nicht müde, die Stadt und ihre nähere und weitere Umgebung auf mühsamen Wanderungen zu durchstreifen; um die zugemessene Frist zu verlängern, wurden der Bequemlichkeit die größten Opfer gebracht«. Sie lernen Menschen kennen, deren geistige Gleichgestimmtheit zu fruchtbarem gegenseitigen Austausch führt und zu Freundschaften fürs Leben wurden: mit den Archäologen Bianchi-Bandinelli, Friedrich Matz, Hans Möbius und dem Schweden Axel Boethius, mit Rudi und Margot Wittkower, Elisabeth Jastrow, dem Philologen Bruno Snell und dem im Krieg gefallenen Werner Technau. Der engste und persönlich herzlichste Kontakt entwickelte sich mit dem Kunsthistoriker Harald Keller, der zu einem der treuesten Kaschnitz-Freunde wurde – ihretwegen ist er einem Ruf an die Universität Frankfurt gefolgt. Ein anderer, ebenso streitbarer wie anspruchsvoller Freund war der Direktor des Instituts, der Archäologe Ludwig Curtius, der in jungen Jahren Hauslehrer bei Wilhelm Furtwängler, dem später berühmten Dirigenten, war.

Für Marie Luise Kaschnitz bewirkte die Tätigkeit ihres Mannes das Eintauchen in eine geistig rege Welt, die ihrer Aufnahmebereitschaft die idealen Voraussetzungen bot. Hier hatte sie die Möglichkeit, Versäumtes nachzuholen und ihren kulturellen und intellektuellen Wissensdurst zu befriedigen. In Rom, aber danach auch in Königsberg und Marburg, besuchte sie die Vorträge ihres Mannes und seiner Kollegen. Die Fünfundzwanzigjährige nahm an den Diskussionen, Museumsführungen, an Seminaren und Exkursionen in die Umgebung teil. Sie hörte Vorträge über römische, griechische und mittelalterliche Kunst. In ihren Tagebüchern finden sich zwischen die Texte eingestreut Zeichnungen zu Tempelbauten und Grabkammern. »Kaum daß ich geheiratet hatte, war ich überglücklich, der Welt der wissenschaftlichen Institute und der Universität anzugehören, die mir, der Offizierstochter, mit einem Mal als die einzig begehrenswerte erschien. Im Kreise der Professoren und ihrer Frauen war ich lange Zeit die jüngste, jedenfalls die ungebildetste, meine Fragelust war aber ungeheuer, ich hörte jeder Belehrung zu. Das Fach, das der Professor vertrat, spielte keine Rolle, ich fragte die Altgermanisten und die Romanisten ebenso aus wie die in unserem Kreise seltenen Naturwissenschaftler ... In meinem Wissenwollen und Bescheidbekommen war immer auch etwas Erotisches, auch eine schöne Verschwendung, da ich selbst nichts anderes dazutun konnte als meine Aufmerksamkeit, mein Glück.« (*Tage, Tage, Jahre* 91)

Sie war aufnahme- und lernbereit und eine vorurteilslose Zuhörerin. Das Gebiet ihres Mannes erarbeitete sie sich mit solcher Begeisterung, daß ein Buch über *Griechische Mythen* daraus hervorging; die Kunstgeschichte erschloß sie sich so umfassend, daß es ihr später möglich wurde, Kunstbeiträge für Zeitschriften zu liefern, Aufsätze über Goya und Michelangelo, Rembrandt und Breughel zu verfassen und eine erste grundlegende Biographie über den Maler Gustave Courbet zu schreiben.

Obwohl Marie Luise Kaschnitz keinen Zweifel daran gelassen hat, daß ihre Ehe mit Guido eine überaus glückliche gewesen ist, von einer solchen Harmonie erfüllt, daß sie Angst vor dem Übermaß an Glück hatte, so kann man gewissen Äußerungen doch entnehmen, daß es, wie in jeder Gemeinschaft, auch Probleme gab. Sie wurden hervorgerufen einmal durch Guidos »Besessenheit« von seiner wissenschaftlichen Arbeit, die dazu führte, daß es einen eigentlichen Urlaub nicht gab. Jede Reise wurde zur »Dienstreise«, war angefüllt mit Besichtigungen, Studien und Museumsbesuchen, so daß ihr das Übermaß zuviel wird. »Alle Museen, die mein Mann zu Studienzwecken besucht hat und die ich mit ihm besucht habe, sind in meiner Erinnerung zusammengewachsen zu einem einzigen unermeßlichen Gebäude ...«, klagt sie. »Die endlosen Säle von Statuen, schön gefaltete Gewänder ohne Köpfe, Brustpanzer, aus Marmor oder Bronze mit Darstellungen der Erdenwelt und der Sternenwelt, und die Sarkophage mit ganzen Heeren, Kopf an Kopf, Leib an Leib vordrängend in der Schlacht. Die Eroten und die Genien, der sterbende Gallier und das Mädchen von Auxerre, weiter und weiter, in Glück und Überdruß durch das alte, unermeßliche Museum, durch meine alte, versunkene Welt.« (*Orte* 584)

Glück, ja, aber Überdruß, Langeweile, Eifersucht auf den Beruf eben auch. In ihrem ersten Roman *Liebe beginnt* ist die Erzählerin so voller Wut und Ärger über den Arbeitseifer ihres Freundes, der ihn alles andere vergessen läßt, daß sie sein Kunstbuch ins Wasser wirft.

Erschütternd sind die Texte, in denen sie, die immer dem Vertrauen so großes Gewicht beimaß, später von Entfremdung spricht, von »Blicken von äußerster Fremdheit«, vom Verhängnis des Mißverstehens. Es fällt auf, daß sie sich nicht nur in ihren Erzählungen, sondern auch in den Essays über *Gestalten der Weltliteratur* gerade solchen Figuren zuwendet, deren Schicksal durch ein Fehlverhalten in der Liebe bestimmt wird, Tolstois Anna Karenina und Hofmannsthals Frau ohne Schatten, Goethes Werther, Stifters Brigitta und Fouqués Undine – was alle diese scheinbar unvereinbaren literarischen Figuren miteinander verbindet, ist das Thema des Liebesmißverständnisses.

Von gewissen Streitereien zu Beginn der Ehe ist die Rede, wenn sie, im alten Preußen aufgewachsen, ›ihren‹ Fridericus Rex gegen Maria Theresia verteidigt und nicht zuläßt, daß er die polemische, von Karl Kraus herausgegebene Zeitschrift ›Die Fackel‹ erwirbt. Freimütig erklärt sie, »es sollte ihm nicht gefallen, woran ich keinen Gefallen fand, es sollte ihn nicht freuen, was mich nicht freute« (III 764). Seine österreichische Herkunft scheint ihr in mancher Hinsicht suspekt gewesen zu sein, er sei in seinem tiefsten Wesen gespalten gewesen wie das Land, aus dem er stamme, sagte sie, jenem Österreich nämlich, in dem tiefe Melancholie und oberflächliche Walzerseligkeit gleichermaßen nebeneinander existieren, so wie bei ihm die Nähe von Heiterkeit und Schwermut, von Lebenslust und Todeswillen quälend dicht beieinanderlagen. Sie erzählt einen in der römischen Via Sardegna wiederholt geträumten Traum, daß er, Guido, sich das Leben nehmen wolle und selbstverständlich erwarte, daß sie mit ihm sterbe. »Aber warum, denke ich, sind wir denn nicht glücklich, lieben wir uns nicht?« Im Traum weiß sie, daß ihr Glück nur Einbildung war. »Sollte, denke ich, alles ein Irrtum gewesen sein, nur ich glücklich und du gar nicht, natürlich komme ich mit dir, wenn du es willst. Ich bin aber entsetzt bei dem Gedanken und sträube mich, ich will leben, noch nie ist mir das Leben so begehrenswert erschienen.« Erwachend berichtet sie Guido ihren Traum, und er verwahrt sich heftig gegen ihren Argwohn. »Ich bin aber überzeugt, daß in ihm, auch gerade in glücklichen Zeiten, ein starker Todeswille lebte, und wie hätte er mich zurücklassen mögen, da wir uns doch als ein einziges Wesen empfanden.« (*Orte* 552/553)

Dieses Bewußtsein des Einsseins, die Heftigkeit, mit der sie ihre Liebe erfährt, ist in den Ehebriefen ausgesprochen. Sie schreibt aus Bollschweil, wo sie im Winter 1928 ungeduldig die Geburt des Kindes erwartet: »Ich empfinde das auch so stark, daß wir ganz eins geworden sind in diesen Jahren, so sehr, daß ein Leben nur mehr im Hinblick auf des anderen schön und bedeutungsvoll ist.« Durch die

Trennung begreife sie erst ganz ihr »außergewöhnliches Glück«; wenn sie an das Auseinanderbrechen von Lonjas Ehe denkt, läuft es ihr eisig den Rücken herunter.

Als die kleine Tochter geboren ist, schildert sie dem in Rom lebenden Guido überrascht die ungeahnte Liebe zu diesem Kind. »Eigentlich erfahre ich nun erst, wie süß das kleine Leben ist, für das man mit Freude Trägheit überwindet und Zeit opfert, zumal wir wohl nur dieses eine Kind haben werden« (25. März 1929). Das ist darum bemerkenswert, weil sie noch ein Jahr zuvor erklärte, kein Kind bekommen zu wollen, um ihn nicht zu belasten – ein Entschluß, der zum zentralen Gedanken ihres ersten Romans *Liebe beginnt* wurde. Im Brief heißt es: »Ich liebe Dich über alles, und ich habe im Grunde eine heilige Ehrfurcht vor Deiner Freiheit und Deiner Arbeit« (8. August 1927).

Immer häufiger beklagt sie die Trennung, die aus akutem Geldmangel – die Wohnungen in Rom sind zu teuer – vorläufig bestehen bleibt. »Furtwängler gestern war unbeschreiblich herrlich«, heißt es nach einem Konzert im Mai 1929, »nicht nur musikalisch ein wunderbares Erlebnis, auch für das Auge. Diese herrlichen Bewegungen in der Führung des Orchesters, Feldherr und demütig Bittender, Verschwörer, liebender Verführer und zorniger Gott, man glaubt einem Kampf mit Dämonen zuzusehen. Die Philharmoniker spielten über alle Maßen schön ... ohne eine Sekunde des Nachlassens in der Spannung – immer ist mir das ein großer Schmerz, ungewöhnliche und das Herz tief ergreifende Dinge ohne Dich zu erleben.« Einen Monat später: »Wenn, wie sicher in jeder wirklichen Liebe, oft auch unbestimmte flüchtige Angst auftaucht, dann können nur so liebe, so unverdiente Worte wie die Deines heutigen Briefes sie auf lange wieder verjagen.« Das schreibt sie zu einem Zeitpunkt, da sie an dem unveröffentlicht gebliebenen, »unreifen« Erstlingswerk *Nidda* arbeitet. Im Zusammenhang damit beendet sie einen Brief mit den Worten: »Es ist zuviel verlangt, daß ein Mensch zugeben soll, daß er nicht leidenschaftlich und tief erlebt, wenn er doch mit aller Kraft seiner Seele liebt.«

Etwa zur gleichen Zeit, im Jahre 1929, antwortet Guido aus Rom: »Ich schreibe hier in großer Hast und bin nicht imstande auszudrücken, wie verlassen ich mich ohne Dich fühle! Ich bin immer noch selbst erstaunt darüber, daß es möglich ist, Dich von Tag zu Tag mehr zu lieben, und ich liebe Dich doch so sehr – grenzenlos – aber es ist wohl die Logik darin, daß man selber in der Liebe und durch sie wächst. Ich sehe es hier besonders deutlich, wie unmöglich das Leben ohne Dich ist.«

### Erste Erfolge

Ich kann nicht leben ohne sie,
es ist nicht vorstellbar.
Aber indem er das dachte, stellte er sich
schon ein Leben allein vor.

*(Dämmerung)*

Bis auf ein paar Gedichte und den liegengebliebenen Erstlingsroman hatte sie sich bisher auf dem Gebiet der Schriftstellerei nicht betätigt. Nur eine einzige kurze Geschichte, *Der Geiger*, von der Achtzehnjährigen unmittelbar nach Kriegsende verfaßt, war Anfang 1919 in der ›Badischen Presse‹ erschienen. Sie bringt in dieser Musikernovelle zum Ausdruck, daß angesichts von Verbitterung, Armut und Kälte – die Zuhörer sitzen in Mäntel gewickelt im Konzertsaal, denken in Trauer und Reue an ihre Toten – auch die Musik ihre tröstende Funktion verliert und versagt. Nun wurde ihr *Das dunkle Rom mit aller seiner Pracht,* seiner Geschichte und seinen Kunstschätzen südlicher Landschaft und Vegetation zur Quelle der

Freude und Inspiration. Es scheint, daß die Umgebung, die täglichen neuen menschlichen und geistigen Eindrücke, die Gespräche und Diskussionen, das Erleben ihrer Ehe und ihres gegenseitigen Verstehens die Grundlage bildeten für ihre beginnende literarische Produktion.

Bezeichnenderweise begann sie dann aber nicht im unruhig pulsierenden Getriebe Roms, sondern in der Stille eines französischen Ferienaufenthaltes in Menton mit den ersten Erzählungen. Als der Berliner Verlag Bruno Cassirer einen Wettbewerb für unbekannte Autoren ausschrieb, suchte sie (auf einem Einkaufszettel des KaDeWe hat sie es vermerkt) die fünf besten Erzählungen aus und sandte sie zur Probe ein. Es war Max Tau, Cheflektor und Mitarbeiter des Cassirer-Verlages, der die junge Autorin unter sechshundert Bewerbern »entdeckte«. Aus fast zweitausend eingesandten Manuskripten wählte er ihre beiden Erzählungen *Spätes Urteil* und *Dämmerung* aus und nahm sie in die Anthologie »Vorstoß, Prosa der Ungedruckten« von 1930 auf.

In der Zukunft sollte sich die Bekanntschaft mit Max Tau als segensreich erweisen. Er war ein Literaturkenner und -enthusiast, der über ein seltenes Gespür für literarische Qualität verfügte und sie immer wieder zum Schreiben ermutigte – daß sie sich damals an einen Roman wagte, war ihm zu verdanken. Max Tau mußte seiner jüdischen Abkunft wegen Deutschland im Dritten Reich verlassen und ist aus Norwegen, wo er eine neue Heimat fand, nicht wieder zurückgekehrt. Dennoch blieb die in der Berliner Derfflingerstraße geschlossene Freundschaft über Krieg und Emigration hinweg bestehen. Marie Luise Kaschnitz hat immer wieder dankbar an ihn erinnert, in ihrer Rede zum Büchnerpreis und in ihren Aufzeichnungen. »Ich bin heute von Max Tau nach Oslo eingeladen worden und habe mit Freude zugesagt ... Er begeisterte sich für Tolstoi und für seine schlesischen Heimatdichter, und eigentlich ist er sein ganzes Leben lang ein Hingerissener gewesen, einer, der an das Gute und Edle im Menschen glaubte und alle miteinander zu versöhnen suchte. Tau riet mir, einen Roman zu schreiben, er glaubte an mich und ließ mich nicht aus den Augen, wenngleich auch mein erster Verleger bald hat auswandern müssen und auch Max Tau, dieser leidenschaftliche Deutsche, vertrieben wurde.« (III 780) Er war dann nach dem Krieg der erste, der den Friedenspreis des deutschen Buchhandels erhielt.

Die Erstveröffentlichung hatte das Resultat, daß an die bisher gänzlich unbekannte Erzählerin sogleich eine Reihe von Aufträgen ergingen. In der Folge erschienen Erzählungen, Essays und Balladen in der ›Frankfurter Zeitung‹, in der ›Vossischen Zeitung‹ und in der renommiertesten deutschen Frauenzeitschrift, der ›Dame‹, eine Erzählung mit dem merkwürdigen Titel *Das Leben nach dem Tode*.

Es ist dies die Geschichte zweier junger Mädchen, die durch ausströmendes Gas in einem Maleratelier ›so gut wie tot‹ sind, aber durch Zufall in letzter Minute – eine Putzfrau holt ihre Schürze – gerettet werden und nun, ›nach dem Tode‹, ein völlig verändertes Leben führen: die bisher Schwermütige erhält durch die unverhoffte Rettung Auftrieb und Lebensmut und lernt die Liebe kennen, »sie erschauerte, wenn sie daran dachte, daß sie fast diese Welt verlassen hätte, die so unbeschreiblich herrlich war«; ihre bisher lebensfrohe, vor einer Heirat stehende Freundin wird schwermütig und begeht einen Selbstmordversuch.

Die Erzählung berührt um so merkwürdiger, wenn man weiß, daß Marie Luise Kaschnitz selber – wie sie dreißig Jahre später berichtet – das autobiographische Ereignis enthüllt, das der Geschichte zugrunde liegt. Sie erlebte als Siebzehnjährige, daß sie, durch das ausströmende Gas eines defekten oder überhitzten Ofens bewußtlos geworden, »der Anziehungskraft des Todes« fast erlag und sich sogar sträubte, wieder ins Leben zurückgeholt zu werden. »Ein reiner Zufall, wie lange wäre ich jetzt schon tot, bald fünfzig Jahre, und die Gasflammen hatten, als die Putzfrau hereinkam, alle noch gebrannt.« (*Tage, Tage, Jahre* 20/21)

Von Anfang an förderte Guido ihre schriftstellerische Arbeit, so daß sie auf die Frage, warum sie nicht unter ihrem Mädchennamen veröffentliche, antwortete, sie habe immer unter dem Namen Kaschnitz geschrieben, weil ihr Mann es war, der sie zum Schreiben ermutigt habe und ihr bester Kritiker gewesen sei. In einem Brief aus Wien, wo sie 1932 seine Mutter besucht, schreibt sie ihm: »Ich fange an, an dem Historischen Freude und Bereicherung zu finden, und das verdanke ich sicher nur Dir!«

Reden wir von der Ehe als einer Zeit
Da wir auf der Erde zu Hause sind
Da unsere Füße in die Schuhe passen
Unser Leib ins Bett
Unsere Hand um den Türgriff.
Da ein Maß ist geeicht von der Liebe
Und ein Herzstein der das rechte Gewicht hat.
Niemand drehte uns das Wort im Munde herum
Nicht vermischten sich Wasser und Erde
Tag und Nacht
Und noch der Blitz der schwarz uns verbrannte
Hatte sein Ansehen.

Später, Kind, will ich dir all die reichen
Länder zeigen, die ich einst gesehen:
Heidewälder, die der Urwelt gleichen,
Breite Ströme, die zum Meere gehen …
Steppengras, vom Windeshauch geneigt,
Feigenbäume, überm Meer verzweigt;
Denn die Dinge dieser Erde haben
Tief ihr Zeichen in mein Herz gegraben.

Marie Luise Kaschnitz hat die Ehe als etwas Absolutes, ihre eigene als einen »Egoismus zu zweit« bezeichnet, von einer solchen Intensität der Gemeinsamkeit, daß sie niemanden an sich herangelassen hätten, nicht einmal das eigene Kind.

Iris Costanza – der Name in seiner italienischen Form – kam Weihnachten 1928 zur Welt. Sie blieb das einzige Kind.

Im Gegensatz zu anderen Müttern, die von ihrem Glück sprechen, von der natürlich erwachenden Zuneigung zu dem Neugeborenen, berichtet Marie Luise Kaschnitz – vielleicht in bewußter Opposition zur erwarteten Mutter-Rolle – vom Gegenteil. Sie schildert die widerwärtigen kreatürlichen Begleitumstände der Geburt und betont mit Nachdruck ihre anfängliche Scheu, eine unmütterliche Distanz zu ihrer kleinen Tochter.

Sie erwartete das Kind in Rom, entschließt sich aber zu einer übereilten »Flucht« aus der Stadt. Warum? Damit ihr Mann nicht länger ihren häßlichen, plumpen Zustand mitansehen, sie »mit dem schweren Schwangerenbauch« nicht länger ertragen müsse. Es liegt eine mit seltsamem Freimut eingestandene Unterordnung unter die Wünsche des Mannes in dieser Aussage. Es ist nicht das einzige Mal, daß sie die Tatsache, sie habe sich ihrem Mann gerne und freiwillig untergeordnet, erwähnt.

Das Ehepaar war 1928 aus der Assistentenwohnung in der Via Sardegna in den Palazzo Taverna am Monte Giordano unweit der Engelsbrücke gezogen, in eine mittelalterlich anmutende Burg, in der die berüchtigten Geschwister Cesare und Lucrezia Borgia aufgewachsen waren. Man kam vom Hof her über eine Hintertreppe in die Wohnung, die wegen der im Haus befindlichen ausländischen Botschaft Tag und Nacht von Carabinieri im Zweispitz bewacht war. In dieser Umgebung erwartete die junge Frau ihr Kind.

».. . im Blechgehämmer und Angelusläuten wächst das Kind, weiß nichts von Kassettendecken und Louis-Philippe-Möbeln ... Ob es etwas spürt von seines Vaters archäologischen Forschungen, von den Schreibversuchen seiner Mutter, ist nicht ausgemacht, vielleicht nährt es sich davon wie von den Spaghetti, die ich esse, wie von den zärtlichen Worten, die zwischen meinem Mann und mir hin- und hergehen, zu Hause, auch auf der Piazza Navona, wo wir nach dem Mittagsschlaf unseren Espresso trinken ... Zärtliche Worte, ja, und dann plötzlich die Abreise, meine, allein. Was habe ich im Sinn gehabt mit dieser Flucht? Er sollte mich so kreatürlich plump, so verzerrt nicht länger sehen, keinen Ekel empfinden müssen, nein, ein Mann, der sich das Dabeisein im Kreißsaal erbettelt, war er nicht.« (*Orte* 478)

Sie wollte ihm und seinem Schönheitssinn den Anblick einer schwangeren Frau nicht zumuten. Von ›Schönheit‹ ist damals in ihren Gedichten oft die Rede, Schönheit ein Wert, der die Frau begehrenswert macht, ja geradezu ihren Lebenssinn bedeutet. (»Das süßeste Geschenk, das mir gegeben. | Ein Blick, ein Lächeln um der Schönheit willen: | Das war mein Leben.«)

Der Bericht über die Geburt der Tochter klingt unbegreiflich schroff und ablehnend, es heißt da, »um zwei Uhr ist mein Kind zur Welt gekommen, ich war nicht dabei«.

Nicht genug damit, verlegt sie den Geburtsort, als sei Dämonie im Spiel, mit einer seltsamen Lust ins »Hexental«, eine Landschaft bei Bollschweil im Breisgau, von der sie wußte, daß Frauen im Mittelalter dort denunziert und unschuldig verbrannt wurden. Etwas wie Abwehr und Aberglauben schwingt auch beim Geburtsvorgang mit. Als die Nachtschwester ihr das Neugeborene zeigen will, schreit die eben Mutter Gewordene zornig, »es ist kein Kind da, das Kind ist tot«. Hatte sie Angst, wollte sie, den Beschwörungsformeln der Kindheit getreu, Unheil »durch Aussprechen« bannen?

In Wirklichkeit fand die Geburt von Iris in einer Dezembernacht im Kreißsaal der Frauenklinik von Freiburg statt. »Die Wehen kommen regelmäßig und stark, aber von Mitarbeit ist keine Rede. Ich habe Skopolamin bekommen, was mich zugleich betäubt und enthemmt. So liege ich da und wehre mich mit Händen und Füßen, brülle und erschrecke vor meinem eigenen Gebrüll. Was da medizinisch vor sich geht, weiß ich heute noch nicht ... Als ich schließlich zur Besinnung komme, liege ich im Bett, aber nicht in meinem Zimmer, sondern in einem fremden, mit einem Wandschirm verstellten Raum; unter einer Lampe sitzt ein junges Mädchen, keine Krankenschwester, und liest. Ich weiß jetzt, was geschehen ist, ein totes Kind habe ich geboren, und man hat es mir weggenommen, nach ihm zu fragen, wage ich nicht. Also frage ich: Was lesen Sie? und das junge Mädchen fährt auf und starrt mich erschrocken an. Es ist, wie ich später erfahre, erst drei Uhr früh, um zwei Uhr ist mein Kind zur Welt gekommen, ich war nicht dabei. Gefällt Ihnen das Buch? frage ich, und die junge Nachtwache, die an meinem Verstand zweifelt, sagt: Es ist ein kleines Mädchen, wollen Sie es nicht sehen? Sie lügen, schreie ich zornig, es ist kein Kind da, das Kind ist tot. Das junge Mädchen schüttelt den Kopf und überlegt wohl, ob es den diensttuenden

Arzt holen soll. Doch es holt das Kind und streckt es mir entgegen, das rote Stückchen Fleisch mit Blinzelaugen und Maulwurfshändchen, und ich beruhige mich sofort und sehe es aufmerksam an.« (*Orte* 436)

Wie ich dich hielt, du süße Last, wie deine Hände
In meinen Haaren spielten, sang ich nie.

Einige Gedichte, nicht viele, sind für Iris entstanden, die Tochter, die sie zu vernachlässigen meinte, der gegenüber sie immer Schuldgefühle hatte und die sie in Wirklichkeit sehr geliebt hat. Bekannt und unter dem Titel *Vergänglichkeit* mehrfach vertont wurde das Gedicht, das sie der vierjährigen Iris schrieb, *Am Strande*.

Heute sah ich wieder dich am Strand
Schaum der Wellen dir zu Füßen trieb
Mit dem Finger grubst du in den Sand
Zeichen ein, von denen keines blieb.

Ganz versunken warst du in dein Spiel
Mit der ewigen Vergänglichkeit
Welle kam und Stern und Kreis zerfiel
Welle ging und du warst neu bereit.

Lachend hast du dich zu mir gewandt
Ahntest nicht den Schmerz, den ich erfuhr
Denn die schönste Welle zog zum Strand
Und sie löschte deiner Füße Spur.

Bewußt oder unbewußt hat die Mutter ihre Begeisterung für Rom der Tochter weitergegeben. Wie ihre Mutter hat Iris seit ihrem zwanzigsten Lebensjahr in Rom gewohnt, auch nachdem die Eltern die Stadt längst verlassen hatten und nach Deutschland zurückgekehrt waren.

Warum hat Marie Luise Kaschnitz immer wieder – wie von einer Schuld, die ihr Leben überschattet – von ihrem Mangel an Zuwendung dem Kind gegenüber gesprochen? War sie die Rabenmutter, die sich nicht intensiv genug der Tochter zuwandte? Sie hat behauptet, daß die Liebe zu ihrem Mann sie selbst dem eigenen Kind gegenüber unempfindlich gemacht habe. Es existieren handschriftliche, nie veröffentlichte Aufzeichnungen, in denen sie das Thema berührt.

»Figlia klein – Gefühl der Verlassenheit dem Liebespaar Eltern gegenüber. Ihr haltet auch immer zusammen. Wenn die Mutter ihren Mann bei seinem Heimkommen zärtlich umarmt, steht das Kind stocksteif. Einmal sechzehnjährig verreist es mit dem Vater. Dreht den Ring mit dem kleinen Stein nach innen. Wird gnädige Frau genannt.

Figlia groß – etwas haben wie die Eltern. Die Musik.«

Iris war sehr musikalisch, vielleicht auch ein Erbe der Großmutter Elsa von Seldeneck. Schon die Achtjährige hatte Geigenunterricht, später kam ein Flötenstudium hinzu. Das Gebiet, auf dem sich Mutter und Tochter verstanden, war neben der Literatur das Interesse an zeitgenössischer Musik. Doch auch ihre eigenen Fähigkeiten als Erzieherin hat Marie Luise Kaschnitz kritisiert. »Ich, eine gute Mutter, eine gute Erzieherin, ach nein. Eine Amüsierpädagogin hat mich mein Mann einmal genannt ... Die größte Sünde, die ich an meinem Kind begangen habe, war die Liebe zu meinem Mann, das Ein-Herz-und-eine-Seele-Sein. Dies ist der Grund, warum ich immer behaupte, eine schlechte Ehe sei für Kinder, besonders für Einzelkinder, vorzuziehen ... Die Verschwörung eines sich immer einigen Ehepaares hingegen macht das Kind klein und hilflos, macht, daß es sich vor Eifersucht verzehrt. ›Ihr haltet auch immer zusammen‹, hat meine Tochter, vierjährig, einmal gesagt und hat sich umgedreht und mit dem Fuß aufgestampft. Wir beide werden dazu auch noch gelacht haben. Wenn ich an die Einsamkeit des Kindes denke, wird mir übel zumute.« (*Orte* 503)

Die Vorwürfe sind nicht ganz unberechtigt. In allen Ferien wurde Iris nach Bollschweil zu den Großeltern gebracht. Dort fühlte sie sich wohl, weil sie nicht mehr allein war. Schrecklich war für sie, daß sie in eine Internatsschule gesteckt wurde, aus der sie davonlief.

Es stellt sich die Frage, ob Marie Luise Kaschnitz ihre »Schuld« nicht übertrieben stark empfunden hat. Diese Einstellung ist als das typisch weibliche Bekenntnis einer Frau kritisiert worden, die ein Beispiel für das selbst-unsichere Leben einer Frau in der ersten Hälfte des 20. Jahrhunderts gebe.[*] Sie selber hat sich mit der Frauenproblematik – Beruf und Familie – oft auseinandergesetzt und erklärt, daß sie zwar keinen Augenblick an der Bedeutung ihrer Arbeit gezweifelt habe, daß sie es aber als ihren Hauptberuf ansah, verheiratet zu sein. »Ich mußte dafür sorgen, daß mein Mann möglichst gut arbeiten konnte und daß er und mein Kind möglichst glücklich waren ... Dagegen ist eine Mutter, die immer auf ihre Kinder wartet, wahrscheinlich ganz ideal. Weil ich das gespürt habe, habe ich von meiner Arbeit nie etwas hergemacht. Ich habe oft heimlich, im Kaffeehaus, zwischen den Einkäufen, gearbeitet ... damals in der kurzen, gestohlenen Zeit.« (VII 752/3)

Es gibt aber Briefe und *Aufzeichnungen*, worin sie die Gefühle für die Tochter eingesteht. Sie denkt an einen Tag im Krieg. Ein Tieffliegerangriff traf den Frankfurter Hauptbahnhof, sie glaubte die Sechzehnjährige unter den Trümmern begraben, verschüttet, tot. So hat sie es Lonja geschildert, unmittelbar nach dem Angriff auf Frankfurt

---

[*] R. E. Boetcher-Joeres, Mensch oder Frau? a. a. O.

1944, in einem Brief, der von dem entsetzlichen Erlebnis noch ganz durchdrungen ist. Tatsächlich befand sich Iris, die mit einer Freundin aus der Schule kam und nach Kronberg fahren wollte, während des Infernos auf dem Bahnhof, sie wurde aber von einem Pfeiler geschützt, gerettet und gelangte nach Hause, in das Kronberger Notquartier, während die Mutter sie den ganzen Tag suchte »in der Stadt, in der es noch überall brannte ... und ausgeschaut mit Augen, die von der Angst, aber auch von Rauch und Feuerhitze tränten ... und immer und auch nach der entsetzlichen Krankheit und dem Tod meines Mannes werde ich denken, sagen, nicht sagen, aber wissen, dieses war mein schlimmster Tag«.

## Der Roman »Liebe beginnt«

> »Ja, das sollte ein Liebesroman sein, und er war natürlich auch autobiographisch. Er handelt von einem noch nicht verheirateten jungen Paar in Italien, im faschistischen Italien, und von den Spannungen, die auch zwischen den beiden jungen Leuten entstehen.«

Der erste Roman, den die Dreißigjährige in Rom beginnt, handelt von nichts anderem als von einem Absolutheitsanspruch dem Partner gegenüber. Der Titel *Liebe beginnt* ist eher irreführend: es ist kein Liebesroman, kein sentimentales »Frauenbuch«, vielmehr sind die darin enthaltenen Forderungen an den Mann und an die Gesellschaft von erstaunlicher Radikalität.

Es geht um die Auflehnung einer jungen Frau gegen männliche Vorherrschaft. Nicht ein verheiratetes Paar wird beschrieben, sondern zwei junge Leute, die zu einem Kongreß in Italien unterwegs sind, wobei er, der Kunsthistoriker Andreas, sich in allem als erfahren und kompetent herausstellt, während sie, Erzählerin in der Ich-Form, sich in die Rolle der nicht ganz ernstgenommenen ›Begleiterin‹ gedrängt sieht, eine unerträgliche Situation, zumal sich im Ausland ihre Abhängigkeit von seinen Kenntnissen herausstellt. Seine Art der Belehrung bringt sie in Opposition, und ihr Zorn auf seine Überlegenheit – und auf ihre nicht nachlassende Liebe zu ihm – steigert sich derart, daß sie schließlich keinen anderen Ausweg mehr sieht als den, ihn zu töten.

Es sei »die Geschichte einer Reise, die Geschichte von Tod und Beginn der Liebe«, heißt es am Ende. Der gemeinsame Aufenthalt im fremden Land führt zu einer Kette von Problemen, die in gewohnter Umgebung nicht aufgetaucht wären. Die Autorin hat in einem Interview eingestanden, daß der Roman auf vielen persönlich erlebten Details beruhe, die sie aber zum Teil verstärkt oder verfälscht habe, um die Tendenz deutlicher hervortreten zu lassen. »Ja, das sollte ein Liebesroman sein, und er war natürlich auch autobiographisch.« (VII 936)

Marie Luise Kaschnitz hat, so kann man aus ihren Äußerungen schließen, innerhalb einer Liebesbeziehung entsprechende Probleme kennengelernt und zu bewältigen versucht, indem sie sie – aus der Distanz von Zeit und Ort – beschreibend objektiviert und kritisch analysiert. Auf einer Ebene, die sie selbst als Autorin betrifft, gelingt es ihr gleichzeitig, durch den Akt des Schreibens, durch die schriftstellerische Verarbeitung zu einem Selbstbewußtsein zu gelangen, um das die Heldin des Romans sich noch verzweifelt müht.

Das Ungewöhnliche und Neue in ihrem Roman ist es, die Emanzipation beider Partner, nicht etwa der Frau allein, zu verlangen. Die Rolle des Mannes ist keineswegs negativ geschildert. Er bleibt trotz aller Konflikte der ernst zu nehmende Partner, liebevoll begütigend und intelligenteinsichtig. (Das Vorbild Guido von Kaschnitz ist, wie Freunde, auch Ludwig Curtius, erkannten, nicht zu übersehen.)

Es geht um die Befreiung einer Frau aus vorgeschriebenen Verhaltensmustern. Sylvia, die Romanheldin, fühlt sich durch ihre Liebe an einen Mann gebunden, der ihre Liebe zwar erwidert, der sie aber aus seiner Welt des Wissens und der männlichen Weltbeherrschung ausklammert. »Wie ein brennender Schmerz durchzuckte es mich, daß ich wieder unterlegen war. Zum erstenmal wehrte ich mich dagegen, Andreas bewundernd zu lieben. Es ist nicht wahr, dachte ich, er ist wie ich, wie alle Menschen.« Sie bezweifelt allmählich die unangefochtene und hochmütige männliche Dominanz. Sie beobachtet ihn, wird eifersüchtig auf einen Fremden, mit dem er sich glänzend unterhält, wird sich ihrer Ohnmacht bewußt: »Niemals hatte ich die Grenzen meines Wesens gefühlt, nun ahnte ich sie, ich hatte mir töricht den Kopf angerannt wie ein im Zimmer gefangener Vogel.«

Im Wunsch nach etwas Eigenem sehnt sie sich nach einem Kind. Doch dazu ist Andreas nicht bereit, er scheut die Verantwortung. Sie beginnt ihn zu hassen, es kommt zur Eskalation. »Und als er dann auf mich zutrat und mich mit einem freundlich besorgten ›Aber sprich doch keinen Unsinn‹ umarmen wollte, da dachte ich nur daran, daß ich mich verteidigen müsse, mein kurzes, eigenes Leben. Ich warf mich ihm entgegen mit erhobener Hand, mit der Hand, in der ich noch den Stein hatte, den rauhen Kalkstein, stürzte ich mich auf Andreas. Ich keuchte wie ein Tier, ich schlug zu, vielleicht hat Andreas mein Gesicht gesehen, es war ekelhaft nackt und verzerrt, mit Schaum vor dem Mund. Ich zielte nicht, die Gewalt meiner Furcht riß mich vorwärts, ich fiel, aber ich schlug ihn doch, meine Faust mit dem Stein schlug auf seine Stirn, und ich schrie gellend, als ich das häßliche Geräusch hörte, als ich An-

dreas getroffen hatte, meinen Freund, meinen Geliebten.«

Im Gegensatz zu dem ungewöhnlich provozierenden
Hauptteil des Romans mündet der Schluß in konventionelle Verhaltensformen. Gegen Ende wird auch der biographische Hintergrund deutlich. Die Erzählerin kehrt in
der Ohnmacht eines Traumes in ihr Elternhaus zurück,
»das überragt ist von mächtigen Bäumen«, sie sieht die
vertrauten Linden wieder, »das wunderbare Wahrzeichen
der Heimat«, wendet sich wie in ihrer Kinderzeit an den
Vater, der sie mit einem anderen Mann verheiraten will.
Jetzt endlich begreift sie, daß sie ohne Andreas nicht leben
will. Er umarmt sie in der Erkenntnis seiner Liebe. In dieser Nacht wird sie schwanger, ihr Wunsch nach einem
Kind – einem Sohn – wird sich erfüllen, aber sie wird es auf
ihn, den Mann hin, erziehen. Sie ist selber am Schluß nicht
mehr die kämpferische, Selbstbehauptung verlangende
Persönlichkeit, als die sie ihre Geschichte begann. Gemessen an der ursprünglichen Aufbruchshaltung der Heldin
ist das Ende des Romans enttäuschend. Der programma-
tisch zu verstehende Titel *Liebe beginnt* scheint nur von
der Frau eine Umkehr zu verlangen – sie fügt sich in das
herkömmliche Rollenklischee, sie wird sich anpassen und
die männliche Vorherrschaft liebend tolerieren.

Bemerkenswert ist im Vergleich dazu ein erster literari-
scher Versuch, der Roman *Nidda*, den die Fünfundzwanzigjährige in Rom begann und an dem sie noch nach der
Geburt der Tochter 1928/29 weiterarbeitet (in den Briefen, die damals zwischen ihr und Guido gewechselt werden, ist mehr von diesem Buch als von dem Kind die
Rede). Das unveröffentlichte Manuskript ist 250 Seiten
lang. Die Handlung dreht sich um eine junge Frau im Berlin der zwanziger Jahre, schildert die Problematik im Be-
rufsleben und im Freundeskreis. Entscheidend in unserem
Zusammenhang ist, daß die zweiundzwanzigjährige Hel-

din ihren Geliebten seiner männlichen Dominanz und Egozentrik wegen mit folgender Begründung verläßt: »Auch Frauen haben eine ›höchste Hoffnung‹, einen Traum der Lebensgestaltung und Führung und der Gestaltung des eigenen Ichs. Und wir müssen den verlassen, der uns nicht helfen kann, sie zu verwirklichen.« Hier blieb die Verfasserin bei ihrem feministischen Anspruch. Hat sie ihn in der geänderten Fassung verraten, weil ihr Leben inzwischen eine andere, ›mütterliche‹ Wendung genommen hatte? Weil ihr erster kritischer Leser, Guidos Freund Otto Zoff, das Buch als zugleich übertrieben und sentimental ablehnte?

Von Bedeutung ist in *Liebe beginnt* der zeitliche und örtliche Rahmen:
Das politische Umfeld ist durch das faschistische Italien gekennzeichnet. Bedrohliche Stimmung in Hotels und Cafés, sich organisierende Menschenmassen verschärfen die Auseinandersetzungen des Paares. »Bei uns, sagte Andreas mit fester Stimme, wird alles bald ebenso sein wie hier. Ich kann da nicht mitmachen. Plötzlich hatte ich ein verschwommenes Bild vor den Augen ... Ich sah eine unendliche Menge von Menschen, die im Takt gingen, im Takt sangen und die Hand erhoben zum selben Gruß. Ich sah auch Andreas und mich selbst, wir standen nicht weit entfernt, aber allein.«
Bruno Cassirer, in dessen Berliner Verlagshaus das Buch erschien, schreibt bei Übernahme des Manuskripts am 14. Juli 1933: »Ich finde Ihr Buch ausgezeichnet. Es scheint mir besonders wertvoll dadurch, daß es Ihnen gelingt, alle Vorgänge von innen heraus zu gestalten ... Wegen einiger Änderungswünsche wird sich Dr. Tau noch mit Ihnen in Verbindung setzen.«
Sein Lektor Max Tau hatte Einwände gegen den ursprünglichen Romanschluß, den wir nicht kennen. Vielleicht war

er weniger angepaßt als die Schlußpassage, mit der sich Tau dann zufrieden zeigte. »Liebe Freundin, zwar, ich habe noch zwanzig Seiten zu lesen, aber ich muß Ihnen doch schreiben: Sie haben etwas geschaffen, was mir eine sehr große innere Freude gemacht hat.« Er vergleicht sie »mit der Art Hans Carossas«, doch »in allem eigen und in allem neu. Ich bitte nur: schaffen Sie weiter! Den neuen Schluß finde ich ausgezeichnet«.

Die Kritiken anderer Schriftsteller, wie Carossa und Hesse, Ricarda Huch und Thomas Mann, denen Verlagsexemplare zugesandt wurden, wirken ratlos. Agnes Miegel äußert den Wunsch (am 19. November 1933), sie würde die Autorin gerne sprechen – sie wohnte wie Marie Luise Kaschnitz in Königsberg. Ricarda Huch schreibt (am 26. November 1933), sie habe den Roman in einem Zuge gelesen, »von dem persönlichen Charme, der von ihm ausgeht, bezaubert«. Auf das Wort *Charme* bezieht sich der österreichische Schriftsteller Josef Leitgeb, er nennt *Liebe beginnt* ein eigentümliches Buch – »ein dichterischer Glücksfall ohnegleichen«. Aus Küsnacht meldet sich Thomas Mann (am 21. Januar 1934): »*Liebe beginnt* ist ein sehr schönes, reines und feines Werk, was mich vom ersten Worte an durch seine klare Natürlichkeit und später mehr und mehr auch durch die zarte und tiefe Erfahrung gefesselt hat, die daraus spricht. Ich beglückwünsche Sie aufrichtig zum Gelingen und wünsche Ihnen Freiheit und Heiterkeit der Seele zum Weiterarbeiten.«

Während der Zeit, in der das Buch erschien, hatte sich in Deutschland ein politischer Wandel vollzogen, begann die Kampagne gegen die jüdische Bevölkerung. Die Bücherverbrennung vom 10. Mai 1933 wird zu einer markanten Zäsur. Allmählich müssen Bücher aus jüdischen und linksgerichteten Verlagen aus den Schaufenstern verschwinden, im Buchhandel kursieren sogenannte »Schwarze Listen«. Cassirer hatte sich persönlich um eine gute Werbung bemüht, zahlreiche handschriftliche Briefe gingen aus Berlin in die Königsberger Hardenbergstraße. Er ließ ein Faltblatt mit den zustimmenden Äußerungen von Ricarda Huch und Hertha von Gebhardt und ein Plakat mit dem hübschen Porträtfoto der Autorin im weißen Bubikragen drucken. Im Erscheinungsjahr 1933 wurden rund tausend, in den zwei Jahren, bis der Verlag schließen mußte, weitere zweitausend Exemplare verkauft. Paradoxerweise wurde der Roman *Liebe beginnt* im Krieg als Sonderausgabe für Wehrmachtsangehörige herausgebracht.

Das eigentliche Anliegen des Buches entsprach durchaus nicht dem Zeitgeist, so daß keiner der Rezensenten es wirklich verstand. Hermann Stehr nennt es »ein bedrückkendes Rätsel«. Ludwig Curtius begründet in einer ausführlichen Kritik, daß ihm der Roman des autobiographischen Charakters wegen mißfällt. »Ich habe das Buch mit der gleichen Lebensangst gelesen, ja mit einem gewissen Drucke, der immer zum Schicksal von Menschen gehört, die man genau kennt und deren Peripethie man begleitet. Die wahre, die große Poesie beginnt aber erst, wo das individuelle Schicksal aufgelöst erscheint in ein allgemein Typisches ...«

Hatte Curtius den sehr privaten Bezug entdeckt, den das Buch auch enthält? Mitten in den Text geschoben findet sich eine persönliche Beichte. Von einem erotischen Erlebnis ist die Rede, das zweifellos unenträtselt geblieben wäre, fände sich nicht in den Aufzeichnungen der *Orte* die Enthüllung.

Im Roman besucht das junge Paar, Sylvia und Andreas, einen italienischen Ort, dessen Namen man nicht hier, aber – Jahrzehnte später aus einem fast gleichlautenden Bericht erfährt. Die Liebenden des Romans besichtigen gemeinsam eine kleine Kapelle, und während Sylvia im

Halbdunkel die heiligen Gegenstände zu betrachten sucht, fühlt sie plötzlich, wie er, Andreas, sie mit seinen Armen umschlingt. »Ich versuchte mein Gesicht zu verstecken, aber Andreas riß es zu sich heran und küßte mich. Unwillkürlich öffnete ich die Lippen so selbstvergessen, so bereitwillig wie nur je; aber ich schloß die Augen nicht. Ich sah Andreas' Gesicht über meinem hängen, groß und fremd, wie von einer Lust verzerrt und bewegt, die nichts mit mir zu tun hatte, von einer bösen, männlichen Lust der Vernichtung. In diesem Augenblick erinnerte ich mich seiner Erzählung von dem Meßwein. Und nun begriff ich mit einem Mal alles, den Willen zur Sünde und die Lust dieses Willens. Ich verstand und fühlte mich doch abgestoßen, denn wie kläglich war die Rolle, die ich hierbei spielte.« (I 113/4, 123)

Die Erfahrung hat sie verfolgt, das Erlebnis von Lust und Sünde wird im Roman selbst noch ein zweites Mal wiederholt.

Der Ort war Gaeta, ein Städtchen unweit des Monte Circeo, in dessen Höhle dem Mythos zufolge Circe lebte, jene Zauberin, die den Helden Odysseus in Liebesbanden schlug. In *Orte* enthüllt Marie Luise Kaschnitz den authentischen Charakter des Liebeserlebnisses. »Gaeta, der lange Weg auf der Landzunge, der Sichel zwischen Blau und Blau. Die kleine Kirche am Weg, und in der kleinen, staubigen Kirche, durch deren offenes Portal die Hühner ein- und ausspazierten, diese wütenden Küsse, diese leidenschaftlichen Umarmungen, denen ich mich nicht entzogen habe ... Die Madonna auf dem Altarbild, ihr zuckersüßes und verzweifeltes Lächeln, die Beichtstühle mit ihren verschossenen Vorhängen, hinter denen sehr wohl einer hätte sitzen und uns beobachten können, die halb geöffnete Tür zur Sakristei. Die runden Fenster, an denen die Schwalben vorbeischossen, und wie die Turmuhr eine Nachmittagsstunde schlug. Es gehört sich nicht, habe ich damals gedacht, und später: nur ein Katholik kann so etwas tun, weil nur er noch weiß, was eine Sünde ist, und weil ihm eine Sünde ein seltsames, abgründiges Vergnügen bereitet.«

Stellvertretend für das erotische Erlebnis trat dann der Name des Ortes, *Circeo*, an dem sie auf die Erde zurückfanden, »aus dem Himmel oder aus der Hölle, wie man es nimmt«. Die Signatur *Monte Circeo, Cap der Circe* steht künftig als Begriff für die Zauberkraft der Liebe. Das Motiv findet sich zuerst nur verborgen, in Gedichtzeilen eingeschoben, und so, als sei Aberglaube im Spiel, wird der Name beschworen, um die Wirkung der Liebe als eine Gegenkraft gegen den Tod aufzurufen.

> Du spürst es, daß dich mein Gedanke sucht.
> Du flüsterst, – schau, –
> Das Cap der Circe schwebt im lichten Blau
> Wie eine Wolke, fast vom Meer getrennt.
> Durchsichtig zart ist Umriß und Getön
> Unirdisch heiter und doch irdisch schön
> Wie eine Landschaft, die den Tod nicht kennt.

*Circe* – der Name wird zum Lebensmotiv, zum Liebeshinweis, in der *Römischen Wanderung* (von 1932) ebenso wie in den *Griechischen Mythen* und in *Engelsbrücke*, wo man in der Höhle der Circe sich staunend einer ungeahnten Fähigkeit bewußt wurde, »nämlich einander zu erkennen, des anderen Menschen vielfältiges Wesen, seine Liebessehnsucht, seine Einsamkeit und seine Gefahr«.

Der Name der *Circe* erscheint in seinem ganzen Beziehungsreichtum, vieldeutig und untergründig, weil Circe es war, die durch ihre Verführungskünste den »Fahrenden Gesellen« Odysseus – dies ihre Bezeichnung für Guido – zu bezaubern vermochte. Die nach Guidos Tod entstandene Erzählung *Am Circeo* ist die erschütternde Klage, daß letztlich die Liebe keine Macht habe über den Tod. »Trotzdem fängt es eines Tages an, die Augen sehen wieder, hier in San Felice etwa, das Bild der Circe, ein Haupt aus Felsgestein, das liegend, zurückgeworfen in die erbarmungslose Sonne schaut. Ein großes Profil vor dem südlichen Himmel, Circe, zu Stein erstarrt wie Niobe, wie alle wirklich Trostlosen, Circe, die mit all ihren Zauberkünsten den Odysseus nicht halten und nichts ausrichten konnte gegen sein Heimweh nach Ithaka, nach dem Tod.«

Es sind wichtige Stationen des Lebens, die sie mit der Chiffre erlebter Liebe kennzeichnet. Und noch im Nachlaß haben sich die *Strophen vom Circeo* gefunden:

> Städte aus Küssen
> Länder aus Worten
> Algen Korallen
> Was kann mir geschehen.

# III.
## Auf den alten versunkenen Fluren
## (1932-1938)

*Königsberg in Ostpreußen*

> Er durchdringt mich
> Ein Wind der Frühe
> Ein Fürchtedichnicht
> Auf den alten versunkenen Fluren
> Nikolaiken
> Masuren.

Notizbücher, Oktavhefte, eine Art Schulheft oder Kladde, gebunden in schwarze oder dunkelbraune Lackpappe, das sind die Tagebücher von Marie Luise Kaschnitz. Zwischen den Eintragungen zuweilen eingestreute Zeichnungen, Holzhäuser, Zäune, Giebelformen. Manchmal Noten, die sie in Ostpreußen zu masurischen Volksliedern notiert, die Melodien hinzufügt (»Meine Tochter Simonele, wie kommst du zum Jungen …«).
Es sind 26 Tagebücher, sie beginnen 1936 und enden 1966, nicht alle Jahre sind vollständig vorhanden, einige hat sie ausgewertet, regelrecht geplündert – für die Bücher *Engelsbrücke* (1955), *Wohin denn ich* (1963) und für *Tage, Tage, Jahre* (1968) – und sie dann hinterher vernichtet. Vor allem aber die Kriegs- und Nachkriegsjahre, die Tagebücher der Zeit von 1939 bis 1949 fehlen fast ganz, was durch die Kriegsereignisse selbst, Angst vor Entdeckung und Bespitzelung, die Aus- und Umquartierung und schließlich sogar durch den Papiermangel erklärt werden kann: 1945 schreibt sie Dolf Sternberger, sie streite sich mit Guido um jeden verfügbaren Zettel.

Das Tagebuch des Jahres 1958, in welchem Guido, ihr Mann, starb, enthält nur zehn Seiten.

Während sie Notizen macht, fällt ihr Blick einmal auf das pastellfarbene Bild der Picasso-Schülerin Marie Laurencin, eine weiße Barke mit weißem Segel und fünf Mädchen, »sie segeln über meinem Bett schon seit Jahrzehnten und haben sich noch nicht in Schaum aufgelöst. Nichts ist schwer, sind wir nur leicht, denke ich und wünsche mir, einmal so schreiben zu können, wie das Bildchen gemalt ist, aber ich kann es nicht, und wahrscheinlich will ich es auch gar nicht und habe es nie gewollt«.

Leichthin, an der Oberfläche, hat sie nie geschrieben. Ihre Texte beruhen auf aufmerksamer Wahrnehmung und kritischer Reflexion. Es gibt nur eine einzige heitere Erzählung von ihr, *Adam und Eva*, und selbst hier ist das Thema die Erfahrung des Sterbenmüssens, der Eva mit heiterer Überlegenheit begegnet. »Menschenwürdig, eines Menschen würdig nenne ich das Nicht-Abschieben tragischer Konflikte, die Bejahung von nicht nur glücklicher Liebe, die Bejahung von Krankheit und Tod«, sagte Marie Luise Kaschnitz, die bei sich selbst eine gewisse Leichtigkeit vermißte, wie sie sie bei Kindern, bei Künstlern und in der Musik bewunderte. »... und warum eigentlich immer diese Angst, da es doch oft schön war, und es könnten, wären wir nur leicht, die Sprossen der Himmelsleiter auch halten, und wir könnten, wenn wir nur leicht wären, auch fröhlich sein.« (*Orte* 612)

Das erste erhaltene Tagebuch beginnt am 31. Januar 1936 mit ihrem fünfunddreißigsten Geburtstag, geschrieben in Königsberg. Größer konnte der Gegensatz kaum sein als der zwischen Italien, den sieben römischen Jahren, und der Landschaft Ostpreußens.

Guido von Kaschnitz hatte zum Wintersemester 1932 eine ordentliche Professur an der Königsberger Universität angetreten, nachdem er sich zunächst in Freiburg habilitiert hatte. Dort, nahe der Bollschweiler Heimat, wäre das Ehepaar gerne geblieben. Es kam aber zu derart kontroversen Auseinandersetzungen mit dem Philosophen Martin Heidegger, daß er es vorzog, in »die Verbannung« zu gehen und einen Ruf nach Königsberg anzunehmen. Ludwig Curtius gratuliert am 10. Oktober 1932 aus Rom: »Euer Familienschiff, in dem Ihr drei geliebten Wesen bisher gefährdet triebet, ist in sicherem Gewässer, vor äußerster Not seid Ihr nun bewahrt, aus Abhängigkeit befreit, und für den lieben Guido kommen die Seiten des Lehrers, des freien Gelehrten.«

24. Februar (1936). »Spaziergang mit den Kunsthistorikern in Rauschen. Georgenswalde. Stumpfes Weiß des Schnees, graublaue Wolken ... Schneebedeckte Eisschollen zwischen den Buhnen treibend wie dicke weiße Hühner, alles ist trübe, klein, ohne Licht und Weite. Das Wasser sehr schmutzig, voll von schwarzem Tang, Geröll und Sand, treibt gegen den Rand und bricht Stücke los und nimmt sie mit sich. Der Sand am Strand ist gläsern überfroren. Die Buhnen vereist. Dicke unförmige brockenartige Schneeflocken. Bei der Rückfahrt an einer Station ein Schlitten, die Pferde bäumen sich, wollen weiter, ein Mann mit zwei Koffern springt heraus ...«

Ostern (1936). »Im Krieg liefen an Ostern die russischen Soldaten aus den Gräben in die deutschen Reihen, brachten den Soldaten Ostereier, küßten sie auf die Backen und sagten, gelobt sei Jesus Christus. Am nächsten Tag wurde wieder geschossen.«

(Juni 1936). »Große Einsamkeit und Stille. Es gibt Elche und auch sonst viel Wild. Wir sehen nur eine Nachtschwalbe und ein Feldhuhn mit seinen Jungen. Schöne Raupen am Pfahl des Hochsitzes. Er ist sehr hoch und schwankt. Im Wald Moor. Gräben mit giftgrünen Algen. Sehr viel Porst, stark riechender Nadelstrauch. Ausgebleichter Elchschädel ... In einem Ort in der Nähe sind in einem Kirchturm die Werkzeuge des Arbeiters eingemeißelt, der abstürzte, als er den letzten Stein setzte.«

28. Juni (1936). »Das Dorf Nemorin ist sehr ausgedehnt, alle Häuser an der einen Straße. Jasmin, Holzzäune, deren Spitzen weiß angestrichen sind. Holunder. Rechts hinter den Häusern der Strom, verborgen von hohem Gras und Schilf. Hohe Weidenbäume, silbrig. Im Schilf liegen die schwarzen alten Kähne wie Urwelt-Tiere. Hütten, die mit geteerter Dachpappe bekleidet sind. Häuser mit Strohdächern und hübschem geschwungenem Giebel auf der Breitseite (eingefügt kleine Zeichnungen). Die Häuser sind sehr ärmlich, die Kinder schmutzig. In einem Hof stand ein erwachsener Bursche und peitschte ein kleines Mädchen mit einer Gerte. Als wir uns einmischten, wurde er grob, fast tätlich. Kleiner Friedhof erhöht neben der Straße. Statt Kreuzen viele alte Grabstöcke aus verwittertem Holz in der Mittagsglut wie schwarze Gestalten ...«

Sie sagt, daß Ostpreußen auf Guido zunächst sehr kalt, sehr dunkel wirkte und ihm wie eine Verbannung erschien. »Trotzdem waren die Königsberger Jahre für Kaschnitz eine reiche und fruchtbare, und, abgesehen von der politischen Entwicklung, auch eine glückliche Zeit.« (VI 809) Wie wirkte das Land auf sie, die sich zeitlebens im Süden wohlfühlte und Rom als ihre zweite Heimat bezeichnet hat? Im Tagebuch ist beides zu finden, Bestürzung über den andersartigen Menschenschlag und Beglücktsein über die unerwartete Schönheit der Landschaft, die Weite, Freiheit und Großzügigkeit, bildhafte Eindrücke der Natur, die zu ihrer Biographie über den Maler Gustave Courbet führen.

Also empfängt dich die See mit Eiswind und Gluten,
Reißt dir den Schleier vom Blick, der der Nacht dich
    verband.

Pochenden Herzens verläßt du die tönenden Fluten;
Sehenden Auges gewinnst du das schimmernde Land.

Wie schon in Rom besucht sie Vorlesungen und Seminare.
Sie befreundet sich mit dem Philologen für klassische Literatur, Paul Maas, der 1934 zwangsemeritiert wurde; zum
Abschied schrieb sie ihm das Gedicht *Licht des Ostens*. Sie
hörte auch eine Vorlesung bei Walter F. Otto über Friedrich Nietzsche, und es ist anzunehmen, daß ihre Erzählung *Judith*, die eine kontroverse Diskussion von jungen
Leuten über einen möglicherweise bevorstehenden Weltuntergang zum Thema hat, davon beeinflußt wurde. Tagebuch vom 1. Februar 1936: »Vorlesung von Otto,
Nietzsche und die Zeitgenossen. Vorbereitung auf die Geburt der Tragödie. Sie hätte singen sollen, nicht reden,
diese neue Seele. Nietzsche selbst der neue Gott.«

Eine eigene, besonders nahe Freundschaft verband sie mit
dem Maler Alfred Partikel, einem blonden Ostpreußen,
zwölf Jahre älter als sie, der an der Königsberger Akademie die Klasse für Landschaftsmalerei leitete. Er war, als
sie ihn kennenlernte, als Stipendiat der Villa Massimo aus
Rom zurückgekehrt, ein begabter Künstler und ausgezeichneter Lehrer, begeistert von seiner Heimat, die er ihr
auf ausgedehnten Wanderungen zeigte. »Partikel kam aus
Nierenstein zurück, lud uns zu den Fischen ein, die er
morgens um vier noch dort gefischt hatte. Karauschen.
Schleien mit moorigem Geschmack. Die Wohnung voll
von den neuen Bildern. Seen mit Schilf, sehr zart grün,
blau, weiß die blühenden Gräser. Hügel, die wie Berge
wirken, schwere Gewitterwolken« (25. Juni 1936).
Gemeinsam mit dem Freund werden jene Fahrten zu den
Masurischen Seen und in die umliegenden Dörfer unter-
nommen, die sich in Gedichten und dem Buch *Der alte
Garten* wiederfinden. Dies Kinderbuch, an dem sie in Kö-

nigsberg arbeitete, erschien erst nach ihrem Tode 1975 in Hamburg. »Ostpreußen, die kargste Gegend, und wie dort die Natur die allermächtigste Wirkung auf mich ausgeübt hat. Nicht im Sinne einer Schwärmerei übrigens, sondern in dem des Feststellenmüssens ... Auf den sonntäglichen Fahrten und Fußwanderungen sammelte ich meine Informationen, der Malerfreund Partikel, selbst im Lande geboren, wußte viel; an den Wochenenden in den alten Gutshäusern fragte ich unablässig, setzte mich auf den Traktor, versuchte zu spinnen, nahm den Falken auf die Hand. In der Vorfrühlingslandschaft, der Flußniederung mit ihren Eis- und Schlammströmen erlebe ich die Urzeit der Erdgeschichte, bei den Geburten im Stall das blutige Herausdrängen des neuen Lebens ...«

In den Sommerferien, auf der Fahrt mit Iris nach Bollschweil, unterbricht man in Ahrenshoop, in des Malers Haus, fährt vorbei an der Marienburg, durch den Polnischen Korridor über die Weichsel und an der pommerschen Küste entlang. »Hinter den Landwellen tauchen die Städte auf, die Kirchen, Backsteingotik, ein Birkenwäldchen, klappernde Windmühlenflügel, gelbes Korn. Am Haus mit dem Strohdach, mit dem kurischen Wimpel, wird die Fahrt unterbrochen, tagelang, einmal sogar wochenlang, da läuft man frühmorgens mit Geschrei in die eiskalte Ostsee, darf mit dem Maler Alfred Partikel, seiner Frau und den weißblonden Kindern seeabgewandt, windabgewandt frühstücken ...

Im kleinen Darß, der auch schon eine Art von Urwald ist, soll zehn Jahre später der Maler rätselhaft und spurlos verschwinden, Zeit der russischen Besatzung, aber die Russen schicken selbst Soldaten in den Wald, kämmen ihn durch ohne Erfolg. Damals stand ein Bild auf der Staffelei, ich sehe es wie heute ...« (*Orte*)

Auf dem Grunde der Büsche vielleicht
Ein paar Ziegel
Ein Häufchen Gebein
Auf der Zunge
Der Name: Masuren.

Im Hinblick auf die Freundschaft zu Partikel notiert sie ins Tagebuch von 1938: »Es gibt Menschen, die in einem das Böse entwickeln oder das Faule, Stupide, Unfruchtbare... Manchmal begegnet man Menschen, unter deren Worten man aufblühte, die ganze Welt war reicher, schöner, bedeutsamer, man wußte und verstand zu sagen, was man wußte.« Später die Frage: »Ob sich noch jemand an die Nehrung erinnert, diesen wie ein Vogelflügel ausgespannten Sandstreifen zwischen Ostsee und Kurischem Haff? Auf dem Haff fahren wir vom kleinen Hafen Cranz nach Nidden, dort hatte im einzigen Gasthof Thomas Mann mit seiner Familie die Ferien verbracht. Dort haben wir uns in den weißen Sand gesetzt und auf die Ostsee geschaut und sind dann weiter gewandert von Osten nach Westen über die ganze Nehrung zwischen Haff und See. Dort lag das Haus, das von der Düne verschlungen und als Skelett zurückgelassen wurde, wir haben es dem Kind gezeigt... Jemand muß sich doch erinnern...«

*Lyrikpreis der ›Dame‹*

Des Abends bist du wieder eingekehrt,
Du voll von Leben. Pochend Herz und Blut.
Da hatte mich schon sehr nach dir begehrt.
Du junger Baum im Wind, du weiße Flut.
                              *(Der Liebende spricht)*

In Königsberg ist sie tätig und produktiv. Für die Frau des italienischen Lektors, für ihre Freundin Giovanna Federici, bei der sie später in Mailand zu Gast ist, übersetzt sie Hofmannsthals Stück »Der Schwierige« ins Italienische, (dessen Titelhelden, den »Schwierigen«, sie immer mit Guido identifizierte). Jeden Tag zwischen drei und vier Uhr können Freunde zu ihnen in die Hardenbergstraße zum Kaffee kommen. Mit Iris besucht sie die Grafen Dönhoff auf Schloß Friedrichstein in der Pregelniederung bei Barthen (am 18. Mai 1936), fährt mit dem Kind auf dem Fahrrad zu Gutshöfen und Bauernhäusern. Es entsteht der Ahrenshooper Gedichtzyklus mit dem Gedicht *Juni* (»Schön wie niemals sah ich jüngst die Erde«) und *Straße gen Osten*, Alfred Partikel gewidmet, Gedichte, die in Versmaß und Reim traditionellen Mustern verhaftet sind *(Im Frühling, Gewitter im Bruch, Haus am Meer)*, aber neu in der Thematik, so etwa, wenn sie in *Die fremde Erde* die schöne südliche Landschaft mit der kargen östlichen zu versöhnen sucht.

Vielen Tagebuchnotizen ist anzumerken, daß sie dichterische Verwendung finden sollen. Mai (1936). »Plan einer Erzählung mit genauer Schilderung der Örtlichkeiten. Vorstadthäuser, kleine Gärten, Höfe, Geschäfte. In der Nacht auf dem Balkon. Die Frau im Nachbarhaus. Masuren.«

Pfingsten (1936). »Silbriges Licht, schwache Sonne, Nebel. In einem Tannenwald der ›Tote Teich‹, ein rundes, völlig grün überwachsenes Gewässer in einem Kessel. Ein Stein reißt die Decke auf, das Wasser ist schwarz, das Loch schließt sich schnell von allen Seiten, aber nicht ganz.« Solche Bilder kehren in der Erzählung *Der schwarze See* wieder.

30. Mai (1936). »Kleine Waldhütte mit Stroh gedeckt im Tannenwald, Feldbett, ausgestopft. Grünspecht und Blauracke. Vom Waldrand Blick über die Hügel, Wiesen und Äcker. Das frühere Vorwerk Gottesgnade, jetzt Siedlung ... Am Bahndamm Lupinen.«

Am Bahndamm Lupinen – unvergeßliches Bild, das sich ihrer Erinnerung einprägte, viel später wieder auftaucht, als ihr 1961 in Frankfurt jemand vom Schicksal zweier jüdischer Schwestern erzählt, wie sie es in drei Zeilen in die Kladde einträgt: »Zwei Schwestern, Jüdinnen, werden abgeholt, der Mann der einen bleibt zurück. Die Schwägerin sprang aus dem fahrenden Zug.«

Die »Lupinen am Bahndamm« werden in der erzählerischen Phantasie mit der todbringenden Zugfahrt verknüpft und geben der Erzählung den Titel: *Lupinen*. Berichtet wird von zwei jüdischen Mädchen, die auf der Fahrt ins Vernichtungslager aus dem Zug springen wollen an eben der Stelle, die sie seit Kindertagen kennen: der Kurve, in der immer Lupinen blühen. Doch nur die jüngere, Barbara, wagt den Sprung, versteckt sich beim Schwager in der Hoffnung, von ihm an Stelle der Schwester empfangen zu werden. Doch er duldet sie nur schweigend, bleibt »steinern«, tritt in die Partei ein und schösse sich in seiner Situation am liebsten eine Kugel in den Kopf. Ein Jahr lang hält Barbara die Isolation und Lieblosigkeit aus, dann läuft sie zu der Stelle, an der sie abgesprungen war, während die Schwester in den Tod fuhr. »Den Zug, der von der Stadt herkam, sah sie schon von weitem ... Ein Sonderzug, Kinderlandverschickung, und Hunderte von Kindern beugten sich aus den Fenstern hinaus. Barbara rannte so schnell sie konnte, sie war gleich außer Atem, griff, um sich den Bahndamm heraufzuziehen, in die verblühten Lupinen ... Einen Augenblick lang stand Barbara keuchend dort oben im warmen Oktoberwind, wußte nichts, wollte nichts, ließ sich nur fallen in das Stoßen, Stampfen und Klappern des Zuges hinein.«

Urthemen der Erinnerung und der Phantasie werden miteinander verbunden – schwesterlicher Konkurrenzkampf, die Vorstellung vom Tode mitten im Leben, das Motiv von Angst und Eifersucht – und durch jenes in Ostpreußen aufgenommene Bild »Am Bahndamm Lupinen« verdeutlicht, ein Bild, das auch in einem Nachkriegsgedicht Schrecken und Angst heraufbeschwört:

> Bahndämme beim Luftangriff
> Mein Gesicht
> Gepreßt in die toten Lupinen

In die Königsberger Zeit fällt nicht nur das Erscheinen des Romans *Liebe beginnt*, sondern ein weiterer literarischer Erfolg. Beim Lyrik-Wettbewerb der ›Dame‹ gewinnt sie unter 3100 Bewerbern (die insgesamt 15000 Gedichte einsandten) den ersten Preis für ihr Gedicht *Die Wellen*. (»Von fernher hörte ich den dumpfen Klang | Und mit dem weißen Weg im Kieferndicht | Sprang ich hinauf den hohen Dünenhang | Gewärtig alter ewig neuer Sicht. | Da kamen mir entgegen auf den Wogen | Die weißen Reiter an den Strand gezogen ...«)
Unter den Preisrichtern waren Ricarda Huch, Rudolf G. Binding und Julius Petersen. Vier weitere Gedichte wurden in den von der gleichen Zeitschrift herausgegebenen Lyrik-Anthologien veröffentlicht, zusammen mit Gedichten von Günter Eich und Elisabeth Langgässer, Peter Huchel und Georg von der Vring, Ruth Schaumann, Eugen Roth und Georg Britting.
Man muß sich den Beliebtheitsgrad und die Auflagenhöhen der renommierten Frauen- und Kulturzeitschrift vor Augen führen, um den Erfolg zu verstehen, den die Veröffentlichungen 1935 für die Autorin bedeuteten. Die ›Dame‹ erschien seit 1912 über drei Jahrzehnte lang, bis die Zeitschrift, die sich trotz der Diktatur als eine Art Aushängeschild von internationalem Rang bewährt hatte, 1943 ihr Erscheinen einstellen mußte. Vicky Baum, Stefan Zweig, Otto Flake, Carl Zuckmayer, Bertolt Brecht und

Gerhart Hauptmann waren darin ebenso vertreten wie die Illustratoren Tamara Lempicka, George Grosz, Paul Scheurich. Marie Luise Kaschnitz wird 1936 als Jurymitglied aufgenommen und zu Buchbesprechungen aufgefordert.

Für die Preissumme von tausend Mark kauft sie sich ein Auto. In gewisser Weise beginnt damals ihre Form der Emanzipation. Sie befreit sich vom Haushalt und macht kleine Fahrten durch das Land. Sie sucht sich einen Freiraum, in dem sie ungestört arbeiten kann, ohne daß die Familie das Gefühl bekommt, vernachlässigt zu werden.

### Bedrohung

Die ihre Häuser ohne Fenster bauen
Kein Lichtschein nachts
Weil Lichtschein Gefahr bedeutet
Die ihre Ohren verstopfen
Ihre Augen nach innen drehen
Weil sehen und hören
Gefahr bedeutet
Die nicht ja sagen nein sagen
Weil Jasagen Neinsagen Gefahr bedeutet
Sie bleiben am Leben.

Inzwischen mehren sich bedrohlich die Zeichen der Zeit. Man weiß nicht, wem man sich anvertrauen darf und wem nicht, wer als »politisch zuverlässig« gilt und wer nicht. Max Tau, Cassirers Cheflektor in Berlin, schreibt in der Überzeugung, in ihr eine Vertraute gefunden zu haben, am 24. März 1934 in Vorahnung des Kommenden: »Liebe Freundin! Leider geht die ›Vossische Zeitung‹ am 1. April ein. Ich bitte Sie dringlich, für die letzte Nummer, die ›Junges Deutschland‹ betitelt wird, zwei bis drei Seiten zu schreiben, eine kurze Erzählung oder Beschreibung. Bitte tun Sie es und geben Sie sich die größte Mühe. Denn es kann dokumentarischen Wert für Ihre Zukunft haben.« Sie schickt umgehend ihren Aufsatz *Archaischer Apoll* an die ›Vossische‹, der tatsächlich in der letzten Ausgabe erscheint.

Die erste erhaltene Tagebuch-Eintragung, niedergeschrieben nach der frohen Geburtstagsfeier mit einem Furtwängler-Konzert, enthält bereits in einem einzigen Wort die sich anbahnende Tragik der von den Nationalsozialisten Verfolgten. 31. Januar 1936. »Geburtstag. Silberstiftzeichnung von den Wasserfällen von Tivoli, von Partikel. Hankamer bringt eine schöne Photographie von Olevano mit ... Hankamer-Flugblatt.«

Die Schlußbemerkung – »Hankamer-Flugblatt« – bedeutet, daß an der Universität mit der »Entfernung politisch mißliebiger Personen« begonnen wurde. Nationalsozialistische Rollkommandos störten die Vorlesungen Professor Hankamers, der daraufhin für untragbar erklärt und seines Amtes enthoben wurde. Ähnlich erging es ihrem Freund, dem Mathematiker Kurt Reidemeister. Guido von Kaschnitz wurde ebenfalls gewisser Äußerungen wegen politisch verdächtigt, da er von Anfang an ein erklärter Gegner des Regimes war und unter der wachsenden Macht der Partei litt.

Der Name Hitler wird in den gesamten Tagebüchern nur ein einziges Mal erwähnt: während einer Reise durch Österreich.

Hingegen mehren sich die Notizen über die eigenen Schwierigkeiten. Man möchte die Dichterin einspannen, sie soll im Februar 1936 eine Lesung für die Nationalsozialistische Künstlergemeinschaft organisieren, trägt schließlich »Entschluß, nicht dort zu lesen« und »Gespräche darüber« in ihr Tagebuch ein. Vor Königsberger BDM-Mädchen liest sie ihre Ostpreußen-Balladen und griechische Gedichte und stößt auf Unverständnis. Aber die selbstbewußt auftretenden Mädchen beeindrucken sie, und deutlich erkennt sie den Widerspruch zwischen der sportlichen, halbmännlichen Ausbildung und der vorgeschriebenen Mutterrolle, die das nationalsozialistische Menschenbild ihnen zuwies.

Verstört vermerkt sie im Tagebuch die Folgen der politischen Entwicklung, die Kompromißbereitschaft derjenigen Schriftsteller und Intellektuellen, die sich aus Opportunismus der Nazi-Ideologie anpassen und auch der anderen, die in die Emigration gehen müssen. Die ostpreußische Dichterin Agnes Miegel »hat von einem Tag auf den andern mit ihren jüdischen Freunden gebrochen. Sie glaubt alles – Mißverstehen, Schmerz, Entrüstung – auf sich nehmen zu müssen. Sie hat aber immer in einer andern als der realen Welt gelebt« (7. 2. 1936).

»... über René Schickele und das Elend der Schriftsteller und Künstler, die in Südfrankreich leben. Schickele kann, obwohl er zweisprachig ist, nicht ohne die größte Anstrengung und Aufregung französisch dichten. Ausbrüche von wilden Schmähungen und Gedichte an den deutschen Wald – schreckliches Heimweh.« (6. Mai 1936)

Dann wieder erläutert ihr Rudolf G. Binding bei einem Abendessen, daß er lieber seine Kunstauffassung als seine Position aufgeben wolle. »Obwohl nicht nur Geltungsbedürfnis, sondern auch ein Verantwortungsgefühl ihn dabei bestimmen, hat man einen peinlichen Eindruck, da er einen Kompromiß nach dem anderen machen muß. So zog er z.B. in Erwägung, im Schwarzen Corps [der Zeitung der SS] zu schreiben, aber anonym. So kommt er in die schiefe, gar nicht mehr zu ertragende Situation der Leute, die es mit niemandem verderben wollen.« (27. Oktober 1937)

Die Kriegsvorbereitungen nehmen in ihrer Bedrohung sichtbare Formen an. »Immerfort Flieger. Schwere Panzer und Jagdflugzeuge. Zielübungen, Schrapnellwölkchen. Schießen nach einem roten aufgeblähten Sack, den ein Flugzeug nachschleppt ... Die Flugzeuge fahren sehr niedrig und rasend schnell über die Dünen hin.« (Juni 1937 in Ahrenshoop). Während des spanischen Bürgerkrieges hatte sie sich Gedanken über den Mißbrauch der Flieger gemacht, die in dem Satz gipfeln: »Welche Entwicklung eines Menschheitstraumes: Ikarus und – Guernica.« Die kleine spanische Stadt Guernica – Picassos berühmtes Gemälde handelt davon – war von Bombenflugzeugen der deutschen Legion Condor 1936 zerstört worden. Die Gestalt des jungen Ikarus, der der Sonne zu nahe kam, hat ihre Phantasie gefesselt und spielt noch in späten Aufzeichnungen eine Rolle. Nach der griechischen Mythologie machte Ikarus den »Traum vom Fliegen« wahr. Was war daraus geworden? Höhenflug und Vernichtung: *Ikarus und Guernica.*

Im Sommer 1937 hatte sie die gerade erschienene Autobiographie von Ernst Wiechert, die Geschichte seiner Jugend in Masuren (»Wälder und Menschen«) gelesen und den Dichter in seinem Hause besucht. »Wiechert spricht über die Jetztzeit mit unheimlichem historischem Pessimismus. Lehnt jede moralische Wertung ab. Es gibt kein Gut und Böse« (17. Juli 1937). Ernst Wiechert, damals einer der beliebtesten deutschen Schriftsteller, kam ein Jahr später für Monate ins Konzentrationslager Buchenwald und lebte danach unter Bewachung der Gestapo.

Einzig mit ihrem Freund, dem Maler Alfred Partikel, kann sie die Situation offen besprechen. Sie fahren hinaus zu seinem Strohdachhaus an der Ostsee und erörtern die Bedingungen, unter denen man in Zukunft noch arbeiten und veröffentlichen kann. Nicht hier, aber 1938 in Marburg erwägen sie und Guido die Möglichkeit, Deutschland zu verlassen und ins Ausland zu gehen, obwohl sich dort kaum ein Arbeitsfeld für den Archäologen finden lassen wird. Alle Gedanken drehen sich um dieses Thema.

»Wir gingen am Strand entlang und badeten am Darß. Ich fuhr mit Alfred Partikel bei ziemlich starker Abenddünung ins Dorf zurück. Abends war Gerhard Marcks hier. Im äußeren Aussehen, charakterlicher Haltung wie in seiner Kunst ein Deutscher, im besten Sinne nordisch, wird er jetzt in die Gruppe entarteter Künstler gerechnet und darf nicht mehr ausstellen. Muß mit Frau und fünf Kindern an Auswanderung denken. Es wurde über die Münchener Ausstellung ›entarteter Kunst‹ gesprochen, in der Kokoschka und die schönen Walchenseelandschaften von Corinth vertreten sind« (30. Juli 1937).

»Einen Abend bei Schmidt-Isserstedt. Er fordert mich plötzlich auf, in den Garten zu kommen. Wir gehen um das Haus, auf die kleine, von Weiden umschlossene Wiese hinter den Dünen. Er spricht unablässig von seiner ersten, nichtarischen Frau, mit der ich in die Schule gegangen bin, die ich aber seitdem nicht wiedergesehen habe. Er hat sich von ihr getrennt, um seine Laufbahn als Kapellmeister nicht aufgeben zu müssen. Jetzt ist er wieder verheiratet, hat wieder einen Sohn, und doch verfolgt ihn die Vergangenheit unaufhörlich. Das Haus, der Garten, alles ist die Schöpfung der ersten Frau. ›Dort war auch früher das Kinderzimmer. Sie war so gern hier.‹ Sie lebt jetzt im Ausland, ihre Kinder haben Heimweh. Über dem durchaus erfreulichen Heute liegt ein tiefer Schatten von Traurigkeit und Schuld.«

Das Motiv der Schuld spielt fortan eine große Rolle. Sie fühle sich schuldig, weil sie feige gewesen sei, wider besseres Wissen nicht gehandelt habe. Unmittelbar nach dem Krieg verfaßt sie für Dolf Sternbergers Zeitschrift ›Die Wandlung‹ den Artikel *Von der Schuld*, beklagt die erschreckende Passivität derer, die weiter sahen und schmerzlicher zu erkennen verstanden – wie sie selbst.

(»Nicht heimlich im Keller Flugblätter gedruckt, nicht nachts verteilt ... Lieber überleben ...«). Immer ist mit der Erwähnung von Königsberg der Gedanke an persönliche Feigheit gekoppelt. Sie hat die Stadt nicht wiedergesehen. »Rohrdommeln, damals gehört und dann nie wieder, Wollblumen damals und dann nicht wieder gesehen. Auch nicht die Elche, die riesig, schwerschäuflig, leichtfüßig durchs Bruch zogen, über die mit giftgrünem Gras bewachsenen Bruchstellen ... Dreißig Jahre her das alles, aber überdeutlich, ein Land, in dem man weitsichtig wurde und hellhörig ...« (*Tage, Tage, Jahre* 141)

»Unsere Küche in der Königsberger Hardenbergstraße, und natürlich ist es nicht wahr, daß wir nichts gewußt haben, dieses und jenes hat man wohl gehört. Was aber später keiner mehr glauben wollte, kein Amerikaner und kein zurückgekehrter Emigrant, ist die Tatsache, daß man einiges erfahren sollte, daß gewisse Gerüchte absichtlich in Umlauf gesetzt wurden, mit der Absicht zu erschrecken, abzuschrecken, so ist es dem und dem ergangen, so ergeht es auch dir ... wenn du beim Vorbeimarsch der SA ein schiefes Gesicht ziehst, wenn du dein Kind die völkischen Lieder nicht lehrst. Die Kinder waren die Instrumente des Terrors ... so geht es dir, du verschwindest, ohne auch nur das geringste zu bewirken, die in den Lagern haben keine Identität mehr, niemand bewundert sie, niemand trauert um sie, sie sind nichts. Daß über Einzelheiten, etwa über die Methoden der Foltern, nichts zu erfahren war, rückte die Lager in die Finsternis mythologischer Schauplätze, nein, dahin nicht, lieber den Arm gehoben, Heil Hitler gesagt, den Krieg wird er ohnehin verlieren ... Kleine Warnungen, kleine Mahnungen und schlaflose Nächte. Ich, von Natur feige und mit einer quälenden Vorstellungskraft ausgestattet, hielt den Mund.« (*Orte* 574)

Wußte einer denn, wieviel er wagte,
Als er diesem Ziel entgegenfuhr,
Weil man ihm von einem Tempel sagte
Und von überwachsner Mauern Spur?

Im August 1936 brach das Ehepaar zu einer fünfmonati-
gen Studienreise nach Griechenland auf.
5. Oktober 1936:
»Ankunft in Athen. Nachts drei Uhr Fahrt durch den Kanal von Korinth. Steile hohe Lehmwände ohne Mauern.
Der Kanal ist sehr eng, gerade nur unser Schiff hat Platz.
Die Bugwelle schäumt an den Seiten hoch hinauf ...«
Es ist ihre erste Griechenlandreise, sie sieht zum erstenmal, wovon die Arbeiten, an denen ihr Mann seit Jahren
schreibt, handeln. Das Glück ist den Tagebuchaufzeichnungen anzumerken. »Die Bugwelle schäumt hoch hinauf« – sie muß sich an diesen Ausruf erinnert haben, als sie
dreißig Jahre später ihre Aufzeichnungen *Wohin denn ich*
mit den Versen beendet: »Keine Nacht, keine Sterne, kein
Mond, kein Fisch | Nur die Bugwelle rauscht, rauscht,
rauscht.«
Mehr als fünfzig Schreibmaschinenseiten nehmen die Tagebuchnotizen der Reise ein. Sie schreibt, wenn Guido in
Tempeln und Grabanlagen zu Messungen und Untersuchungen verschwindet. Der Roman *Elissa*, die *Griechischen Mythen*, die Hörspiele *Die Reise des Herrn Admet*
und *Jasons letzte Nacht* wären ohne die Intensität, mit der
sie alles auf dieser Reise aufnahm, nicht entstanden.

6. Oktober (1936). »Athen. Lebhafte Laute, überall auf-
gerissene Straßen. Viele Stiefelputzer, meist Knaben, die
ihren Holzkasten an einem Riemen über der Schulter tragen. Ein Mann verkauft kleine Gläser mit Wasser, in de-

nen in jedem ein kleiner Goldfisch schwimmt. Popen in weiten schwarzen Wollkutten und viereckigen schwarzen Mützen ... 13. Okt. In einem kleinen Catenion beim Odeon. Zwischen den Zweigen der Pfefferbäume sieht man hoch oben, in schöner Überschneidung mit der Mauer, den Parthenon. Trotz des Schirokkos ist er herrlich im Licht, man sieht die rötlich-goldene Verwitterung des Marmors. – Zwei Katzen lecken die Teller aus, die auf dem Nachbartisch stehen; mit gestreckten Rücken sich von den Stühlen aufrichtend. Eine dritte sieht von unten faul und begehrlich zu. Zwei kleine Buben streiten um den Erlös des Schuhputzens ... In der Elektrischen sind zerlemperte Strohsitze. Während der Fahrt fällt eine Frau heraus, weil der Handgriff abgeht. Man bemerkt es nach einer Weile und wartet, bis sie nachgehinkt kommt. Ohne viel Aufregung steigt sie wieder ein.«

17. Oktober (1936). »Auf der Akropolis. Der Marmor ist glitzernd und rauh und scheint doch weich, wenn man mit der Hand darüber fährt. Die Profilränder der jonischen Säulen sind abgeplattet, die der dorischen spitz ...« Das, worüber sie später wie eine Kundige schreibt, erfährt sie hier staunend zum ersten Mal.

»Erechtheion: Mythos vom Streit des Poseidon und der Athena um Athen. Poseidon stiftet den Salzquell, Athena den Ölbaum. Die Spur des Dreizacks am Felsen.« »Im Museum von Delphi. Die beiden argivischen Brüder lagen hilflos auf dem Rücken und lächelten beschämt. Es sind die archaischen Statuen zweier Söhne, die ihre kranke Mutter auf einen Wagen luden und selbst nach Delphi zogen. Zum Dank erflehte ihnen die Mutter von Apollon das beste Schicksal der Welt. Daraufhin starben sie sofort, jung, schön, strotzend von Lebenskraft.« Sie hat die Fähigkeit, Gestalten der Vergangenheit nicht zu aktualisieren, aber aus der Distanz zu holen und in eine unmittelbare Spannung zur Jetztzeit zu setzen. Geschichte wird gegenwärtig, die Gegenwart wiederum erhält mythischen Charakter. Auf diese Weise greifen Zeiten ineinander, wird Vergangenes zum Lebensgrund, erscheinen Menschen von damals – der Roman *Elissa* zeigt es – als die gleichen wie heute.

11. November (1936). »Wir gingen zwischen kahlen, graubraunen, nur mit Macchia und Disteln bedeckten Hügeln zur Burg. In dem Bachtal rechts sah man die alte Brücke aus mykenischer Zeit, über die mit holprigen Wagen wohl Agamemnon gefahren ist ... Um die Felsen des Burgberges läuft unterhalb der Mauern ein kleiner Weg. Dort führte ein Mann ein weißes Pferd zu einem Brunnen. Ein Junge kam und trieb eine Truthahn-Herde vor sich her ...
Wenn man die Bauten ansieht, versteht man die Tragödien besser, den Schicksalsweg eines starken, unmenschlichen Geschlechts ... Am Nachmittag gingen wir zur Bahn ... Wir fuhren in einem ganz fensterscheibenlosen Wagen ohne Abteile. In voller Fahrt sah der Schaffner von außen zum Fenster herein und verlangte die Billetts. Er kletterte auf dem Trittbrett so den ganzen Zug entlang. Trübe Petroleumlampen, ein Mann mit einem großen Vogelkäfig und ein Stoffhändler mit bunten Ballen ...
8. Dezember (1936). Guido fuhr früh um fünf nach Matera. Es war Feiertag und alles sehr still. Ich schrieb, ging am Meer entlang, fastete, weil wir kein Geld abheben konnten und noch abreisen wollten. Entwurf der griechischen Gedichte, Ordnung nach Leitgedanken und Landschaft.«

> Doch schöner liegt ein Land zu deinen Füßen
> Als je ein Gott es Irrenden verhieß
> Die rosenfarbenen Gebirge schließen
> Den weiten Bogen um die Argolis.

Eines der durch seine melodischen Reime und weichen Rhythmen schönsten Gedichte jener frühen Phase ist damals in Griechenland entstanden: der Abschied einer jungen Frau vom Leben.

*Grabstele*

Der Tod ist nah, er steht schon auf der Schwelle
Schon kann ich seinen Schatten wachsen sehen
Sobald er näher tritt versiegt die Quelle
Und ich muß gehen.
. . .
Gebt mir das Kästchen mit den goldnen Reifen
Den bunten Steinen und den kalten Ringen,
Ich kann das Leben anders nicht begreifen
Als in den Dingen.
. . .
Nur das Vergänglichste soll mich erfüllen
Das süßeste Geschenk, das mir gegeben.
Ein Blick, ein Lächeln um der Schönheit willen:
Das war mein Leben.

Es gibt Vorstufen zu diesem Gedicht. Nach einer Vorlesung in Königsberg über das Grabmal der Hegeso (»die Tote spielt mit den Ketten und Armbändern, als könne sie sich nicht losreißen von den schönen weltlichen Dingen«) notiert sie: »Ich dachte an den Grabspruch der Frau Landauer: ›O Geist, dahingegeben – der dunkelsten Gewalt – wie sehnst du dich ins Leben – zurück in die Gestalt‹« (25. Mai 1936). Und in Wien zeigte ihr Guidos Mutter ein Familien-Schmuckkästchen. »Medaillons mit Haaren. Flache goldene Armbänder. Trauerschmuck aus Eisen.« Vergangenheit und Gegenwart fließen ineinander; was den Menschen vor zweitausend Jahren geschah, kann sich ebenso heute an ihr vollziehen (»Und schauend, lauschend

ahnst Du in der Zeit | Der wandelbaren, die Beständig-
keit«).

Sehr viel später, unter der Wirkung des Feminismus der
siebziger Jahre, hat sie das Grabstelen-Gedicht schweren
Herzens widerrufen; sie hatte sich inzwischen anderen
Themen zugewandt, und die melodische Klage erschien
ihr, als es ihr während einer Ausstellung zum Thema
»Emanzipation« in den Sinn kam, wie ein Verrat an der
Rolle der Frau. »Ich habe einmal, vor sehr vielen Jahren,
ein Gedicht geschrieben ... Die Tote hält ein Schmuck-
kästchen in den Händen ... Die Worte, die ich ihr in den
Mund legte, bezogen sich auf Verdienste, von denen sie
nichts wissen wollte. ›Ein Blick, ein Lächeln um der
Schönheit willen: | Das war mein Leben‹, so endet das Ge-
dicht, und an diese Zeile mußte ich denken ... Es waren da
allerhand Plakate, Werbetexte und Kosmetik-Verpackun-
gen zusammengetragen, die Frau als Lustobjekt des Mannes, als Puppe ... ich war nie eine Vorkämpferin der
Emanzipation gewesen, sondern hatte Gedichte wie das
eben zitierte geschrieben, ich hatte mich nicht nur meinem
Mann, sondern eigentlich jedem Mann untergeordnet,
und jetzt schämte ich mich, obwohl ich doch eigentlich
keinen Grund dazu hatte. Denn es können dieselben
Dinge in einer Generation Unschuld und bereits in der
nächsten oder übernächsten Schuld bedeuten.« (III 811)

»Einem dunklen, urmächtigen Triebe folgend, hatte sie sich dem Fremden hingegeben. Aber dann hatte sie begonnen, ihn zu lieben. Schon war er nicht mehr der Wanderer, der Mann, der von weither kam und weithin ging. Er war der Erwecker eines neuen leidenschaftlichen Lebens, vor dem alles Frühere wie ein Schatten versank. Dieses Leben war Begehren und Rausch, war das Auflodern und Versinken einer immer von neuem geborenen Flamme.«

Ein Album mit Familienfotos zeigt in der Mitte eine Bilderserie »Reise nach Tunis Oktober 1935«. Es gibt über diese Reise keine Tagebuchnotizen, es gibt nur diese Fotos mit den handschriftlichen Ortsangaben: Tunis, Hamamlif, Dougga und einmal der Unterschrift »Sidi Bou Said bei Carthago«.

Dieser Ort gibt das Stichwort. Er wurde zum Auslöser des Romans *Elissa*.

Elissa ist ein anderer Name für Dido, die sagenhafte Gründerin Karthagos, die es nicht ertrug, von ihrem Geliebten Aeneas verlassen zu werden. Ein der Mythologie entlehnter Stoff, den Marie Luise Kaschnitz zum Zentrum eines Romans macht, mit dem Unterschied zur Vorlage allerdings, daß Elissa nicht sich selbst verbrennt, sondern das Schiff, mit dem Aeneas fliehen will, in Flammen aufgehen läßt.

Nach der Nordafrikareise hatte sie mit dem Roman begonnen, in Griechenland arbeitete sie daran. Daß sie die Geschichte der Dido als überzeitliches Geschehen darstellen wollte, ist für die Zeit symptomatisch: viele Schriftsteller vollzogen in Konsequenz der inzwischen völlig politisierten Gegenwart – der deutsche PEN-Club war 1935 aufgelöst worden – eine Abkehr von der Gegenwart und wandten sich der Vergangenheit oder mythologischen Themen zu. Es erschienen die historischen Romane von Heinrich Mann und Jochen Klepper, von Gertrud Bäumer, Henry Benrath und Kurt Kluge. Andere Dichter verfaßten ihre Lebenserinnerungen: Ina Seidel, Ricarda Huch und Hans Carossa. Gerhart Hauptmann bearbeitete den mythischen Stoff der »Atriden-Tetralogie«, Giraudoux' »Elektra« war 1935 erschienen. In diesem geistigen Umfeld und vor dem Hintergrund des Dritten Reiches ist der Elissa-Roman angesiedelt, der 1937 erschien. Marie Luise Kaschnitz las damals die Neuerscheinungen von Hermann Hesse, Knut Hamsun, Gertrud von le Fort und Carl Zuckmayer, sie beschäftigte sich mit Aischylos und der Kulturgeschichte Griechenlands. Die Rückwärtsgewandtheit zeigt den Wunsch, der bedrückenden Gegenwart und den Tragödien, die sich vor ihren eigenen Augen abspielten, zu entgehen, andererseits auf keine Weise zur Bestätigung des Regimes beizutragen. Ihre Art des Schreibens aber als »Innere Emigration«, gar als eine Form des Widerstands zu bezeichnen, hat sie jedoch strikt abgelehnt.

In ihrem Roman sind es zwei kontrastierende Hauptfiguren, das Mädchen Elissa und ihre Halbschwester Anna, die unter der Herrschaft eines mächtigen, über mehrere Frauen und großen Reichtum befehlenden Patriarchenvaters in einer Hafenstadt aufwachsen. Es ist die südliche Welt, die sie von ihren Reisen kannte. Die Wahl des Stoffes hing natürlich auch mit Guidos Beruf zusammen: die Steine und Scherben, die er aus dem Schutt der Jahrhunderte grub, setzte sie in ihrem Roman gleichsam zu lebendigen Bildern wieder zusammen. Dabei spielen aber auch die Landschaften, der Ablauf der Jahreszeiten und das Meer eine große Rolle.

»Die Heimat der Schwestern war eine Stadt am südlichen

Meer. Sie lag an einer Bucht, über welche viele schwarze und gelbe Segel dahinglitten, und zu ihren Füßen breitete sich ein langer, von Tang und allerlei Abfällen bedeckter Strand. Enge, schmutzige, von Menschen erfüllte Straßen führten vom Hafen hügelan. Hoch oben und abseits der Stadt stand ein großes, grellweißes, steinernes Haus ... Das war die Welt, in der Elissa und Anna aufwuchsen. Sie atmeten den wilden, süßen Geruch des Frühlings, den scharfen, bitteren der winterlichen Holzfeuer, den Duft des Meeres nach faulendem Tang und Fischen und die stickige, stinkende Luft der Straßen im Sommer. Und sie vernahmen vielerlei starke, heftige Geräusche.«

Die Autorin liebt die Darstellung von Gegensätzen, von Wildheit und Sanftmut, Machtgier und Unterordnung. Sie schwelgt in der Darstellung einer geheimnisvoll unergründlichen Welt, wozu ihr das verwirrende Labyrinth einer halbzivilisierten Hafenstadt mit engen, glutheißen Straßen, dem unübersichtlichen Treiben im Hafen, Händlern und Matrosen die ideale Kulisse bietet, vor der die Entwicklung des Mädchens Elissa vom ungebärdigen Kind zur sinnlich erregbaren, impulsiv handelnden Frau sich vollzieht. Sie benutzt aber, um die archaische Welt von der Gegenwart abzuheben, eine pathetische und melodramatische Sprache, die zu artifiziell und stilisiert ist, um lebendig zu wirken.

Gegensätzlich sind die Schwestern: wild und unüberlegt, aber phantasiebegabt und glühend vor Lebenslust ist Elissa, sanft und anpassungsfähig ist Anna. »Elissa liebte die grellen Farben, die wilden Muster. In maßloser Freude starrte sie auf das Gebilde von Flammen, Wolken und leuchtenden Flächen, das sie aus dem Nichts hervorgezaubert hatte« – sie ist eine Künstlerin, während es von Anna heißt, sie »wollte nichts Neues erfinden. Sie hielt sich an die vorgezeichneten Muster«. Diese Charakterzüge werden aber nicht konsequent beibehalten. Es fehle ihr der lange Atem, sagt Marie Luise Kaschnitz in Bollschweil zu Geno Hartlaub, um die Personen eines Romans über weite Strecken zu führen.

Als »Irrende« – wie der Roman ursprünglich hieß – begegnet Elissa dem Lehrer Sicheus, dessen »schöne, leuchtende Augen« sie bezaubern, doch er »treibt eine geheime Wissenschaft und er hat einen anderen Gott«. Nach dem Weggang dieses Mannes, von dem sie vergeblich eine Welt-Veränderung erhoffte, trifft sie Aeneas, der als Schiffbrüchiger zu den Schwestern kommt. Die Dido-Aeneas-Handlung beginnt. Er war »in jenem Frühling nahezu vierzig Jahre alt. Man nannte ihn Aeneas nach einem sagenhaften Vorfahren, dem man die Gründung der kleinen Siedlung im Westen des Meeres zuschrieb«. Indem die Autorin dem alten Stoff neuen Atem einbläst, das berühmte Thema von Liebesverlangen und Leidenschaft der Dido ausphantasiert, reduziert sie zugleich das Verhältnis auf einen Macht- und Geschlechterkampf (ähnlich der ›modernen‹ Version in *Liebe beginnt*), der zum zweitenmal im traditionellen Rollenverhalten endet. Die übliche Polarisierung wird übernommen – Ausrichtung der Frau auf die Rolle der Liebenden und Geliebten, während dem Mann die Erkundung der Welt, Reisen, Wissen und Lehren vorbehalten sind: Aeneas zimmert sein Schiff. Elissa war jedoch im Kern ursprünglich anders angelegt, in ihr fand sich die Vorstellung eines ungebundenen, freiheitfordernden, sinnlichen Frauenlebens verkörpert, sie kannte keine Gesetze außer denen ihres Gefühls und ihres Willens. Sie erfährt die existenziellen Bedingungen weiblichen Lebens – Lieben und Gebären, Erziehen und Beschützen –, denen sie sich fügt. »Frieden, Bewahrung des Glücks – es war, als ob eine mächtige Stimme in Elissa dies und immer wieder dies verlange, eine Stimme, die nicht ihr allein gehörte, sondern allen Frauen der Welt.«

Eine einzige entscheidende Änderung gegenüber der Vorlage ist bemerkenswert. Elissa blickt nicht passiv dem Abfahrenden nach, sondern setzt sein Schiff in Brand. Die eindrucksvoll geschilderte Tat bleibt dann allerdings ohne Folgen, das Ende ist im Gegenteil unklar und verschwommen.

Auch bei diesem Roman ist in der Verlagskorrespondenz von einem geänderten Schluß die Rede. Es liegt die Vermutung nahe, daß die ursprünglich vorgesehene Trennung des Liebespaares im Hinblick auf eine positive, zumindest offene Zukunft geändert wurde.

Marie Luise Kaschnitz wollte auch ihr zweites Buch bei Bruno Cassirer verlegen. Aber als *Elissa* fertig vorlag, hatte sich die Kampagne der Nationalsozialisten gegen jüdische Verlage verschärft und bedrohte auch das renommierte Haus Cassirer.

So zeitlos und archaisierend der Roman ist – es finden sich im Text deutliche Anzeichen, daß die Autorin die Augen vor den Verbrechen ihrer Zeit nicht verschloß. Sie läßt die junge Elissa als Augenzeugin erleben, wie unschuldige Menschen geächtet werden, wie ein Kaufmann, zuvor vom Vater respektvoll begrüßt, vom Pöbel mißhandelt wird. Der alte Kaufmann war noch vor kurzem »langsam und würdig über den Platz gegangen und hatte, nach allen Seiten grüßend, lächelnd seinen weißen Bart gestrichen. Nun erschrak Elissa über seinen Anblick, der jämmerlich und furchtbar zugleich war. Denn mit Fußtritten und Stößen wurde der Alte vorwärts getrieben wie ein Tier. Die Kleider hingen zerrissen an ihm, sein Bart war verwirrt und mit Blut befleckt, und über seine Stirn lief eine lange, blutende Wunde ... Elissa starrte ihn lange an. Ist das der Feind? dachte sie verwirrt ...«

Derartige Szenen tauchen relativ unmotiviert auf, die Fragen »Ist das der Feind? Was ist Gerechtigkeit?« und ihre »furchtbare Ratlosigkeit« sind Reaktionen auf die reale politische Situation. So ist auch das eingeschobene Zitat:

»Frieden, Bewahrung des Glücks ...«, das dreimal wiederholt wird, als eine Bann- und Beschwörungsformel der Autorin im Jahre 1937 zu verstehen.

Ihre persönliche Situation machte sie ratlos. Wie sollte sie sich dem Verleger gegenüber verhalten? Das Manuskript war abgeliefert, eine Entscheidung mußte gefällt werden. Unter den Kollegen war es Josef Leitgeb, Autor bei Cassirer, der sie darauf hinwies, daß der Verlag schließen müsse. »Cassirer fällt doch unter die Rassengesetzgebung«, schreibt er im März 1936 aus Österreich. »Was wird das für Folgen haben? Ich habe nicht die geringsten Beschwerden gegen ihn vorzubringen – seine Arbeit war mir immer absolut sympathisch, seine Sachlichkeit aufs höchste angenehm. Aber nun sollte er doch reinen Wein einschenken.« Auch Marie Luise Kaschnitz mochte Cassirer, hatte ihm 1932 das Gedicht *Geträumtes Schiff* gewidmet.

Bruno Cassirer, der Verleger bedeutender Bücher und Herausgeber der renommiertesten deutschen Kunstzeitschrift, in Berlin verwurzelt und Mitglied der Reichsschrifttumskammer, glaubte sich bis zuletzt unangreifbar und vor dem Zugriff der Nazis sicher. Zwischen ihm und seinen Autoren fand in den Jahren 1936/1937 ein entwürdigendes Tauziehen statt. Immer wieder betont er gegenüber Marie Luise Kaschnitz, daß er sein Lebenswerk erhalten und im Lande bleiben wolle. Gleichzeitig erhält sie Briefe von Leitgeb, der sich inzwischen in Berlin selber sachkundig machte und mitteilt, daß »der Optimismus der Verlagsleute geradezu anachronistisch« sei, »die Tendenz der bisher verfügten Maßnahmen zeigt doch deutlich genug, wohin der Hase läuft«. (24. Mai 1936)

Das düsterste, traurigste Kapitel deutscher Verlagsgeschichte beginnt. Cassirer bemüht sich um eine persönliche Solidaritätserklärung seiner Autoren, um dem Eingriff Dritter zuvorzukommen. Von den meisten Autoren erfolgt eine solche Erklärung nicht – außer von der Nobel-preisträgerin Sigrid Undset, die dann auch Max Tau half, nach Norwegen zu entkommen.

Marie Luise Kaschnitz verhält sich schwankend. Sie hat in Königsberg keinen richtigen Überblick, verlangt schließlich ihr Manuskript zurück mit der Begründung, es ändern zu wollen. Cassirer erlebt die bitterste Zeit seines Lebens, die er auch nach der Emigration nach Oxford nicht mehr verwunden hat (er ist 1941 an einem Herzversagen gestorben). Er begriff, daß »seine« Autoren sich aus Opportunismus von ihm abwandten. Noch im Juli 1936 hatte er geschrieben, er sei Mitglied des Börsenvereins und der Reichskulturkammer, er bestehe darauf, das Buch vertragsgemäß zu verlegen; das war in jenem Sommer, in dem ihr Vater Max von Holzing die Reiterolympiade in Berlin organisierte. Wenig später wurde allen jüdischen Verlagen die Lizenz entzogen. Währenddessen trifft bei ihr schon das fertige Gutachten eines anderen Verlages ein – sie hatte also Cassirer den Rücken gekehrt. Es ist der Berliner Universitas-Verlag, der ihr mitteilt: »Ihr Roman wird als ein sehr ungewöhnliches, über dem Durchschnitt stehendes Kunstwerk bezeichnet, dessen große Stärke in der psychologischen Entwicklung der Figur der Elissa und ihrer Gegenspielerin Anna liegt und das ganz besonders feine und farbenreiche Milieuschilderungen enthält. Als zeitloser Roman ist es ein Werk von großem Range, für dessen Inverlagnahme wir uns stark interessieren.«

Marie Luise Kaschnitz überträgt die Rechte an ihrem Manuskript dem Universitas-Verlag, bei dem es Weihnachten 1937 erscheint. Dreißig Jahre später schreibt sie: »Der erste Kontakt mit einem Verleger ist für einen Schriftsteller ein aufregendes Erlebnis. Für mich war dieser erste Verleger Bruno Cassirer, der zunächst in einer Anthologie zwei meiner Geschichten, dann meinen ersten Roman druckte … Herr Cassirer lud seine sehr schüchterne junge Autorin in sein Haus in Friedenau und nahm mich mit nach Ruhleben, wo seine schönen Traber liefen. Die Beziehung endete, kaum daß sie begonnen hatte. Cassirer mußte, ebenso wie sein Lektor Max Tau, auswandern; er gab mein zweites Buch einer Buchgemeinschaft, die für mich immer anonym geblieben ist.«

Aber nicht er – sie selber hatte ihr Manuskript einem anderen Verlag übertragen. Cassirer schrieb ihr verbittert am 16. Februar 1937: »Sie haben mir das Manuskript Ihres neuen Buches vorenthalten, obwohl Sie es zum Zwecke des Vorabdruckes vor langer Zeit einem Zeitungsverlag geschickt haben. Sie haben das damit begründet, daß Sie den Roman einer nochmaligen Umarbeitung unterziehen wollen. – Nun schreiben Sie, daß Sie sich von dem Verlag trennen müssen.« Auf ihren Wunsch hin löst er im März 1937 den Vertrag. Zu Ostern 1938 – Cassirer war inzwischen nach England ausgewandert – erscheint *Elissa* bei der deutschen Buchgemeinschaft als Lizenzausgabe des Universitas-Verlages in einer Auflage von zehntausend Exemplaren.

Bis zuletzt blieb Bruno Cassirer seiner Autorin gegenüber nobel und freundlich gesinnt. Er dankt ihr für die Übersendung des Buches mit den Worten, er freue sich auf die Lektüre, sobald er Zeit finde, denn die Auflösung des Verlages mache allerhand Arbeit. Für ihn bedeutete aber »Auflösung« die Vernichtung seines Lebenswerkes. Seine Rechte übertrug er Kollegen, die ihm sympathisch erschienen, unter anderem Eugen Claassen, in dessen Verlag Marie Luise Kaschnitz nach dem Krieg ihre Werke veröffentlichte. Für sie bedeutete die Verletzung getroffener Vereinbarungen Schuld. Zwar war es ihr Recht, sich nach einer Veröffentlichungsmöglichkeit umzusehen, dennoch hat sie es in Wirklichkeit nie als Entschuldigung verstanden. »Königsberg« und »Feigheit« werden ihr zu Synonymen. Als deutsche Schriftsteller später nach ihrem Verhalten im Dritten Reich befragt werden, antwortet sie: »Ja, danach fragen jetzt alle, nach dem Engagement, aber ich kann diese Frage in einem Sie befriedigenden Sinn kaum beantworten. In der Nazizeit war ich zwar ›dagegen‹ und habe ein paar Unannehmlichkeiten gehabt, aber ich war doch viel zu feig, um wirklich etwas zu tun. In meinem späteren Leben habe ich versucht, von Fall zu Fall richtig zu handeln, human – ... Mich als ›engagiert‹ zu bezeichnen wäre nichts als Angeberei.«

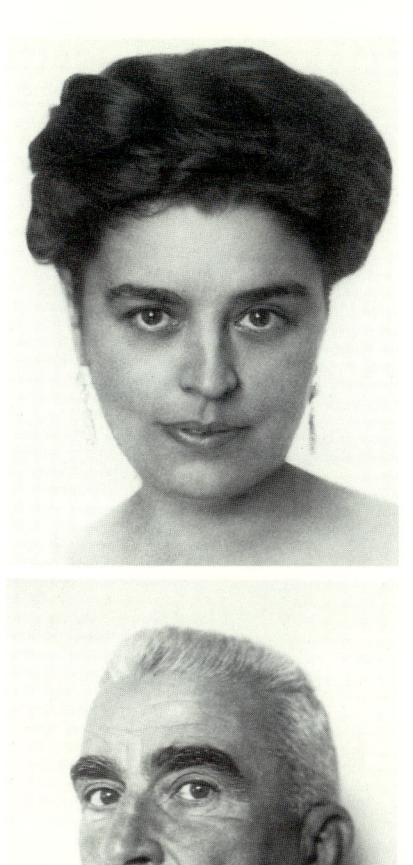

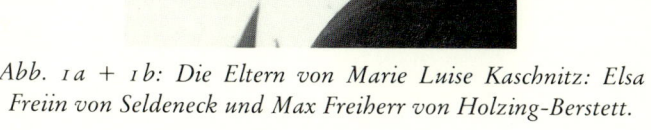

*Abb. 1a + 1b: Die Eltern von Marie Luise Kaschnitz: Elsa Freiin von Seldeneck und Max Freiherr von Holzing-Berstett.*

*Abb. 2: Das Gutshaus Bollschweil, seit Jahrhunderten in Familienbesitz, war für Marie Luise Kaschnitz »die eigentliche Heimat«.*

*Abb. 3: Die drei Schwestern in Potsdam (um 1908). Von links: Helene (Lonja), Marie Luise und Karola (Mady) v. Holzing-Berstett.*

*Abb. 4: Das Kind Marie Luise beim Schlittschuhlaufen. Das Foto spielt in der Erzählung »Das dicke Kind« eine entscheidende Rolle (S. 23).*

*Abb. 5: Marie Luise von Holzing »mit dem hüftlangen Haar«
im Alter von 14 Jahren in Berlin.*

*Abb. 6a: Beim Ausreiten (um 1920). Im Hintergrund das Guts-*
*haus Bollschweil im Breisgau.*

*Abb 6b: Als Lehrling der Buchhandlung Thelemann in Weimar*
*1923. Marie Luise von Holzing ist die dritte von rechts.*

*Abb. 7: Guido von Kaschnitz als Bräutigam 1925.*

*Abb. 8: Am Frühstückstisch während des Urlaubs 1929 in Menton an der Riviera. Hier entstanden die ersten Erzählungen.*

*Abb. 9: Guido und Marie Luise Kaschnitz 1932 in Baden-Baden während des jährlichen Besuchs bei Carola von Brauer.*

**Rudolf G. Binding · Hans Friedrich Blunck · Ricarda Huch**

**Julius Petersen und Carl Schnebel**

*haben als Preisrichter für einen Lyrikwettbewerb der „Dame"*

den 1. Preis: Marie Luise Kaschnitz

einen 2. Preis: Josef Leitgeb   *zuerkannt*

JOSEF LEITGEB         MARIE LUISE KASCHNITZ

*In unserem Verlage erschienen:*

| Marie Luise Kaschnitz | Josef Leitgeb |
|---|---|
| *Liebe beginnt* | *Kinderlegende* |
| Roman. Geheftet M 3.70. In Ganzleinen M 5.— | Roman. Geheftet M 3.20. In Ganzleinen M 4.80 |
| „Eine neue Dichterin erweist, daß immer noch das Wesentliche der Liebe unausgeschöpft, ungesagt blieb." | „Uraltes Motiv deutscher Dichtung, aus dem wir die männliche Haltung und die mystische Deutschheit des Tiroler Leitgeb erkennen." |
| Neues Wiener Abendblatt | Berliner Lokalanzeiger |

*Wir bitten Sie, sich für diese jungen Autoren erneut einzusetzen!*

[Z] Auslieferung für Österreich: Leopold Heidrich, Wien I [Z]

# BRUNO CASSIRER VERLAG · BERLIN

*Abb. 10: Gewinnerin des Lyrikwettbewerbs 1935 – die Autorin zur Ankündigung ihres ersten Romans* Liebe beginnt *im Börsenblatt.*

*Abb. 11: Der Freund Alfred Partikel, ostpreußischer Land-
schaftsmaler, bei einem Ausflug in der Umgebung von Königsberg 1937.*

*Abb. 12: Marie Luise Kaschnitz im Alter von etwa 30 Jahren.*

# IV.
# Und das Schöne stirbt uns
# unter der schreibenden Hand
# (1937-1944)

*Der Tod des Vaters*

Was außerdem?
Hakenkreuzfahnen
Dröhnende Stiefelschritte
Geflüstertes Grauen
Züge entlang den Lahnfluß voll
Nicht singender Soldaten

Die Vorstellung, aus einer leichtsinnigen, heiteren Ah-
nungslosigkeit in die größte Gefahr getaumelt zu sein,
hatte sie schon in Königsberg. Ausflüge »in die Maiglöck-
chenwälder und Fliederdörfer, wie ausgelassen wir dort
durch die Wälder laufen und an den schwarzen Seen hin.
Törichte Sorglosigkeit, nach zwanzig Friedensjahren, und
einmal, als wir vom Land in die Stadt zurückkommen, ist
auf dem Dach gegenüber unserer Wohnung die erste Luft-
schutzsirene aufgebaut worden und empfängt uns mit ihrem drohenden Geheul«.
Es wirkte wie ein Schock. Mit dem Geheul der Sirenen,
dem plötzlichen Bewußtsein, blind ins Verhängnis gelaufen zu sein, änderte sich in Zukunft ihr Lebensgefühl.
»Herausgefallen aus der Unschuld«, nannte sie es. Eine
Epoche feststehender Ordnungen und verbindlicher
Werte wird in Kriegsschuld einmünden, im Kriegsschutt
untergehen. Der Glaube an eine humane Entwicklung,
eine »Verbesserung des Menschengeschlechts« war
ebenso zerstört wie das alte Vertrauen in die Haltbarkeit

der Dinge, wie sie es einmal, in der Nachfolge von Rilkes »Dinggedichten« formuliert hatte. »Herausgefallen aus der Unschuld, wann eigentlich, wo eigentlich, und wie war das, als wir noch Verse machen konnten ... und könnten es vielleicht noch immer, aber glauben nicht mehr an die Heilung durch das Wort, die Heilung durch den Geist ... Lyriker im Zeitalter der Unschuld, das aber zu Ende gegangen ist, und schon lange, so daß jetzt nichts mehr gilt ... warum eigentlich nicht, die Kunst ist ewig, die Kunst kann nicht untergehen, so haben wir es gelernt. Wir haben aber noch manches andere gelernt, zum Beispiel, daß der Mensch gut ist und der liebe Gott auf ihn aufpaßt und daß der Soldat ein Soldat und der Zivilist ein Zivilist ist. Lauter Anschauungen, die wir im Ernst nicht mehr vertreten können, und das Schöne stirbt uns unter der schreibenden Hand.« (*Orte* 517)

Als sie die Sirenen in Königsberg hörte, schrieb sie das Gedicht *Im Sturm*, die Vorausschau einer nicht mehr zu bändigenden Gefahr. Von nun an werden in ihrer Dichtung die Fragen – nach Gott, nach einer Gerechtigkeit auf Erden – angesichts der Kriegsgreuel, die in sechs Jahren aus Deutschland einen Trümmerhaufen, aus Menschen Leichenberge machten, nicht mehr verstummen. Die »Unheils-Sirene« als Menetekel: wo gewarnt werden muß, ist Bedrohung nah, wird der Dichter zum *Wächter*, nicht wie jener in Goethes Türmer mit »glücklichen Augen«, sondern als ein Warner, das gilt für den Polizeieinsatz bei Studentenunruhen, gilt für die Notstandsgesetze und für die Weltzerstörung durch die Atombombe. Wenn Luftschutzsirenen »probeweise« in Gang gesetzt werden und von Bunkerbauten zum Schutz der Bevölkerung die Rede ist, erinnert sie sich sofort an die Maßnahmen in Königsberg. »Mit den ersten in ihr Amt eingesetzten Luftschutzwarten steht eine Armee auf, so wie mit der ersten damals in Königsberg auf dem Dach unseres Hauses losheulenden Sirene der Zweite Weltkrieg eigentlich schon ausgebrochen war.« Der Unterschied zu damals aber sei die totale Menschheitsbedrohung durch die eigene blinde Zerstörungslust. (*Tage, Tage, Jahre* 35, 222)

Die »Sirene« schrillt bei persönlicher und überpersönlicher Gefahr. Sie hört sie beim Beginn von Guidos tödlicher Erkrankung, die zusammenfällt mit dem Aufstand Ungarns 1956 gegen kommunistische Herrschaft, der durch die Sowjetunion niedergeschlagen wurde: »Es war ein Geräusch in der Luft | Eine ewige Unheilssirene | Und die Rosen im Volksgarten blühten | Wie Rosen der Ewigkeit.« (Als es 1966 um eine politische Aktion Frankfurter Lyriker zugunsten vietnamesischer Kinder geht, schreibt sie diese vier Zeilen nieder). Die Rosen des Gedichts können sie auch erinnert haben an ihren Wegzug von Königsberg im Herbst 1937. Ihr Freund, der Altphilologe Paul Maas, »ging noch einmal in den Garten und brachte drei Rosen. Im Vorgarten nahmen wir Abschied bei Regen und Sturm«. Einige Monate später im Tagebuch: »Wie wir hörten, ist Maas in der vorigen Woche abgeholt worden. Niemand weiß, wo er ist.«

Seit dem Jahre 1933 wirkte die Machtübernahme Hitlers zerstörerisch bis in die Familien hinein. Im Gefühl ohnmächtigen Zornes hatten sie aus Lautsprechern den Jubel der Bevölkerung gehört, »dieses abgehackte und drohende Sieg-Heil, Sieg-Heil«, waren sie allein inmitten der hysterisch brüllenden Menge in Königsberg am 30. Januar 1933.

Im Gegensatz zu ihnen standen die Eltern dem Nationalsozialismus positiv gegenüber. Der Vater gehörte zu jener Generation, die den verlorenen Ersten Weltkrieg nie verwunden hatte und sich von der neuen Regierung eine Chance für die Wiederherstellung des deutschen Ansehens in der Welt erwartete. Bei jedem Besuch im Bollschweiler Herrenhaus prallten die Meinungen aufeinander,

es kam zum ersten Mal in ihrem Elternhaus zu Verstim-
mungen und politischen Kontroversen, die die Ferienauf-
enthalte überschatteten. Während sie die Entwicklung
entsetzt beobachtet, schreibt die Mutter begeisterte
Briefe. Elsa von Holzing entfaltete in dem kleinen Dorf
eine rege politische Tätigkeit, die sie ihrer Tochter – in
übrigens humorvollen und energischen Briefen – voll
Stolz beschreibt. Sie habe zum ersten Mal in ihrem Leben
eine politische Rede gehalten und sogleich unerwarteten
Erfolg gehabt, von den versammelten Frauen des Dorfes
seien sechzehn daraufhin in den N.S. Frauenbund einge-
treten. (27. Mai 1935)
Guidos Mutter in Wien hatte im Gegensatz dazu Hiobs-
nachrichten mitzuteilen über ihre schwierige Situation.
»Paul und seine Frau [Sohn und Schwiegertochter] wollten
mich durchaus zu Hitler bekehren, und zu dem war ich
nicht zu bewegen, also gab es viel Streit.« (4. Oktober
1935)
Im September 1936, nachdem der Vater Max von Holzing
mit 69 Jahren die Organisation der Reiter-Olympiade in
Berlin erfolgreich abgeschlossen und der deutschen
Equipe zum Sieg verholfen hatte, legte er sich zum Sterben
nieder. Er war die Seele und der Mittelpunkt des Hauses,
derjenige, der den Gutsbetrieb mit Erfolg geleitet, die
Leute zusammengehalten hatte, mit ihm würde eine fest-
gefügte Welt auseinanderbrechen. (»Noch steht dein
Haus und weiß sich Dir zu eigen | Und fällt zu Staub, wenn
Du Dich fortgewendet«). Bis zum Schluß hatte Max von
Holzing sich geweigert, sein Krebsleiden durch eine Operation zu lindern. Er hatte sich zeitlebens gescheut, vom
Tod zu sprechen, hatte auch kein Testament machen wollen. Seine Tochter hat sein furchtbares Ende nicht verwin-
den können, es beschäftigte sie bis ins eigene Alter hinein.

Denn es verändert der Tod nicht allein den Gestorbenen
Sondern es wandelt ein jeder vergehend die Welt.

*(Bollschweil)*

In *Orte* findet man den Bericht seines Todes.
Sie und Guido hatten bei der Reise von Königsberg nach
Bollschweil 1936 »um Berlin und die Olympiade, diese
Veranstaltung, die unter den Hakenkreuzfahnen stattfand, buchstäblich einen großen Bogen gemacht. Von
Ostpreußen nach Südbaden über Sachsen und Bayern –
und als wir nach Hause kamen, erwarteten wir Vorwürfe
und politische Auseinandersetzungen, die es zwischen
meinem Vater und meinem Mann schon oft gegeben hatte.
Aber nichts davon, der Vater war still und freundlich, er
trank Pfefferminztee und aß so gut wie nichts. Seine Milde
war uns verdächtig ... und dann die Nacht, die mein Vater
allein durchstand und die ihn zurückließ als ein Stück ge-
martertes Fleisch, einen Körper, der starb. Diese Nacht,
in der die Mutter im Nebenzimmer mit Mittelchen und
Wattekugeln schlief, in der wir erwachsenen Kinder die
Türen am langen Korridor offenstehen hatten und uns besuchten von Zimmer zu Zimmer, und nur einmal hörten,
wie drüben im Stall der Schimmel, jäh erschrocken, gegen
die Bohlen der Stallwand schlug. Diese vielen Stunden, in
denen der schöne, gepflegte Vater mit dem Tode kämpfte
wie ein Tier der Wildnis, und keiner von den sogenannten
Seinen hat es gespürt«.

Der ist nicht mehr, der uns zu reiten lehrte
Und ruhig in des Kreises Mitte stand.

*(Kindheit)*

Sie schrieb zu ihres Vaters Gedenken die Erzählung *Pax*
und widmete ihm die Gedichte. *Der Vater, Die Winde,
Das alte Pferd, Schwüler Sommer, Die Seele, Die Dinge*

113

*und der Tod*. Im Nachlaß fand sich der Hinweis, daß ihr Vater »bei den Soldaten seines Regiments« auf dem Berliner Invalidenfriedhof habe bestattet sein wollen, ein harter Schlag für die Mutter, die seinen letzten Willen »als einen Affront gegen die badische Heimat, ja gegen sich selbst empfunden habe. Sie hatte nicht gewußt, daß ihm die Familie so wenig und die Männerwelt des Krieges so viel bedeutet hatten«, und dies schmerzte sie mehr als sein Tod. Sie kam dem Wunsch des Vaters nicht nach, er wurde auf dem Bollschweiler Dorffriedhof »in einem Zinksarg, Reisesarg, immer noch bereit zum Umzug« beerdigt.

### Angst der Vorkriegszeit

> Wo ihr euch bergt, wohin ihr weicht
> Ihr Mensch und Kreatur, erreicht
> Euch Gottes Hand und Angesicht
> So heute wie am Weltgericht ...
> *(Im Sturm)*

Die Übersiedlung nach Marburg fand im September 1937 statt. Bis Berlin begleitete sie Alfred Partikel, in dessen Ahrenshooper Haus sie im Sommer darauf mit der zehnjährigen Iris noch einmal Ferien machen – dann bricht der Krieg aus, und sie sehen sich nicht wieder. (Tagebuch: »August 1938 in Ahrenshoop. Blick von unserem Zimmer bei Partikels: die weiße, von graugrünem Strandgras durchsichtig überzogene Düne. Reisig, braun, hoch geschichtet ... Alte Weiden. Der rohrgeflochtene graugelbe Zaun. Zwischen den welligen Senkungen der Düne das grünblaue Wasser. Segel, Wind, Immortellen. Nachts knarrt die Wetterfahne, der kurische Wimpel.«) Von Alfred Partikel ist ein letzter Brief erhalten, darin dankt er ihr für die *Ahrenshooper Blütenblätter*. Er sagt ihr, daß sie ihm fehle.

Nach der Weite und Großzügigkeit der östlichen Landschaft erscheint ihnen Marburg klein und eng, die Wohnungssuche verläuft überdies erfolglos, begeistert sind sie von diesem Umzug nicht. Sie nehmen fürs erste Quartier in einer Wohnung des am Waldrand gelegenen Hotels Ortenburg, bis sie im Haus Georg-Voigtstraße 7 etwas Geeignetes bekommen.

Was die Marburger Jahre belebt, sind allein die Freundschaften. Es leben dort die Philosophen Hans-Georg Gadamer und Julius Ebbinghaus, der Physiker Vogt, bei dessen Frau Iris Klavierstunden bekam, und Guidos Assistent Peter Heinrich von Blanckenhagen, ein baltischer Adliger, der witzig, ironisch und beißend kritisch sein konnte. Es gehören zu dem großen Freundeskreis, der sich um das Ehepaar bildet, der Soziologe Max Graf Solms-Rödelheim (der sie in der Hungerzeit der Nachkriegsjahre gelegentlich mit Nahrungsmitteln versorgt), das Ehepaar Maria und Herbert von Buttlar, der Literaturwissenschaftler Max Kommerell, den Marie Luise Kaschnitz besonders mochte und dessen Stieftochter Brigitte die dritte Frau ihres Bruders wird.

Als sie in Marburg eintrafen, hieß sie ihr Freund, der Mathematiker Kurt Reidemeister, Willkommen, der seiner mißliebigen Haltung wegen von den Nazis bereits aus Königsberg ausgewiesen worden war. Mit ihm und seiner Frau »Pinze«, einer Fotografin, die den Freundeskreis porträtiert hat, verbringen sie im Herbst 1938 einen gemeinsamen Urlaub in Rom, wo sie den verwitweten Ludwig Curtius mit seinen beiden Töchtern Stella und Olivia besuchen und bei Hermine Speier wohnen, einer jüdischen Archäologin, die nach der Besetzung Italiens durch die Deutschen 1942 denunziert wird und nur durch hilfreiche Nonnen und den Einfluß des Vatikans der Deportation entgehen kann.

Die engsten Vertrauten in Marburg aber werden der Theologe Rudolf Bultmann zusammen mit seiner Frau und den drei Töchtern. In ihrem Haus trifft sich ein geistig und literarisch interessierter Kreis, es werden Theaterstücke mit verteilten Rollen gelesen – Shakespeare und Hugo von Hofmannsthal –, hier wird auch offen die politische Lage diskutiert, denn jeder kann sich auf den anderen verlassen; die Treffen haben nicht nur eine kulturelle, sondern vor allem auch eine moralische Funktion. Thema war der Widerstand, darauf spielen die Gedichte jener Zeit an (*Nacht um Nacht, Wenn Unterwelt noch ist, Abschied*). Man las gemeinsam Bergengruens »Der Großtyrann und das Gericht«, es war der Versuch, die eigene geistige Welt zu retten. Zu den Treffen kamen außer Reidemeisters der Philosophieprofessor Gerhard Krüger und der Direktor des humanistischen Gymnasiums Philippinum, Kurt Steinmeyer, dessen herrliche Klassikerbibliothek große Anziehungskraft auf Marie Luise Kaschnitz ausübte. Seine Frau Jane Steinmeyer war eine gescheite, beredte, neugierige und ungewöhnlich moderne Frau, »für Marburger Verhältnisse geradezu mondän zu nennen«, schreibt Arthur Henkel, der damals als Student in den Kreis trat. »Im Hause Kaschnitz war oft auch der Kunsthistoriker Richard Hamann zu Gast. Frau von Kaschnitz lud mich in jener Zeit gelegentlich zum Tee ein. Wir sprachen natürlich meist über Lyrik, vor allem über Rilke, der mich damals faszinierte. Wiedergesehen habe ich sie erst wieder nach dem Krieg. In schönster Erinnerung ist mir die Begegnung beim Fest zu Dolf Sternbergers 60. Geburtstag, das auf dem Lande bei Gießen gefeiert wurde. Da habe ich sogar noch in einer schönen regenfeuchten Sommernacht mit ihr getanzt!«[*]

---

[*] Arthur Henkel am 2. Juni 1990 an D. v. G.

Kurt Steinmeyer, der seiner politisch verdächtigen Haltung wegen nach Marburg strafversetzt worden war und als Oppositioneller zu dem Kreis um die »Frankfurter Zeitung« – Dolf Sternberger, Max von Brück und Benno Reifenberg – gehörte, wurde zeitweilig von der Gestapo beobachtet, so steht es in den Kaschnitz-Tagebüchern. Man war auf die Zuverlässigkeit seiner Freunde angewiesen, eine einzige unbedachte Äußerung bei den falschen Leuten konnte Kopf und Kragen kosten.

Man lebte nach innen und panzerte sich gegen das verhaßte Außen. Guido erwog den Gedanken, auszuwandern, und verwarf ihn wieder, der zu erwartenden beruflichen Schwierigkeiten wegen, doch nahm »eine Verdüsterung ohnegleichen« überhand, nachdem Hitler im März 1938 in Österreich einmarschiert und sein Ziel der Eroberungspolitik offenkundig geworden war. »In allen folgenden Jahren empörten sich sein Gerechtigkeitsgefühl und sein großes Erbarmen mit allen Verfolgten gegen die Untaten der Hitlerregierung, er äußerte sich darüber, auch seinen Studenten gegenüber, recht freimütig, und nur der Abgelegenheit seines Fachs und der Hochachtung, die sein Wesen selbst seinen politischen Gegnern einflößten, ist es zu verdanken, daß er nicht in größere Schwierigkeiten geriet.« (VI 813) Immerhin war das kleine Marburg in dieser Beziehung gefährlicher als die Großstadt, und Guidos Entschluß, im Jahre 1940 den Lehrstuhl in Frankfurt zu übernehmen, war zum Teil von solchen Überlegungen bestimmt.

Immer unerfreulicher, auch vereinsamender wurde das Leben derer, die sich an der Begeisterung für Hitlers Politik nicht beteiligten. Als Beispiel für den Widersinn steht eine Schilderung, wie ihr Nachbar, ein Pfarrer, seinen Rundfunkapparat in eine Kiste stellte und die Kiste zunagelte, wobei sie als Zeugen zusehen mußten, wie er diesen

Sarg dann im tiefsten Keller unterbrachte: Es sollte nicht heißen, daß er ausländische Sender höre! »Wir waren erstaunt, hatten wir doch in jenen Tagen einen Rundfunkapparat angeschafft, und eben zu diesem Zweck.« (III 754) Der »Volksempfänger« und seine Weltoffenheit waren als der eigentliche Fortschritt deklariert worden. Das »Radio im Sarg« ist Symbol für den tatsächlichen Rückschritt – künftig wird sie den Begriff »Fortschritt« nie anders als mit Ironie gebrauchen.

Alle Unternehmungen, alle Äußerungen aber waren überschattet von den Vorboten des Unheils.

> . . .
> Frag nicht, was Dein Vater tut
> Nachts wenn Du schläfst
> . . .
> Er sät im Dorn
> Ein andres Korn
> Das wühlt und bebt
> Und schießt gen Himmel in Garben.
>
> Wohl denen die gelebt
> Ehe sie starben.
> *(Vater Feuerwerker)*

Es existiert noch das »Haushaltsbuch« von Marie Luise Kaschnitz aus der Marburger Zeit von 1938 bis 1940, ein großes, in doppelten Spalten mit Tinte geführtes Kontobuch im Folioformat, das die Einnahmen und Ausgaben jener Jahre enthält, ein Dokument ihres eigentlichen Berufes, nämlich Ehefrau, Hausfrau, Mutter zu sein. Es kamen Gäste, Institutstreffen wurden veranstaltet (gegen Kriegsende hat sie auch noch die Studenten in Kronberg mit Essen versorgt). In Marburg hatte sie zeitweilig noch Hilfen, denn »Hilda« und »Lisbeth« stehen mit dreißig Mark monatlich zu Buche, danach muß sie Hausputz, Einkaufen und Kochen, Waschen und Bügeln und eine stundenweise Tätigkeit als Sekretärin im Institut alleine bewältigen, so daß an eine schriftstellerische Arbeit kaum mehr zu denken ist.

Unter den Ausgaben, die für jene Zeit charakteristisch sind, stehen die für die Beschaffung von Kohlen, die monatlichen Raten für einen Badeofen, die Kosten für die Verdunkelung an allen Fenstern. Einkäufe – neben den Lebensmitteln – sind Einmachgläser, Rasiermesser und Füllfeder-Reparatur für Guido, Strümpfeverlängern und Mantel-Auffärben für Iris, für sie auch ein Notenständer, ein Geigenkasten und Geigenunterricht. Das Schulgeld beträgt zwanzig Mark im Monat, die Sonderspende für die N.S.V. Winterhilfe fünf Mark. Regelmäßig geht sie mindestens einmal pro Woche mit Iris ins Hallenbad, das Kind soll schwimmen lernen. Im Februar 1939 werden gegen eine Gebühr die Pässe umgeschrieben, denn zu Ostern ist eine (letzte) Studienreise nach Paris genehmigt worden. Schon in Königsberg hatte Guido von Kaschnitz die deutsche Staatsangehörigkeit annehmen müssen, sonst hätte er nicht Beamter werden können.

Daß Marie Luise Kaschnitz Gefahr kommen sieht, ist daraus zu ersehen, daß sie den Beitrag für den »Reichsluftschutzbund« bis 1940 im voraus bezahlt. Die Nahrungsmittel »Kaffee-Ersatz« und »Ei-Ersatz« tauchen auf. Immerhin kann sie vom April bis zum Juli 1940 eine »Italienische Zeitung«, vermutlich zu Übersetzungsarbeiten, beziehen. Im Juni 1940 (N.S.V.-Beitrag zwei Mark) brechen die Eintragungen ab, die Familie verbringt die Sommerferien, schon der besseren Ernährungsmöglichkeiten wegen, in Bollschweil. Sie bemerkt dort aber, wie der Garten verkommt, wie eine allgemeine Unordnung seit dem Tod des Vaters alles zu zerstören droht.

Relativ häufig ist im Haushaltsbuch die Bemerkung

»Caféhaus« (0,70 Mark) zu lesen. Ein Café ist im *Haus der Kindheit* der Ausgangspunkt ihrer Wege zurück in die Kindheit. Der kleine Tisch, die Zeitung, die Kellner spielen dort eine hintergründige Rolle. Das Café in der Stadt war in Wirklichkeit der Ort, an den sie sich zwischen Hausarbeit und Einkäufen zurückziehen konnte für eine Stunde der Besinnung, für ein paar Notizen, wie sie auch auf der letzten Seite des Haushaltsbuches, zwischen Rezepten und einer Anleitung zum Kochen von Weißwäsche stehen, Bruchstücke von Gedichten, abgebrochene Zeilen.

Zwei Eintragungen im Tagebuch zeugen von der Depression, die sie überfiel, als sie in Bollschweil von dem über ganz Deutschland sich erstreckenden Judenpogrom erfährt, der Zerstörung von Synagogen und jüdischen Geschäften in der sogenannten »Reichskristallnacht«.
7. – 14. November (1938). »In Bollschweil. Tage der tiefsten Niedergeschlagenheit, Scham und Trauer.«
18. November (1938). »Eigentlich zum erstenmal im Leben spüre ich *wirklich*, d.h. so, daß es an den Kern des Lebenkönnens rührt, die Trauer und den Schmerz um ein Allgemeines. Es handelt sich um das eigene Volk und doch um die Unvollkommenheit alles Menschlichen schlechthin. Der Gedanke an einen Fortschritt ist doch sehr tief in einem verwurzelt, es scheint fast unmöglich, von ihm zu lassen.«

Trommeln sind die Begleiter des Morgenrots
Knaben kommen
Mit Schießwaffen in der Hand
Setzen die schwarze Mündung
Auf die Brust des Freundes.

Eine Marburger Freundin, Marieluise Hensel, Mutter von zwei Söhnen, mit denen Marie Luise Kaschnitz später korrespondiert, ließ für die Rettung von jüdischen Menschen ihr Leben. Die ergreifende Erzählung *Das rote Netz* ist ihr gewidmet. Sie schildert, wie sie, die mutige Freundin, an der Schweizer Grenze einen fremden Fischer mit einem Bündel Banknoten zu bestechen sucht, er solle die »Menschenfracht« – in der Erzählung sind es jüdische Kinder – des Nachts ans andere Ufer hinüberfahren. Sie selber, Mutter eines Soldaten, ist furchtlos, vielleicht sogar zu couragiert und naiv, denn sie bemerkt das Mißtrauen nicht, das ihr die Fischersfrau entgegenbringt, versteht ihre warnenden Gesten nicht. Durch ihre arglose Hilfsbereitschaft verleitet, läuft sie zu einem einsamen Haus am Ufer und damit in die Falle. »Guten Abend, sagte sie und murmelte dann ihr Sprüchlein, ganz ohne Vorsicht diesmal, ein jüdisches Kind solle er diese Nacht über den See bringen, und es solle sein Schaden nicht sein. – Eine Antwort bekam sie nicht und konnte sie auch garnicht bekommen, das Haus war geräumt und die Bewohner waren verhaftet, der Mann im alten Hut war nur eine Vogelscheuche, gegen das rote Netz gelehnt. Aber hinter dem Netz hervor kamen jetzt zwei schwarze Uniformierte und packten Renata bei den Armen, die Geldscheine fielen auf den Boden, die Falle schnappte zu.«

> Schöne Kinder hat die Braut geboren
> Alle sind sie ihr genommen worden
> Totgesagt und heimlich fortgetragen
> Schachteln, Schächtelchen voll toter Kinder
> o schweigender Wald überm See.

*Das rote Netz*, eines, in dem Menschen gefangen werden, ein Netz aus Denunziantentum und Verrat – in ihrer Sprache bedeutet es den Tod, findet sich als Bild in den Gedichten wieder. (»Doch erst, wenn die Netze zum Grunde des Meeres gesunken | Kommen die Fische, spielen um unser Boot)

Als »eine Heldin unserer Zeit« hat sie die Freundin bezeichnet, deren Tapferkeit sie bewunderte. Sie selber sei zu solchem Mut nicht fähig gewesen, sagt sie in *Orte.* »Lieber überleben, lieber noch da sein, weiter arbeiten, wenn erst der Spuk vorüber war. Wir sind keine Politiker, wir sind keine Helden, wir taten etwas anderes. Das andere hielt uns aufrecht, ihn die Wissenschaft, die Geschichte der mittelmeerischen Strukturen, mich die Nacherzählung der *Griechischen Mythen*, meiner Gedichte...« (*Orte* 519)


## »Griechische Mythen«

Die alte Schrift verwittert auf dem Stein
*(Delphi)*

»Durch eine ewig flutende Sehnsucht sind Sterbliche und Unsterbliche miteinander verbunden«, steht im Vorwort der *Griechischen Mythen*, die 1944 erschienen, und »in der großartigen und tragischen Befreiung des Menschengeistes von der Urnatur mag die unbewußte Absicht dieses Buches zu erkennen sein«. Ihre Absicht war aber keineswegs »unbewußt«, sondern sie schrieb das Buch in dem Bewußtsein, der barbarischen Gegenwart die geistige und kulturelle Sphäre der griechischen Mythologie entgegenzusetzen.

Durch die Schilderung einer vom Geist getragenen Menschlichkeit weist sie in den Nacherzählungen auf die Grundlagen hin, aus denen die europäische Kultur erwuchs. »Rückblickend erst sah ich, daß alle diese Götter, Halbgötter, Heroen und Fabelwesen etwas gemeinsam hatten … Es war ihr Weg aus dem dunklen Urgrund des Elementaren in das lichtere Reich der homerischen Götterwelt.« Erzählend holt sie die unvergänglichen Gestalten in die Gegenwart und stellt sie der modernen Zivilisationsgesellschaft gegenüber. Die Figuren der Mythologie erhalten auf einer veränderten Bewußtseinsebene neue Bedeutung und neues Leben.

Umgekehrt hat sie mythisches Denken nicht für unzeitgemäß gehalten, sondern die Vergangenheit wie eine Folie betrachtet, vor der die Gegenwart zu bestehen habe. Darum in dem (unveröffentlichten) Aufsatz *Mythos* von 1942 ihre angstvollen Fragen: »Wann haben wir den rechten Weg verfehlt? … Mit den weit geöffneten Augen einer Sibylle blickt der Mythos über den Abgrund her. Sprich, schöner entrückter Genius, ich höre dir zu. Wer sind wir, wohin gehen wir? Ist diese Erde unwiderruflich?« (VII 515) Im Tagebuch von 1950 die Notiz: »Auch bei uns leben noch Mythen und Märchen. Ewige Themen immer wiederkehrend … Der unbekannte Soldat. Stalingrad …«

Daß es ihr gelang, die Brücke über Jahrtausende hinweg zu schlagen, beweisen die hohen Auflagen: die *Griechischen Mythen* wurden zu einem Standardwerk. Ihre Wirkung beziehen sie aus der lebendigen Vermittlung und der sprachlichen Gestaltungskraft. Das Schicksal etwa der Göttin Demeter, der die Tochter geraubt wird, hat sie mit wunderbarer Poesie ausgestattet und als eine Mutter-Tochter-Beziehung schlechthin erzählt. Den Helden Odysseus, so listenreich er auch sein mag, läßt sie bei der Begegnung mit seinem Gefährten, dem jung gestorbenen Elpenor, die erschütternde Erfahrung dessen machen, der mit Grauen den Tod kennenlernt.

Die Dioskuren, zwei unähnliche Brüder, deutet sie als Gegensatz von Geist und Kraft; sie sind unüberwindlich, weil sie sich lieben und zueinanderhalten »eben um ihrer Ungleichheit willen«.

Brüdergestalten, Freundespaare haben sie immer beschäftigt. Als sie 1940 dabei ist, einen Text über das Gutshaus in Bollschweil zu schreiben, überfällt sie der Wunsch, das festzuhalten, was unverlierbar sein wird. »Gewisse aus der Kinderzeit überkommene Gestalten des Märchens und der Sage verlassen uns nicht. Im Lauf der Jahre vielfach verwandelt, treten sie immer wieder in den Kreis unserer Gedanken ... Zu solchen unverlierbaren Gestalten gehören die mythischen Brüderpaare der griechischen Sage. Schon früh entzückte mich das Bild der auf weißen Rossen durch den Nachthimmel der Schlachten hinsprengenden Jünglinge, und eine sehnsüchtig neidvolle Empfindung hat mich zeitlebens gegenüber aller Männerfreundschaft beseelt.« (VII 388) Marie Luise Kaschnitz selber hat in ihrem Leben immer die Freundschaft mit geistvollen Männern gesucht und nur wenige Frauenfreundschaften gekannt.

Die *Griechischen Mythen* beginnen mit den Sibyllen, eine von ihnen Kassandra, verhaßt, weil sie nur Unheil verkünden darf.

»Idee eines Buches: die ewigen Gestalten. Kassandra, die Gefangene«, heißt es im Tagebuch – als Kassandra läßt sie in der Erzählung *Der Tag X* eine schlichte Ehefrau und Mutter von zwei Kindern auftreten, die den Weltuntergang durch die Atombombe voraussieht. Als Kassandrafigur sah sie zuweilen sich selbst, dazu verurteilt, Gefahren warnend anzuzeigen. Ihre Kurzprosa in *Steht noch dahin* mit den scharfen Warnungen ist ein solches Kassandrabuch. »Ich kümmere mich um vieles, was mich nichts angeht, das belastet mich sehr«, sagte sie. »Wer sich die Welt auf die Schultern packt, wird hinabgerissen ... da gibt es keine Verteidigung mehr, da fliegen Goyas schwarze Vögel ungehindert zum Fenster herein.«

Geno Hartlaub berichtet von einem Gespräch, bei dem ihr die »Kassandrahaftigkeit« auffiel. Sie saßen vor dem

Bollschweiler Haus auf der Terrasse und schätzten das Alter der Linden, dabei dachten sie an ein Gedicht von Brecht: »Was sind das für Zeiten | Wo ein Gespräch über Bäume fast ein Verbrechen ist, | Weil es ein Schweigen über so viele Untaten einschließt.« »Marie Luise Kaschnitz ist sich dieses düsteren Hintergrundes unseres Gesprächs bewußt. Sie vergißt keinen Augenblick, während wir, scheinbar glücklich, über den Miniaturpark und das klassizistisch wohlproportionierte Haus ... plaudern, die drohenden Katastrophen am Horizont unserer Zeit. Sie hält den Blick fast mehr in die Zukunft als in die Vergangenheit gerichtet ... Was diese Dichterin sieht, verrät sie in keinem Gespräch. Sehr erfreulich scheint es nicht zu sein, vielleicht wirkt sie aus diesem Grund manchmal wortkarg, in sich verschlossen, eher düster als heiter, immer jedoch weltläufig, höflich und ungezwungen im Gespräch, das sie wie einen Schutzwall aufbaut, um sich dahinter zu verbergen.«[*]

Einmal erfahren wir's alle. So oder anders,
Mitten im Leben, am Mittage, Mittag vorüber.
Die Sonne steht noch im Zenit, die Sommersonne.
Aus dem Fenster beugst Du Dich, schaust.
Was ist drunten zu sehen?
...
Und Häuser siehst du versinken in stahlblauen
      Fluten,
Und Menschen siehst du ertrinken in stahlblauen
      Fluten,
Ihre Arme strecken sie aus ...

---

[*] Insel-Almanach 1971, a. a. O., S. 53

> Manchmal
> Weht noch die feurige Asche
> Hallen noch die Schritte der Riesen
> Steigt aus dem treibenden Abschaum
> Lächelnd die Schönheit.

1939: Das Ehepaar von Kaschnitz besucht Paris. Sie genießen dort eine Atmosphäre, wie man sie in Deutschland seit langem nicht mehr kannte: freiheitliches Lebensgefühl. Sie sind ebenso berauscht wie bestürzt. Hier erst kommt ihnen das Eingesperrtsein in der »Kaserne Deutschland« zum Bewußtsein, und sie haben nur knappe zehn Tage zur Verfügung! Denn eine Reise wie diese war äußerst selten geworden, seit zwei Jahren gab es für Auslandsaufenthalte kaum noch Devisen, und es bedurfte besonderer Genehmigungen.

Marie Luise Kaschnitz, achtunddreißig Jahre alt, ist zum ersten Mal in dieser Stadt. Der Aufenthalt wird für sie zum überwältigenden Erlebnis, es stört sie nicht, daß sie ein billiges Hotel mit zerschlissenen Vorhängen und blinden Spiegeln bewohnen. Kunst, Theater- und Ausstellungsbesuche, Beobachtungen und Begegnungen, die sie voll Begeisterung ins Tagebuch notiert. Zum ersten Mal nach langer Zeit gehen sie gelöst, »fast tanzend« an der Seine entlang und durch das Quartier Latin, wo sie die Spaßmacher auf den Plätzen wie Friedensboten empfinden. Sie berauschen sich an den Bildern der Impressionisten, kaufen in einem der großen Warenhäuser etwas »luxuriös Überflüssiges« (nämlich ein Blumenhütchen), sie sind glücklich, in den Buchhandlungen pazifistische Bücher zu sehen, und gehen zu den Bouquinisten, die jeden nach Herzenslust schmökern lassen. Sie erleben eine lange vermißte Großzügigkeit und glauben fast selber, die Welt sei im

Lot. »Im kleinen Restaurant neben unserem Hotel werden Gasmasken ausgegeben; ob Hitler seinen Krieg machen würde, werden wir flüsternd gefragt, und mein Mann, der noch vor wenigen Tagen davon ganz fest überzeugt gewesen ist, schüttelt lächelnd den Kopf.«

Zehn Tage Lebensfreude. Auf den Straßen und im Jardin du Luxembourg feiern Studenten ein historisches Fest, schwenken »in harmloser, ungezwungener, spontaner Fröhlichkeit« ihre rotbebänderten Mützen, notiert sie, an die organisierten Aufmärsche der Hitlerjugend gewöhnt. Sie fahren hinaus nach Versailles und essen aus Geldmangel auf dem Zimmer, wobei Guido die langen Baguettebrote unter dem Mantel ins »Hotel des Grands Hommes« schmuggelt.

Im Salon des Indépendants, in dem mehr als zweitausend Bilder ausgestellt sind, wird ihr schwindlig. »Guido blieb lange und sah noch ein riesiges Bild, auf dem eine lebendig gewordene Schreibmaschine mit den wilden Tatzen ihrer Tasten eine Frau angreift.« Es scheint eines der ersten surrealistischen Gemälde gewesen zu sein. Sie aber ist fasziniert von den Skulpturen Rodins. »Viele ›unerlöste‹, noch halb in den Stein gebannte Marmorfiguren. Man könnte sich vorstellen, daß sie eines Tages erwachen und sich, klagend, vergeblich, aus der Materie zu lösen versuchen ... Die Plastiken sind unvergeßlich in ihrer Leidenschaft, ihrem Suchen und Vordringen, ihrem verzweifelten Pathos. Sie scheinen dem Wort, der Dichtung nahe und auch der späten Musik. Nicht in einer einzigen ist die klassische Ruhe und Geschlossenheit, die um kein Schicksal weiß.«

Für vier Tage stößt Lonja aus Basel zu ihnen, liest der Schwester im Hotelzimmer ihre neuen Gedichte vor. Mit Lonja kann Marie Luise Kaschnitz am selbstverständlichsten über Lyrik sprechen, über die dunkle, bilderreiche

Sprache der Else Lasker-Schüler, die Lonja in Berlin kennengelernt hatte, über Trakl, »ihren« Dichter, neben dem George und Rilke verblassen. Sie gehen gemeinsam ins Musée Cluny, entdecken »Rilkes Einhorn-Madonna mit den fünf Sinnen«, stehen dann lange vor den großen Schlachten-Gobelins, die dem Gedicht *Der Teppich des Lebens* (»Für Lonja«) den Namen gab. »Lonja meinte, es sei eine so schöne Vorstellung, daß das Menschenleben einer einzigen gestickten Masche gleiche, in einem Ganzen, das er nicht kennt. Aber ich mußte, aus der neuen Kriegspanik heraus, sogleich daran denken, daß das Ganze nichts anderes darstellte als Krieg, Verderben und Tod ...« (Tagebuch April 1939)

Ein Erlebnis war dann der Besuch im Louvre, wo sie die Säle des 19. Jahrhunderts durchwandern, Renoir, Corot, Manet, Degas betrachten und – deswegen war Guido die Dienstreise bewilligt worden – die antiken Skulpturen studieren. »Im Louvre, in der Antikenabteilung. Das Schönste war der archaische Saal. Das Mädchen von Auxerre, starr und voller Grazie zugleich, lieblich und geheimnisvoll ... Auf der Treppe, herrlich kühn, wie aus weiter Ferne daherbrausend und nur für einen Augenblick auf diesen Schiffskiel gebannt, die geflügelte Nike von Samothrake.«

Eines der schönsten Gedichte jener Epoche ist nach der Paris-Reise entstanden: *Nike von Samothrake.* In der klassisch strengen Form des Sonetts, im vorwärtsdrängenden Versmaß fünfhebiger Jamben feiert das Gedicht den Sieg des Künstlers über den Untergang, bezeugt es sein Überdauern im Werk. Eine Parallele zu ihrer eigenen Auffassung von der Bedeutung der Dichtkunst ist nicht zu übersehen. Der griechische Bildhauer sah »das Angesicht der Toten | Und schlug doch hellen Jubel aus dem Stein«. Im Winter des Kriegsjahres 1939 gibt sie Antwort auf die Frage nach dem Sinn von Kunst.

## Nike von Samothrake

Es stand auch dieser unter den Geboten
Der Finsternis wie wir, und so allein,
Und sah das stumme Angesicht der Toten
Und schlug doch hellen Jubel aus dem Stein.

Und bildete den Leib, emporgetragen
Gleich einer Sehne, zitternd und gespannt;
Das Flügelpaar so mächtig aufgeschlagen,
So herrlich wellenflutend das Gewand.

Daß noch ein Bruchstück jener Lichtgestalt,
Emporgestiegen aus dem Schoß der Erde,
Das Herz ergreift mit stürmischer Gewalt.

Und lehrt es wieder hoffen, wieder wagen
Den hellen Ruf, das ungestüme Jagen,
Des Sieges unvergleichliche Gebärde.

Insgeheim ist das Gedicht auch eine Hommage an Guido, ein Gespräch mit ihrem Mann. Er arbeitete damals über griechische Skulpturen, sprach von der »gespannten Dynamik« der Nike, ihren »wie Gießbäche sich stauenden und tosenden Gewandfluten«* – sie antwortet, indem sie seine Worte dithyrambisch aufnimmt (»So herrlich wellenflutend das Gewand«) und die rein äußerliche Beschreibung des Kunstwerks zum Ausdruck eines transzendentalen Vorganges werden läßt.
In der Zeit von Angst und Pessimismus über den Niedergang von Recht und Gesetz im Dritten Reich, in der geisti-

---

* Guido v. Kaschnitz, Mittelmeerische Kunst. Ausgewählte Schriften, Bd. III, Aus dem Nachlaß, hg. v. P. H. v. Blanckenhagen und Helga v. Heintze, Berlin 1965, S. 318, 326.

gen Einschnürung durch den Nazi-Terror wurde die Überzeugung von der Wirkung der Kunst zur Rechtfertigung ihrer Arbeit. »... und wie war das, als wir noch Verse machen konnten, und von Hunderten war höchstens einer gelungen, aber mit diesem einen retteten wir etwas ... aus dem Schmierheft, aus der Schublade heraus wirkte es, strahlte durch dicke Mauern, so jedenfalls kam es mir vor.« (*Orte* 573)

## »Das gespenstische Licht des Unterganges«

> Irgendwo inmitten
> Der brüllenden Städte
> Ich
> Senke das Antlitz
> Schreibe.

Tagebuch vom 26. August (1939). »G. (Guido) noch nicht aus Berlin zurück.

27. August (1939). G. (Guido) kam nachts zurück, ziemlich ruhig. In dieser Nacht wurden 7000 Männer hier einberufen.

27.-31. August (1939). Drückend schwüle Tage voll Angst und Erwartung, von Erinnerungen an die Kindheitserlebnisse 1914, von Zukunftsbildern. Große Stille, keine Flieger, nur noch wenige Autos, aber Züge, Züge fast ununterbrochen, schrill pfeifend. Man kann nichts tun, nichts denken, nichts fühlen als nur das eine: keinen Krieg.«

Am 1. September 1939 begann der Zweite Weltkrieg, Deutschland marschierte in Polen ein. Zwei Tage später, am 3. September, erklärten England und Frankreich Deutschland den Krieg. Im Juni 1940 wurde Paris besetzt. Im Juli begann die »Luftschlacht um England« mit deutschen Fliegerangriffen auf Großbritannien. Im Mai/Juni

1941 eroberten deutsche Fallschirmspringer unter großen Verlusten die Insel Kreta. Im Dezember 1941 erklärte Deutschland Amerika den Krieg.

Der Krieg ging in seiner nie erlebten Brutalität und Vernichtungsmaschinerie über jede Vorstellung hinaus. Die Ereignisse, die sich abspielten, waren für Marie Luise Kaschnitz sprachlich nicht erfaßbar. Sie findet für das nackte Grauen buchstäblich die Worte nicht. An klassischer Dichtung geschult, sucht sie das Unsagbare zunächst in mythischen, nicht in konkreten Bildern zu fassen. *Wenn Unterwelt noch ist, Letzte Stunde, Das Leuchten, Die Wolke,* so lauten die Titel der Gedichte, in denen sie durch konventionelle Bilder der modernen Waffentechnik und den Massenvernichtungslagern kaum gerecht werden kann. *Lanzenspitzen, goldne Schilde und Medusenhaupt* vermochten nicht wiederzugeben, was an der Front geschah. *Das Labyrinth,* in ihrer Kinderzeit ein beliebtes Spiel, das man sich mit Kreide aufs Pflaster malte, wird nun zum Symbol für ein tödliches, die Jugend vernichtendes Prinzip. (»Von andrer Art sind nun die Labyrinthe | ... Und um uns her müht eine Schar von Blinden | ... Sich um den einen Ausweg: um das Leben«)
Viele der damals entstandenen Gedichte sind den Freunden gewidmet, die bedroht waren wie Guidos Studienkollege Otto Zoff, der nach Amerika emigrierte, wie die Frau von Dolf Sternberger, die sich als Halbjüdin über Jahre verborgen halten mußte und auf äußerste Verschwiegenheit angewiesen war. (»Des Freundes Jammer wird als Last bemessen | Und als Gefahr die ausgestreckte Hand«) Freundschaften besaßen im Dritten Reich lebensrettende Funktion, Bewähren oder Versagen entschied über Leben und Tod. Man traf sich heimlich, hörte heimlich verbotene Auslandssender, las Bücher, die unterderhand mit falschen Umschlägen ins Land geschmuggelt worden wa-

ren. In Dolf Sternbergers Frankfurter Wohnung an der Bockenheimer Landstraße traf sich eine vertraute Runde. Gerhard Storz schildert, wie an einem Sonntag aus dem verbotenen Roman von Thomas Mann »Lotte in Weimar« vorgelesen wurde (der mit einem ›Goethe‹Umschlag eingeschmuggelt worden war), wie Dolf Sternberger dann eine Parabel von Kafka vortrug, die eine menschlich hoffnungslose Situation so beklemmend schilderte, daß alle Anwesenden, der eigenen aussichtslosen Lage bewußt, schweigend und verstört auseinandergingen.[*] Marie Luise Kaschnitz, die bei den Zusammenkünften dabei war, schrieb das Sonett *Geduld*:

> Und ist des Leidens satt und will ein Ende
> Und schreit für Tausende nach einer Frist,
> Nach einem Zeichen, daß das Kreuz sich wende.
>
> Und weiß doch nicht, mit welchem Maß der Bogen
> Des Unheils über diese Welt gezogen
> Und welches Schicksal ihm bereitet ist.

Ihre Kriegssonette wurden 1942 und 1943 in der ›Frankfurter Zeitung‹ abgedruckt. Sie sagte später, sie sei bekannt geworden, weil die Soldaten ihre Gedichte in der Tasche mit sich trugen. Kasimir Edschmid hat es in seiner Rede zum Büchner-Preis bestätigt. »Ihre Gedichte, die während des Krieges, an Tagen, die wie erstarrt zwischen Bombennächten lagen, in der ›Frankfurter Zeitung‹ erschienen, haben einer breiten Schicht von Menschen den Glauben erhalten, daß es jenseits der Greuel, der Angst, der Barbarei, des Entsetzens und Mordens doch noch jenes ›Einzigartige‹ gibt, das vom Ewigen zeugt, das die Schönheit liebt und das den Menschen nicht etwa im Senti-

---

[*] Gerhard Storz in: Sprache und Politik, a. a. O.

mentalen, sondern im Humanen anrührt und beglückt.«

»Und das Schöne stirbt uns unter der schreibenden
Hand«: Für Marie Luise Kaschnitz war seit dem Krieg die
Epoche zu Ende, »da man noch schöne Reime machen
konnte«.

### Bräutigam Froschkönig

Wie häßlich ist
Dein Bräutigam
Jungfrau Leben

Eine Rüsselmaske sein Antlitz
Eine Patronentasche sein Gürtel
Ein Flammenwerfer
Seine Hand

Dein Bräutigam Froschkönig
Fährt mit Dir
(Ein Rad fliegt hierhin, eins dorthin)
Über die Häuser der Toten

Zwischen zwei
Weltuntergängen
Preßt er sich
In Deinen Schoß

>»Die Natur war für mich immer schön und
schrecklich, und sie hat mich zuweilen
beruhigt und gestärkt und zuweilen auch
furchtbar allein gelassen.«

In Paris im März 1939 sah Marie Luise Kaschnitz die
»Ausstellung Montpellier« mit den Werken Courbets.
Doch nicht erst hier kommt ihr die Idee, eine Biographie
über den Maler zu schreiben. Schon im Sommer zuvor, als
sie zum letzten Mal mit Partikels Urlaub machte, hatte sie
ein Gemälde von Courbet gesehen mit dem Titel »Les
amants du pays – die Liebenden vom Lande« und es im
Tagebuch enthusiastisch vermerkt. »Das Bild von Courbet: Die glücklich Liebenden. Einander abgeneigte, ge-
fühlvoll weiche Gesichter. Das männliche liegt im Schatten, auf das weibliche fällt das volle Licht. Man denkt an
eine Pendelbewegung: jetzt sind sie von einander entfernt,
besinnlich, auskostend, wissend, mit einem Hauch von
Schwermut. Gleich werden sie sich wieder einander zu-
neigen und sich vereinigen.«
Das Gemälde Courbets mußte ihr wie die gemalte Ent-
sprechung der eigenen Liebesgedichte erscheinen
(»Kannst du schlafen, Lächelnde, noch immer? | Willst
an meiner Brust der Zeit entfliehen?«), die sie während
des Krieges schreibt. Aber mehr als alles hatten es ihr
Courbets Landschaftsgemälde angetan, seine rauschhafte
Wiedergabe der Natur. Möglicherweise war es ihr
Freund Alfred Partikel, der Landschaftsmaler, der sie
auf den Franzosen hinwies, denn im Juli 1938 notierte
sie: »Eine Biographie von C. (Courbet) müßte geschrieben werden. Die Besessenheit des Schöpferischen, die
schönen Jahre, die Verwicklung in politisches Geschehen, die Schuld an der Zerstörung der Vendôme-Säule,

der Verrat der Freunde und der Familie, die Selbstbild-
nisse, das Ende.«

Daß sie 1942 mit der Arbeit an der Biographie beginnt,
scheint nicht zufällig. Frankreich ist von deutschen Truppen besetzt, Paris steht seit zwei Jahren unter militärischer
Verwaltung. Auch unter diesen Bedingungen der politischen Gegenwart muß das Buch gesehen werden, als Si-
gnal, das den Blick auf die gemeinsame kulturelle Vergangenheit lenken und die Absurdität der Hitler-Politik vor
Augen führen will. Gustave Courbet hatte seine großen
Triumphe auf den Ausstellungen in Frankfurt und München gefeiert, er konnte als Mittler zwischen beiden Ländern gelten, und obwohl auf eine Veröffentlichung unter
den gegebenen Umständen kaum Aussicht bestand, widmete sie sich zwei Jahre lang dieser Arbeit. Die Übersetzung der Korrespondenz, die Recherchen in den Biblio-
theken bereiteten ihr ein abgründiges Vergnügen – auch
wenn das Ergebnis in der Schublade liegen bleiben sollte.
Erschienen ist das Buch erst 1949: *Gustave Courbet. Roman eines Malerlebens.*

Der Begriff ›Roman‹ führt in die Irre. Das vermerkte in
seiner ersten Rezension schon Friedrich Sieburg (in der
»Gegenwart« von 1950), dem am Herzen lag zu erläutern,
daß der Zusatz ›Roman‹ nur aus verkaufsfördernden
Gründen beigegeben worden sei. In der Biographie halten
sich Reflexion und Intuition, Deutung und Anschaulich-
keit, nachprüfbare Fakten und poetische Vermittlung die
Waage.

Gustave Courbet, geboren 1819 in Ornans bei Besançon
im französischen Jura, gestorben 1877 an den Folgen einer
Gefängnishaft, die ihm die Mitgliedschaft in der Pariser
Kommune und der Sturz der Vendômesäule eingebracht
hatten, war eine vitale, starke, unkonventionelle Künst-
lerpersönlichkeit. Er ließ sich von seinen wohlhabenden

Eltern den Werdegang nicht vorschreiben, sondern brach das Studium kurzerhand ab und ging nach Paris, um malen zu lernen. Mit Courbet löst in Frankreich der Naturalismus den von David und Ingres geübten akademischen Klassizismus ab, er leitet die Gegenbewegung ein, die zum Impressionismus führt, und Delacroix gehört zu denjenigen, die als erste die Größe des wilden jungen Mannes erkennen.

In das Paris des von Victor Hugo, Balzac und George Sand geförderten revolutionären Umbruchs tritt der stürmische Maler, der um 1850 einer »der schönsten Männer in Paris« genannt wurde und sich auch gerne als solcher darstellte (»Bonjour Monsieur Courbet«), der aber zugleich ein Trinker, Raufbold und gefallsüchtiger Prahlhans war.

Als ein »Urgenie« hat Marie Luise Kaschnitz ihn bezeichnet, fasziniert von der elementaren Kraft seiner Malweise, seinem Wirklichkeitsfanatismus, der Fähigkeit, seinen Bildern ein vor innerer Spannung vibrierendes Leben zu verleihen. Es muß verwundern, daß sie, die von der Antike, der Klassik herkam, ausgerechnet dem Leben dieses Kraftmenschen nachging, der als ein »ungeistiger« Künstler den romantischen Geist vom Grund seines Wesens verabscheute. Sie selbst hat ihre seltsame Neigung damit erklärt, daß sie »Courbets politische Auffassung eines reinen und freiheitsliebenden Menschen interessierte, auch sein ganzes einfältiges Wesen, das mit einer so enormen Kraft des Sehens und des Bildens Hand in Hand ging«. (VII 744)

Sie hätte aber den Stoff nicht gewählt, wenn nicht in ihrem eigenen Leben die Natur, vor allem die Begegnung mit dem Meer eine so wichtige Rolle gespielt hätte. Das war es, was sie an den Werken Courbets begeisterte: Sie entdeckte in seinen Bildern »noch etwas vom Urwesen« der Natur, eine »urweltliche Kraft«, die sie fasziniert haben muß. »Da erheben sich riesige Himmel, wehen geheimnisvolle Lichter und Düsternisse, da verschwindet die zarte Horizontlinie zwischen Wasser und Luft, auf solche Weise alles einschmelzend in einen Meereskosmos von überwältigender Macht ... Es ist fast, als hätten diese schimmernden glatten Flächen, diese brandenden Wogen und aufgewühlten Wolkenhimmel sich selber gemalt, kühn, selbstherrlich, ohne das Mittel eines menschlichen Geistes und einer menschlichen Hand.« Keinem hätte gelingen können, was Courbet gelang, »ihm, dem Ungeistigen, enthüllte die Natur die Geheimnisse ihrer Kraft«, weil er selbst »ein Stück Natur war«. »Die Fischer, die ihn schnaufend und vor Freude brüllend aus den Wellen tauchen und nackt auf den Felsen in der Sonne liegen sahen, nannten ihn die Robbe. Er schwamm oft weit hinaus ...«

Die Beschreibung der Landschaften und Meeresbilder erinnert an frühe Gedichte wie die preisgekrönten *Wellen*.

Und bald schon rührte sich der wilde Treiber
Die Spielenden mir an die Brust zu jagen
O schönrer Kampf, als Liebeskampf der Leiber
O beßrer Schmerz, als den die Schwerter schlagen
O reinre Lust, als die sich Menschen fügen.
Ich gab mich hin dem tödlichen Vergnügen.

Von vielen Wogen ward ich überrannt
Vom Prall gelähmt, vom Speer des Lichts geblendet.
Dann haben sie wie je das Spiel geendet,
Behutsam mich getragen auf den Sand.
Und Schar auf Schar im schäumenden Verbluten
Benetzte, kühlte mich mit ihren Fluten.

Die Wahl des Künstlers Courbet enthüllt eine Seite ihres eigenen Wesens: die Sympathie für den hemmungslosen, ursprünglichen, sich selbst bestimmenden Menschen. Sie hat den Maler als einen leidenschaftlich Getriebenen gezeichnet, dessen Leben und Werk einander bedingen, weil er seinem Schöpfertum treu blieb um jeden Preis und gegen jeden Widerstand.

Als die Biographie erschienen war, erfüllte sich Marie Luise Kaschnitz einen Wunsch: sie erwarb ein Gemälde von Courbet, ein Stückchen Meer, dunkel, grün, von weißem flockigem Schaum bekrönt. In *Tage, Tage, Jahre* erklärt sie den – imaginären – Zuschauern »die gemalte Welle, grüne Welle unter dem grau zerrissenen Himmel, über den Maler, sage ich, habe ich einmal etwas geschrieben, er war, wie es zu seiner Zeit hieß, ein Auge, er war ein Entdecker der Natur nach all dem klassizistischen allegorischen Kram seines Jahrhunderts, er war ein Säufer, ein Anbeter der Freiheit und ein altes Kind. Meinen Zuhörerinnen geht schon alles durcheinander ... die Vendômesäule sagt ihnen nichts, sie stammen nicht wie ich aus dem Grenzland, ihre Urgroßväter sind nicht wie meine mit Napoleon nach Rußland gezogen, für sie ist das alles Bildungsgepäck, aber für mich ist es Leben und ein Stück meiner selbst.«

### Eichendorff 1944

O hüte dich, der Kindheit nachzusinnen
So schaurig ist's im tiefen stillen Tal
Der ersten Freude Glanz wirst du gewinnen
Doch auch des ersten Grauens bittre Qual.
*(Kindheit)*

Ein ungedrucktes Manuskript fand sich im Nachlaß von Marie Luise Kaschnitz: fünfzig handgeschriebene Seiten in einer Kladde, versehen mit dem Schild »Florens« und dem Zusatz »Januar 1944«. Auf dem Vorsatzblatt stand der Vermerk »Eichendorffs Jugend«. Es ist einer ihrer innigsten und lyrischsten Prosatexte.

Das Schreckensjahr 1944 war angebrochen, der Krieg trieb dem Höhepunkt zu. Der Tod ging um und die Todesangst, davon ist niemand im Land verschont worden. Am Tage Flugzeuggeschwader und Tiefflieger, Brandbomben und Granaten. Am Abend hinter abgedunkelten Fenstern am Volksempfänger den »Feindsender« abgehört, das Ohr dicht am Lautsprecher aus Angst vor Mithörern, vor Bespitzelung und Denunzierung. Sie lebt mit Mann und Tochter in Frankfurt am Main in der Wiesenau 8. Im Winter 1944 siedelt die Familie wegen der Bombenangriffe nach Kronberg im Taunus über.

Tag und Nacht Alarm, Luftschutzsirenen, Vorwarnung, Hauptwarnung, Tag und Nacht in den Keller, in den Bunker, in den »Luftschutzraum«. »Frankfurt. Angst, aber auch die geheime Überzeugung, unser Haus trifft es nicht ... Die Geräusche, dieses Sausen, Fegen, Dröhnen und plötzliche Krachen, waren schwer zu ertragen ...«

Sie hat es erlebt und erlitten wie andere auch – kaum einer ist ganz unbeeinflußt, ganz unverändert aus dieser Hölle der Barbarei, der Verhaftungen, der Entrechtung, der Zensur und der nackten Gewalt hervorgegangen. Viele Schriftsteller sind endgültig verstummt.

Marie Luise Kaschnitz versuchte, sich in Arbeit zu flüchten. Sie hatte am Kunsthistorischen Institut eine Stelle als Hilfskraft inne und war damit beschäftigt, die Bücher aus dem Dachgeschoß in den Keller zu tragen, eine Maßnahme, die sich als richtig erwies, denn das ganze Institut brannte nach einem Bombenangriff aus.

Als das Courbet-Buch beendet war, wandte sie sich in innerer und äußerer Bedrückung dem ihr tröstend verwandt erscheinenden Dichter zu: Joseph von Eichendorff. Der Romantiker gehörte im Grunde nicht zu den Lyrikern, die sie zu ihren Vorbildern zählte wie Hölderlin und Georg

Trakl. Aber sie schätzte seine Lieder, und schwermütig, von einem wehmütigen Glockenton durchzogen ist auch ihre Lebensbeschreibung, obgleich sie sich ausschließlich der Jugendzeit widmet – noch einmal ein ganzes Leben »von der Wiege bis zur Bahre«, das wollte sie nicht. Sie erzählt aber mit einer so zärtlichen Einfühlsamkeit von Eichendorff, daß spürbar wird: sein ganzes Werk, seine Welt – und Lebensauffassung haben in einer von der Natur, von Abenteuern und Träumen erfüllten Kinderzeit ihren Ursprung. Die Kindheit der Quell, aus dem er ein Leben lang schöpfte.

Es beschäftigt sie, in welcher Weise Erfahrungen der frühen Jahre das Leben und Werk eines Schriftstellers prägen. »Viele der für die Dichtung Eichendorffs wesentliche Züge, viele ihrer Bilder und Klänge, ihrer Empfindungen und Träume können ihren Ursprung nur in der Kinderzeit des Dichters gehabt haben. Erst die Erinnerung hat sie aus dem tiefen Brunnen der Vergangenheit heraufgehoben, erst die Sehnsucht hat sie wieder zum Leben erweckt.« Zweifellos bewirkte auch die eigene Erinnerung, daß sie mit soviel bewegendem Verständnis die aristokratisch geprägte Jugend des Dichters nachvollzieht. Sie erzählt von Schloß Lubowitz, den Ahnenbildern auf seidener Tapete, dem Springbrunnen, dem Labyrinth des Gartens, schildert das Erlebnis des Sich-Verwandelnkönnens, und jedem Satz ist die Teilnahme anzumerken, die sie beim Schreiben beflügelt.

Angesichts des Entstehungsjahres 1944 ist bemerkenswert, in welch entschiedenen Kontrast sie ihr Eichendorffbild gegen die im Dritten Reich geübte Zweckentfremdung des Dichters absetzt. Die Nationalsozialisten benutzten ihn als Wortführer wahren Deutschtums, seine Lieder wurden als »altes Volksgut« ebenso zur Naturtümelei wie zur Wehrertüchtigung gebraucht. Ihre Darstellung ist eine bewußte Rückverwandlung. Sie entkleidet seine Dichtung des ideologischen Überzugs und zeigt den nachdenklichen, heimwehkranken Dichter, dessen Charakter sie aus seiner Sensibilität und seiner östlichen Herkunft erklärt.

Noch auf andere Weise spielt das Kriegsjahr 1944 in den Eichendorfftext hinein. Man merkt die Bedingungen, unter denen er entstand. Die Angst des Dichters vor einer Zerstörung des Schlosses – die dann tatsächlich eintrat, als Lubowitz abbrannte – spiegelt unmittelbar ihre eigene Angst. »Auch die Heimat ist in solchen Augenblicken nicht mehr das ewig sichere, fraglose Glück«, sagt sie – und schreibt gleichzeitig an Lonja: »Ach Lolle, ich habe eine gräßliche Angst, daß das Haus in Bollschweil zerstört werden könnte. Wo ist dann noch Heimat?« (Sommer 1944). In ihrem zwanzig Jahre später, 1965, verfaßten Vorwort zu einer Eichendorff-Ausgabe sind solche Töne nicht mehr zu vernehmen wie damals mitten im Krieg: »Noch einmal wollte er die geliebten Orte beschwören, Lubowitz, die seit einem Menschenalter verlorene Heimat ... wie sich dann weit draußen die düsteren Wolken des Zeitgeschehens auftürmten und wie hier und dort ein Blitz niederfahrend auf die vertrauten Dinge der Heimat das gespenstische Licht des Unterganges warf.«
Das Manuskript wanderte in die Schublade. »Den jungen Eichendorff habe ich ins Grab gelegt und bin gespannt, ob und wann er wieder aufersteht«, meldet sie im Juli 1944 Dolf Sternberger. *Florens. Eichendorffs Jugend* ist erst 1984, zehn Jahre nach ihrem Tode, herausgegeben worden.
Ihr Gedicht *Kindheit* von 1947 klingt in seiner melancholischen Versmelodie wie ein Nachhall, eine Eichendorff-Reminiszenz unverkennbar romantischer Prägung.

Der Kindheit Vogel ruft im lichten Haine
So leise, ach so unerreichbar weit
Der Faulbaum duftet und die Wiesenraine
Sind wie mit Sternenblumen überstreut.

Wir hatten einst ein Haus im Lebensbaume
Das ist nicht mehr, ob auch der Stamm noch ragt
Und in dem dunkeln bitterkühlen Raume
Der Wind gleich einer Geisterstimme klagt.

Noch ist's wie ehedem. Die Blüten wehen
Der Kuckuck ruft im tiefen Waldesdicht,
Dem Schmerz, der Lust ein Ende abzusehen
Wir lernten's nicht.

## V.
## Nur das elende, herrliche Leben
## (1944-1950)

*Das letzte Kriegsjahr*

> Und ich wußte nicht zu sagen,
> Wes Art mein Nächster war,
> Es war nach den alten Begriffen
> Nichts mehr berechenbar.
> Und es war auch nicht mehr die Rede
> Vom Wohlgefallen,
> Nur das elende, herrliche Leben
> War in uns allen.

Das Bollschweiler Herrenhaus erlebte sichtbare Veränderungen, je länger der Krieg dauerte. Spuren des Niedergangs, die Marie Luise Kaschnitz jedesmal, wenn sie »nach Hause« kam, mit bohrender Angst erfüllten: Was würde bleiben? Würde auch dieses schöne Anwesen den Bomben zum Opfer fallen? Schon jetzt sah es verwahrlost und verkommen aus, von Soldaten durchzogen, von Fremden bewohnt. »Ist es nicht so, daß alle Lust an der Ordnung, alles Entsetzen über den Verfall keiner anderen Quelle als der Furcht vor dem Tode entspringt?« (VII 395)
Der Tod wird zum Thema, zum cantus firmus ihrer Dichtung. »Der Tod, das Totsein ist ein Ort, den wir nach Lust und Laune ausstaffieren ... Umherirren, Hunger und Bombenhagel, und womit hätten wir auch den Seelenfrieden verdient? Das Wort PAX, das auf den alten Grabsteinen steht, gewinnt eine neue Bedeutung, Frieden, nicht vor dem eigenen schlechten Gewissen, sondern vor dem

Gewissen einer Menschheit, die sich unaufhörlich selbst zerfleischt.« (*Orte* 530)

Im Dezember 1941, fünf Jahre nach dem Vater, war die Mutter an Krebs gestorben. Auf der Fahrt zu ihrer Beerdigung mußte die Tochter in einem fremden Bunker übernachten und empfand es als Trauma, mit fremden Menschen unter der Erde eingesperrt zu sein. (»Ich lag im Bunker mit vielen, | Keiner kam zur Ruh, | Und eine Hand bestahl mich | Und die andere deckte mich zu«.) »Noch einmal im Luftschutzkeller, diesmal nicht zu Hause, vom Alarm in einer fremden Stadt, einem fremden Haus überrascht. Hier denkt man sofort ans Sterben, mit diesen Menschen also, in diese fremden Glieder, Bäuche, Brüste geschlagen, zu Brei zermahlen ... Ich sehe sie an und sie sehen mich an, meine Sterbegenossen, übrigens mißtrauisch sehen sie mich, die Hereingeschneite, an. Auf mein kleines Quantum Atemluft kann es nicht ankommen, eine Sitzgelegenheit habe ich ohnehin nicht gefunden, lehne an der feuchten Wand mit dem Kreidezeichen AUSSTIEG, der aber erst freigeschlagen werden müßte, mit Beil und Hacke, da wäre ich im Weg ...« (*Orte* 520)

In der Beschreibung von der Beerdigung der Mutter klingt wieder die Bitterkeit der versäumten, der vorenthaltenen Liebe an. Es schreibt die Tochter mit einer gewissen Kälte, daß die Mutter »dick und energisch geworden, eine Majorin«, auf dem Totenbett nun wieder dünn ist wie das junge Mädchen, vor dem der Vater einst gewarnt worden sei wie vor einer Schwindsüchtigen. Trotz der negativen Beurteilung muß man aber annehmen, daß gerade diese immer ausgeglichene Frau für die gehemmte und von Natur schüchterne Tochter Marie Luise unbewußt als Vorbild gedient hat. Elsa von Holzing-Berstett war eine selbstbewußte Frau, die sich nicht beklagte – weder über das finanzielle Desaster noch über die Untreue ihres Mannes –, sondern ihr Leben in die Hand nahm und es meisterte. Der kühle Bericht der Tochter klingt reserviert. »Ich gebe der Toten einen Kuß auf die Wange, mit großem Widerstreben ... Am Grab, im Augenblick, als der Sarg hinunterpolterte, hätte ich gern losgeheult, hätte es wohl auch getan, wenn mein Mann mich in den Arm genommen hätte, er aber stand neben mir, groß, ernst und unbeweglich, weil er ahnte, was da bevorstand, ein Naturereignis. Nach Hause gehen wir Geschwister zusammen, jedes von uns hat eine andere Mutter gehabt, nur die Schauplätze der Kindheit hatten wir gemeinsam, aber das ist viel.«

Für Guido, dessen Nähe und Verständnis ihr nach dem Tod der Eltern unentbehrlicher war denn je, entstand damals eines ihrer schönsten Liebesgedichte.

### Maß der Liebe

Wie Du mir nötig bist? Wie Trank und Speise
Dem Hungernden, dem Frierenden das Kleid,
Wie Schlaf dem Müden, Glanz der Meeresreise
Dem Eingeschloßnen, der nach Freiheit schreit.

So lieb ich Dich. Wie dieser Erde Gaben
Salz, Brot und Wein und Licht und Windeswehen,
Die, ob wir sie auch bitter nötig haben,
Sich doch nicht allezeit von selbst verstehen.

Und tiefer noch. Denn auch die ungewissen
Und fernen Mächte, die man Gott genannt,
Sie drangen mir zu Herzen mit den Küssen,

Den Worten Deines Mundes und die Blüte
Irdischer Liebe nahm ich mir zum Pfand
Für eine Welt des Geistes und der Güte.

Aus dem letzten Kriegsjahr haben sich durch Zufall Briefe deswegen erhalten, weil sie im Bollschweiler Schreibtisch vergessen wurden. Es ist eine erschütternde Korrespondenz vom Sommer 1944 bis zum Januar 1945. Die Freunde melden, daß sie noch leben – und wer nicht mehr lebt. Sie fragen, ob das Ehepaar von Kaschnitz die Angriffe auf Frankfurt heil überstanden habe. Guidos Post kommt aus Kronberg, aus der mit vielen Evakuierten belegten Villa der Musikfreundin Hartmann-Kempf, in deren Mansarden sie durch Vermittlung von Benno Reifenberg Unterkunft fanden, als in Frankfurt kein Bleiben mehr war. Die Briefe an seine »Nivi«, wie er Marie Luise nennt, zeigen seine Gelassenheit und seinen Humor. Der neben dem Haus gelegene Tennisplatz sei zum Gemüsegarten umfunktioniert worden, auf dem er – nach wie vor Ordinarius der Universität – eine kleine Ernte an Wirsing, Grünkohl und Erbsen einzubringen hoffe. Er sei mit Iris, schreibt er dann, trotz des Bombenalarms in Zügen, die auf offener Strecke stehenblieben, aus Thurnstein, wo Iris im Schloß der befreundeten Gräfin Geldern aufgenommen worden war, endlich wieder zu Hause eingetroffen. Aber die totale Mobilmachung hänge wie eine Gewitterwolke über der ganzen Universität, er rechne mit seinem baldigen Einberufungsbefehl und könne auch vorläufig nicht nach Bollschweil kommen, da Kleidermarken zur Bezahlung der Fahrkarten nicht mehr angenommen würden. (4. August 1944).

An Dolf Sternberger schreibt Marie Luise Kaschnitz am 28. August 1944: »Man spricht ernsthaft von der Schließung der Geisteswissenschaften wie auch der höheren Schulen, was ja beides sehr einschneidend für uns wäre: Militär für Guido, Fabrik für mich, vielleicht auch für ›das Kind‹. Das Kind (Iris ist 15 Jahre alt) nimmt das natürlich nicht tragisch, ist überhaupt so fröhlich wie kaum je und die wahre Augen- und Herzensweide.«

Gleichzeitig versichert Guido dem Arbeitsamt, daß seine Frau, seit 1937 als Sekretärin in seinem Institut tätig, »infolge Mangels eines Fachassistenten unentbehrlich« sei.

»Das im Dachstock gelegene Archäologische Seminar der Universität Frankfurt ist abgebrannt, nun kommen die Studenten zu ihren Übungen in den Taunus, sitzen in unserer Mansarde, auf dem Kanonenöfchen kocht Kartoffelsuppe, die wir gemeinsam verzehren ... Die Studenten sind meist Mädchen, ein paar Soldaten, Urlauber, Kranke sind darunter, ein Jurist, der nun noch seinen kunsthistorischen Doktor macht, um der Dienstverpflichtung als Richter in Holland zu entgehen. Er hat seine Platten, seine Bibliothek bei uns untergebracht; wenn die Übung zu Ende ist, machen wir Musik ... Auf den Straßen suchen wir Falläpfel, in den Wäldern Pilze, eine Handvoll schleimiger Hallimasche ist schon ein Schatz.« (*Orte* 521) (Der namenlose »Jurist« mit dem Doppelstudium ist der Frankfurter Freund Wolfgang Preiser, Richter und Kunsthistoriker, während des Dritten Reichs im Widerstand tätig.)
Briefe vom Herbst und Winter 1944 von Kurt Steinmeyer und Reidemeisters aus Marburg sind Weihnachtsgrüße, die von Kälte, kaputten Öfen, fehlenden Nahrungsmitteln und baltischen Verwandten handeln, die bei ihnen Zuflucht suchen. Der Ägyptologe Hermann Ranke bittet, mit Frau und Sohn in Bollschweil wohnen zu dürfen, bis der Krieg vorüber sei, das gleiche erhoffen Walter und Ursula Benser, ein befreundetes Künstlerehepaar aus Düsseldorf. Der Buchhändler Werner Krug aus Weimar, den sie seit ihrer Ausbildungszeit kennt, schickt Briefe mit wechselnden Feldpostnummern von der Front. Ihm sei eine Zeit »nach dem Krieg«, sagt er, »so unvorstellbar wie das Jenseits«. »Nach dem Krieg« ist dann keine Post mehr von ihm gekommen.
Aus Königsberg treffen die schrecklichsten Nachrichten

ein. Die Frau des Freundes Alfred Partikel meldet den Tod
des einzigen Sohnes Adrian, der in Galizien fiel und unbe-
stattet im Kornfeld liegenblieb, weil die Russen zu nahe
waren. Ein zweiter Brief von ihr, ohne Datum, auf einem
abgerissenen Stück Rechenpapier, informiert in knappen
Worten über den Untergang von Königsberg. »Königsberg, das alte, steht nicht mehr. Vom Nordbahnhof zur
Laak existiert nichts mehr. Nur noch unsere Gegend,
Ponarth und einige Vororte sind erhalten. Fast alle Kirchen, Dom, Schloß, Universität, Seminar etc., alles ›aus-
radiert‹, 180000 Obdachlose, sehr viele Tote. Alles fast
Brandbomben. Kaum einer hat etwas gerettet, auch aus
den Kellern nicht ... Die Hardenbergstraße steht. Von
der Not und dem Elend werdet Ihr Euch ja einen Begriff
machen können. Ihr habt es ja zur Genüge erlebt.«
(»Träume, wie viele | Verworrene Spiele | ... Begangen mit
schönen | Lebendigen Söhnen, | Die sangen und lach-
ten ...«)
Zur gleichen Zeit, da Königsberg in Schutt sinkt, klagt
Lonja, daß sie zwar in der Schweiz ein »privilegiertes«
Dasein genieße, aber doch sehr deprimiert sei. Sie hat kein
Geld und kein Zuhause, möchte unbedingt nach Deutschland, nach Bollschweil zurück. Marie Luise Kaschnitz, die
als einziges Familienmitglied das von Flüchtlingen belegte
Gutshaus bewacht – Mady wohnt mit ihren Kindern in
Neuershausen, Peter ist im Krieg –, schreibt ihr 1945 einen
unendlich traurigen Brief. Guidos Mutter sei 92jährig aus-
gebombt worden und einsam in Wien gestorben. Hankamer, der Freund aus Königsberg, sei von Amerikanern,
die ihm die Uhr abnehmen wollten, irrtümlich erschossen
worden. »Und – was mir das Unbegreiflichste und
Schmerzlichste war – Alfred Partikel ist vom Pilzsuchen
im Wald bei Ahrenshoop nicht mehr zurückgekehrt.«
»Damals stand ein Bild auf der Staffelei, ich sehe es wie
heute, rote Häuser, ein Weg, Wasser, gegenständlich

noch, aber die Gegenstände neu und fremd«, schreibt sie in *Orte*. »Als wir wegfahren, stehen alle auf der Düne, tiefbraun mit hellen Haaren, und winken, es ist da noch nicht Krieg, der Sohn noch nicht gefallen, der Vater noch nicht verschwunden, nichts, nichts ist geschehen.«

Ohne seinen Namen zu nennen, hat sie Alfred Partikel, der in den Wäldern seiner Heimat ermordet wurde, in dem großen Gedicht *Was wissen die Toten* ein Denkmal gesetzt.

Und Du, der Du fortgingst mit den geflochtenen
    Körben
Waldwärts und kamest nicht wieder. Dein Bild stand
    begonnen im Werkraum
Und das Essen stand auf dem Tisch und Du kamest
    nicht wieder,
Deine Farben trockneten ein in der Sonne, im Seewind,
Der ging um Dein Haus und bewegte den kurischen
    Wimpel,
Du kamest nicht wieder. Was weißt Du jetzt?

*»Zukunftsmusik«*

Um den Himmel flogen
Selbständig rechnende
Geräte, zeichneten auf
Den Grad unsrer Fühllosigkeit
Den Bogen unsrer Verzweiflung

In den Sperrstunden spielten
Abgehackte Hände Klavier
Lieblichen Mozart.

Januar 1945. Der erste Gruß, den sie zu Jahresbeginn erhält, kommt von Dolf Sternberger aus dem Sanatorium

Bühlerhöhe, in dem er sich einer Herzschwäche wegen aufhält. »Liebe Leu«, schreibt er nach Kronberg, »schönsten Dank für Deinen ersten Brief – auf den zweiten warte ich mit Begierde … So bin ich froh, Dir und Herrn Professor Guido noch einigermaßen rechtzeitig die guten Gedanken, Wünsche, Grüße, Küsse (cum venia dicendi) senden zu können … Liebe, verehrte Freundin, mach ein Gedicht auf den Frieden, und zwar jetzt und dann noch einmal, wenn er da ist … Ach, wieviel Sehnsüchte – ich kanns fast nicht mehr ertragen. Überhaupt dieses entsetzliche Ertragen und immer Ertragen! Lebwohl, behaltet uns in gutem Gedenken, – behalte mich lieb, ich bitte Dich darum – stets Dein Dolf.«

Sie antwortet auf sechs gedrängten Seiten, zitiert Rilkes Sonette an Orpheus, schreibt besorgt und herzlich und ein wenig verliebt.

Dolf Sternberger war der engste Freund von Marie Luise Kaschnitz. Er hatte Literaturgeschichte und, zunächst bei Adorno, dann bei Karl Jaspers in Heidelberg Philosophie studiert. Von 1934 an war er Redakteur bei der liberalen »Frankfurter Zeitung« in den Ressorts Bildung und Wissenschaft, wo sein Interesse am präzisen, treffenden Wort zur Rubrik der ›sprachkritischen Glossen‹ geführt hatte. Nach dem Krieg leistete er mit dem berühmt gewordenen »Wörterbuch des Unmenschen« einen aufklärerischen Beitrag zur deutschen Sprache. Doch während der Naziherrschaft konnte ihm sein unbestechliches Urteil nur schaden – 1943 mußte er auf Befehl von Goebbels seinen Posten bei der Zeitung räumen, zusammen mit Benno Reifenberg, Wilhelm Hausenstein, Erich Lassewitz und Otto Suhr.

Die Freundschaft, die Marie Luise Kaschnitz und Dolf Sternberger miteinander verband, hatte bis an ihr Lebensende Bestand. Zwischen ihnen herrschte ein geistiges und emotionales Einverständnis, das den Austausch auf jeder

Ebene erlaubte, strenge Kritik, literarischen Disput und ironische Anspielungen einschloß im Bewußtsein der gegenseitigen Sympathie. Marie Luise Kaschnitz hat, als sie sich das Besondere des freundschaftlichen Verhältnisses erklären wollte, vom Wissen und Wissen-Wollen, vom wechselseitigen Geben und Nehmen gesprochen und schließlich bekannt, das »irrationalste aller Freundschaftsmotive« bleibe die Sympathie.

Ein irrationales, im eigentlichen Sinne erotisches Element beseelte ihr Verhältnis zu Sternberger. An niemanden außer ihn hat sie so beschwingte und gelöste, so lebhafte, glückliche, anspielungsreiche Briefe geschrieben, in denen sie selbst zu Goethe-Zitaten greift, um Antwort und Wiedersehen zu provozieren. Dolf Sternberger war – ähnlich wie Guido Kaschnitz – ein Mann von umfassender Bildung, scharfem Verstand und gewinnendem Wesen. Er war geist- und humorvoll, ein ›homme de lettre‹ von charakterlicher Noblesse und beeindruckender Eloquenz. Ihre Gespräche und Auseinandersetzungen waren ihrem Temperament entsprechend lebhaft und leidenschaftlich. Der herzliche, mitteilsame Ton einer gegenseitigen Zuneigung durchzieht ihre Korrespondenz. Sternberger war begeistert von ihrer Sprachkraft und fasziniert von ihrem Wesen, dem offenen Blick ihrer wunderschönen Augen. Im Hinblick auf eines ihrer Gedichte (»Immer noch will ich | Ein Aufhebens machen | Vom Tod von der Liebe –«) bat er, »sie möge fortfahren, ein Aufhebens zu machen ...«

Beiden wird eine besondere, genial zu nennende Fähigkeit zur Freundschaft nachgesagt – die Begabung, Freundschaften nicht nur ins Leben zu rufen, sondern sie auch auf Dauer zu erhalten und zu vertiefen.

Als Dolf Sternberger im Jahre 1945 eine Zeitschrift mit dem programmatischen Titel ›Die Wandlung‹ gründete als ein neues, seinen aufklärerischen Intentionen entsprechendes politisch-literarisches Forum, bat er Marie Luise Kaschnitz um ihre Mitarbeit. An der Schwelle eines noch ungewissen schriftstellerischen Neuanfangs bedeuteten seine unbestechliche Urteilsfähigkeit und sein leidenschaftliches Interesse für Literatur eine nicht zu unterschätzende Herausforderung.

Am gleichen Tag, da sein Neujahrsbrief bei ihr eintraf, war sie dabei, an Lonja in Basel einen Bericht über ihr trauriges Weihnachten zu verfassen, über den Mangel an allem Lebensnotwendigen, aber auch über ihre Pläne. »Kronberg, 1. 1. 1945 ... Wir waren allein, zum ersten Mal an Weihnachten ohne das Kind. Wir hatten eine Gelegenheit, Iris für die Weihnachts- und Kohleferien mit jemand nach Bayern reisen zu lassen und haben die Gelegenheit ergriffen, weil sie so blaß und schlecht ernährt war ... und da hier der Schulanfang wegen Kohlemangel noch sehr in Frage gestellt ist, lassen wir sie vorläufig noch da. Der ewige Ausnahmezustand hier (keine Kohlen, kein Gas, oft kein Licht, und beständig Alarm) ist ja Gift für die Erziehung ... Ich habe noch etwas an meinem *Totentanz* gearbeitet, verbessert und ihn nun ganz in Verse gebracht. Manchmal schreibe ich ein paar Worte Prosa –«
»Ein paar Worte Prosa – eine Art von Lebensweisheit« – es waren in Wirklichkeit zwölf große Essays, an denen sie seit 1944 schrieb und die, als sie in Sternbergers ›Wandlung‹ veröffentlicht wurden, ein breites Echo fanden.
Das Ende des Krieges ließ auf sich warten. Im April 1945 kam Guido seines schlechten Gesundheitszustandes wegen in ein Sanatorium in Königstein. Das bewahrte den 55jährigen zwar davor, in letzter Stunde zum Volkssturm eingezogen zu werden, doch trotz der abzugebenden Lebensmittelkarten magerten die Patienten ab, bei Fliegeralarm gingen sie nicht mehr in den Luftschutzkeller, sondern beobachteten mit grimmigem Humor die heran-

nahenden Flugzeugstaffeln und warteten darauf, daß die
Panzer der Amerikaner endlich einträfen. (*Orte* 467)
Noch in den letzten Kriegswochen spielten sich grauen-
volle Szenen ab, wurden Halbwüchsige, mit Panzerfäu-
sten ausgerüstet, von Granaten in Stücke gerissen, Fah-
nenflüchtige erschossen oder aufgehängt. Man sah mitten
in Frankfurt Erhängte, und als ein Vierteljahrhundert später elegante Bürger in die wieder aufgebaute Oper fahren,
sieht die Dichterin jene grauenvoll Erhängten wieder vor
sich, »... den ersten vor dem Kaufhaus Neckermann, den
zweiten in der Nähe des Filmtheaters Metro im Schwan,
den dritten ... an einer der hübschen alten Opernlaternen
und so tief, daß die Leute, die zu ihren geparkten Wagen
durch den Schnee stampfen, ihre Hälse einziehen mußten,
um seine nackten Sohlen nicht zu berühren«. (*Steht noch
dahin* 342)

> Alles nicht aktenkundig
> Nicht der Angstschrei im Bahnhofsgelände
> Nicht das Schluchzen gefangener Kinder
> Unterm Kanalgitter
> ...
> Ich weiß du weißt er weiß
> Die Erde dreht sich
> Ein dauerhaftes Gefährt
> Mit ihren Kerkern
> Blutbestickten Fahnen
> Ihren schönblühenden Bäumen
> Voll Vogelgezwitscher
> Aus der Sonne in den Schatten
> Aus dem Schatten in die Sonne.

Sie hat nicht vergessen können, was einmal geschehen
war. Wenn der Name Frankfurt fällt, denkt sie an Krieg,
an jenen schrecklichsten aller Tage, da sie die Tochter von

Bahnhofstrümmern erschlagen glaubte, an das Unglück der anderen: »... und dort, wo Brisanzbomben gefallen waren, wurden anderen Kindern die Glieder vom Leibe gerissen, oder sie wurden von stürzenden Gesteinsmassen erschlagen oder erstickt.« (»Träume, wie oft nicht auch | Schrecken und Todeshauch | Keller, die eingestürzt, | Glieder, zum Stumpf verkürzt, | Treppen, ins Nichts gespannt, | Tote, uns zugewandt, | Liebstes Gesicht.«)

»Dann endlich die Entwarnungssirene, dieser eine herrliche ununterbrochene Ton, und die Väter, soweit sie vorhanden waren, legten sich die Kinder über die Schulter und stiegen die Treppen hinauf, da baumelten die Köpfe mit geschlossenen Augen, hatten am nächsten Morgen alles vergessen, wußten von nichts.« (*Orte* 505)

*

Vom Kommenden hör' ich sie flüstern, die
    ewige Stimme.
Nicht von Maschinen spricht sie
...
Zusammenklang sagt sie, und Würde des
    Menschen und Freiheit.
Hoffnung, sagt sie, und Liebe, das süßeste
    Wort.

*(Zukunftsmusik)*

Aufatmen und Erleichterung. Stille. Stillstand. Der Krieg ist aus, und man lebt noch.

»Kronberg im Taunus und meine Empfindungen am Ende des Zweiten Krieges, Freude, nichts als Freude, keine Trauer über Deutschlands Untergang, gute Laune alle Tage, trotz Hunger, Angst vor Plünderern und Obdachlosigkeit von Zeit zu Zeit. Der Krieg war Hitlers Krieg gewesen, nun konnte es nur besser kommen ...« (*Orte* 571)

Vorerst hören die Entbehrungen nicht auf. Die Frankfurter Wohnung ist von Flüchtlingen belegt. Es gibt keine Kleidung, dafür Kontrollen der Besatzungsbehörden, vergebliche Anträge, um ein Visum in die Schweiz zu erhalten, Fahrten über weite Strecken zu Ämtern, die es nicht mehr oder noch nicht gibt. Schulspeisung, Entlausung, Lebensmittelkarten, Bezugsscheine für Schuhe, Marken für Milch, Arbeitsamtbescheinigungen, Aufenthaltsgenehmigungen. Guido ist ohne Gehalt, die Universität ist geschlossen, in fensterlosem Raum gibt er, ohne Lichtbildapparat, sieben Studenten Unterricht in Kunstgeschichte. »Es gab keine Post, keine Bahnverbindungen, kein Telefon, aber schon hatte die große Wanderschaft begonnen, und Nachrichten erreichten auf geheimnisvolle Weise ihr Ziel. Jeder half jedem, weswegen in meiner Erinnerung dieser Tiefpunkt der deutschen Geschichte auch einen Höhepunkt darstellt, eine Zeit großer Hoffnung und großen Glücks.« (VII 916)

Für sie, die erst relativ spät mit Schreiben begonnen hatte und kaum etwas von ihren Plänen verwirklichen konnte, waren es dreizehn bittere Jahre – von der Ernennung Hitlers zum Reichskanzler 1933, der Machtergreifung der NSDAP, der Auflösung von PEN und Schriftstellerverband, dem Verbot unerwünschter Bücher, Überwachung und Zensur – bis zur Rückkehr in die eigene Wohnung 1946. Dreizehn Jahre, in der eine freie schöpferische Produktion unmöglich war. Das Courbet-Buch, das Eichendorff-Manuskript, die Gedichte lagen in der Schublade, selbst die letzten Gedichte waren nicht mehr erschienen, weil der Verlag der Zeitschrift »Corona« während der Drucklegung bombardiert worden war. Nach dem Krieg ist sie, von der noch kein einziger Lyrikband, Erzählungen nur verstreut erschienen vorlagen, sich zur sogenannten »Zwischengeneration« zählend, eine Außenseiterin, und nicht nur dem Alter nach.

Als der Krieg zu Ende war, war Marie Luise Kaschnitz vierundvierzig Jahre alt. Der Generation der älteren Dichter, Hermann Hesse, Werner Bergengruen, Rudolf Alexander Schröder stand sie fern, aber auch den ihr altersgleichen Schriftstellern Hermann Kesten (geb. 1900), Hans Erich Nossack (geb. 1901), Ruth Schaumann (geb. 1899), Marie-Luise Fleißer (geb. 1901) fühlte sie sich nicht zugehörig. Andererseits aber war sie rund zwanzig Jahre älter als die Vertreter der neuen Generation, die sich in der »Gruppe 47« unter Hans Werner Richter zusammenschlossen und auf deren Zusammenkünften und Diskussionen die Richtung der deutschen Literatur maßgeblich mitbestimmt wurde.

Wenn man von einer besonderen Neigung sprechen soll, so galt sie der Schriftstellerin Elisabeth Langgässer. Sie hatten sich seit anderthalb Jahrzehnten nicht gesehen und fanden sich beim ersten Schriftstellertreffen nach dem Krieg in der alten Zisterzienserabtei Royaumont bei Paris in einem gemeinsamen Hotelzimmer wieder, wo sie den Paravant zur Seite schoben und die ganze Nacht »wie Internatsschülerinnen« schwätzten. »Man konnte herrlich mit ihr über das Handwerk des Schreibens sprechen« – es kam selten vor, daß sie sich von einer Kollegin über die Schriftstellerei belehren ließ, hier war es der Fall. Elisabeth Langgässer habe »ein Wesen voller Untiefen«, und »durch dieses Nebeneinander von Urtrieb und Verstand, durch die natur-mythische und theologische Seite ihres Wesens habe alles Erotische, überhaupt Sinnliche etwas Schwüles und Düsteres« bekommen. »Obwohl aber sehr viel bei ihr aus den Tiefen des Unterbewußten kam, wußte sie doch erstaunlich Bescheid über alles, was sie schrieb und sagte ...« (2. August 1950 an Marie Usinger). Elisabeth Langgässer war nach zehnjährigem Schreibverbot als Halbjüdin durch ihren Roman »Das unauslöschliche Siegel« im Nachkriegsdeutschland schlagartig bekannt geworden. Sie berichtete von ihrem entsetzlichen Schicksal unter den Nazis: die Tochter Cordula, von einem jüdischen Vater stammend, wurde als halbes Kind ins Konzentrationslager verschleppt, sie selber trotz einer schweren Multiple-Sklerose-Erkrankung als Fabrikarbeiterin dienstverpflichtet. Die fast gleichaltrige Marie Luise Kaschnitz muß ihre Vorwürfe entgegennehmen, daß sie nicht ehrgeizig, nicht zielstrebig genug sei: man müsse immer »bis ans Äußerste« gehen. Sie habe ihr damals nicht erklären können, weshalb sie davor zurückschrecke, »was es war, diese Furcht vor dem Zerreißen in der letzten Anspannung, diese Scheu, bis an die letzte Grenze des Möglichen zu gehen. Wahrscheinlich wollte ich leben, nicht allein, sondern in der Liebe, dazu gehört Ausgewogenheit, ein Schweben und Sich-tragen-Lassen, wenigstens für eine Frau. Wer sich die Welt auf die Schultern packt, wird hinabgerissen, ach, manchmal kann man es nicht so regieren und hat sie schon im Nacken und stürzt hinunter und von allen andern fort.« (*Engelsbrücke* 215)

Die Literatur der Nachkriegszeit war bestimmt von dem Wunsch nach Trost, von Bekenntnissen der Klage und Schuld. Stefan Andres, Rudolf Hagelstange, Hans Egon Holthusen gehören zu den Dichtern, deren Werk eine Rückbesinnung auf das christliche Humanitätsideal enthält. Die Gedichtbände, die in rascher Folge erscheinen, tragen Titel, in denen ihre Botschaft bereits anklingt. »Entzückter Staub« von Wilhelm Lehmann (1946), »Die Herberge« von Albrecht Goes (1947), »Der Laubmann und die Rose« von Elisabeth Langgässer (1947), »Klage um den Bruder« von Holthusen (1947), »Strom der Zeit« und »Venezianisches Credo« von Hagelstange (1948), »Zauber- und Segensprüche« und »Die heile Welt« von Bergengruen (1950). Der Titel einer Lyrik-Anthologie heißt »Trost in Trümmern«.

Die Suche nach Besinnung und Trost war begreiflich. Man

hatte die Trümmer unmittelbar vor Augen, man hungerte, man fror, fast jede Familie hatte Tote oder Verwundete zu beklagen. »Das Kennzeichen unserer Zeit ist die Ruine«, sagte Hans Werner Richter 1947. »In ihren ausgebrannten Fassaden blüht nicht die blaue Blume der Romantik, sondern der dämonische Geist der Zerstörung, des Verfalls und der Apokalypse.«

Im Bollschweiler Herrenhaus sah sich Marie Luise Kaschnitz dem Verfall gegenüber, als sie im Herbst 1945 von Kronberg dorthin kam. »Ich hatte bei dieser Heimkehr viel Traurigkeit zu überwinden, vielleicht die alte ewige Traurigkeit der Heimkehrer, die sich jetzt auch auf den Zügen so vieler Männer abzeichnet und die davon rührt, daß das so lange sehr Bedrohte, sehr Begehrte sich verwandelt hat ...«, schreibt sie an Lonja. »Wir kamen obdachlos hier an, nachdem wir [in Kronberg] das nun sehr übliche erlebt hatten: Räumung des Hauses durch die Amerikaner innerhalb drei Stunden – danach durfte man es auch nicht ein einzigesmal mehr betreten. Unser Hab und Gut lag, soweit nicht Volksgenossen es stillschweigend in ihr eigenes Heim trugen, tagelang in Sonnenglut und Regen auf einer Terrasse, auf der noch fünf andere Haushaltungen untergebracht waren. Von dort fuhren wir es mit dem Handwagen fort – an neun verschiedene Plätze, weil jeder nur Raum für ganz weniges hat. Für uns selbst begann die Wanderschaft ... Zuletzt wohnten wir in einem Zimmer, das man nur durchs Fenster betreten und verlassen konnte, was unsere turnerischen Fähigkeiten sehr gestärkt hat. Iris wanderte ihrerseits – in einer Hinterhofküche in der Altstadt, wo wir kochen durften, trafen wir zusammen. Guido hat sehr unter all dem gelitten, die Kniee als Schreibtisch und alle Bücher und Hefte in alle Winde verstreut ...« (9. September 1945)

*Große Wanderschaft, Rückkehr nach Frankfurt* und *Beschwörung* – drei Gedichtzyklen, die unter dem Titel *Ge-*

*dichte zur Zeit* 1948 erscheinen, nehmen die Trauer auf, die der Brief an Lonja enthält.

Die Züge, Fähren, Obdachlosenheime
Die Straßen kreuz und quer, landein, landaus
Sind voll davon. Und überall das Eine:
Von Etwas fort, zu Etwas hin. Nach Haus.

*Die Trümmerdichterin*

Und nur die Stimmen. Hin und her gehetzt
Ein Weberschiff, das durch die Kette wetzt
Und webt den Stoff voll Bitterkeit und Kraft
Legende einer großen Wanderschaft
Gespräch der Zeit ...

Was die Lyrik betrifft, gehörte Marie Luise Kaschnitz zu den Dichtern der ersten Stunde. Die Gedichte, die sie rasch hintereinander – vier Lyrikbände allein in den Jahren zwischen 1947 und 1952 – veröffentlichte, waren es, die ihren Ruhm als bedeutendste deutsche Nachkriegslyrikerin begründeten.
Endlich erfüllte sich ein lange erhoffter Plan mit dem ersten und umfangreichsten Band, dem sie den schlichten Titel »Gedichte« gab. Er enthält ihre gesamte bis 1944 entstandene Lyrik, und da die Texte nicht nur chronologisch, sondern auch nach geographischen Zusammenhängen geordnet sind, kann man tatsächlich – wie sie selber sagte – an der Lyrik »ihr Leben ablesen«.
An den mehr als hundert Gedichten dieses Bandes vollzieht sich die Wegbewegung vom gereimten, in Strophen gegliederten Gedicht. Unter den Kriegsgedichten von 1944 findet sich auch *Gelassene Natur* (»Was kümmert dich, Natur, | Des Menschen Los?«) – dieses Gedicht stellt

eine Zäsur dar: Hatte sie bisher die Landschaft, die Weite Ostpreußens und die Lieblichkeit südlicher Gegenden besungen, so findet jetzt eine Absage an die Naturschönheit statt (»Dir kann es gleichviel sein, | Wer wen erschlug; | Wir gehen in dich ein, | Das ist genug«). Sie, die sich leidenschaftlich für die Natur begeistern konnte, hat sich nicht der nach dem Krieg entstehenden »naturmagischen Schule« angeschlossen, zu der die Dichter Wilhelm Lehmann (»Entzückter Staub«, 1946), Georg Britting (»Die Begegnung«, 1947), Günter Eich (»Abgelegene Gehöfte«, 1948) gehörten, obwohl sie mit diesen Dichtern im befreundeten Austausch stand. Seit sie erlebt hatte, wie sich zerbombte Stadtviertel in Wildnis verwandelten, überwuchert gleich einer vorgeschichtlichen Urwelt, war ihr die unmenschliche Seite des Naturelementaren verhaßt. (»Das wußte ich nicht, wie bald | Ruinen verwittern ... Zinnkraut und blühende Halme | Stehn wie am Urbeginn. | Und wie schnell das alles verschwunden, | Verrottet, verfilzt, verweht, | Was der Mensch erfunden, | Mittel und Gerät ...«)

»Während der vorangegangenen ostpreußischen Jahre, gerade in dem kargen Land, war ich von der Natur bis zur Besessenheit angerührt worden, diese Besessenheit hatte mich auch zu Courbet hingeführt, aber sie war vorüber ... Die Politik als Schicksal, der Mensch im Räderwerk historischer Ereignisse, der Mensch überhaupt – Die Courbet-Biographie bildet einen Wendepunkt in meiner künstlerischen und menschlichen Entwicklung, da konnte ich noch beides darstellen, Natur und Politik ... Ein Gedicht aus jener Zeit fängt an: »Was kümmert dich, Natur, | Des Menschen Los? | Du hegst und achtest nur | Die Frucht im Schoß«, das war keine Anbetung, keine stille Verehrung mehr, es war Zorn.« *(Tage, Tage, Jahre)* Eine Symbiose zwischen Mensch und Natur war für sie nicht mehr möglich.

Der Band *Zukunftsmusik* enthält als ihr wichtigstes Bekenntnis das große Gedicht *Der Dichter spricht.* Es liest
sich diese Absage des Dichters an alles Schöne, Poetische,
Melodische wie eine Gegendarstellung zu Rilkes »Sonetten
an Orpheus«, bedeutet Hinwendung zur menschlichen
Kreatur in ihrer Tragik. Der Dichter besänge zwar *alles das
Heitere, Sanfte, wie Mozarts Musik*, viel lieber –

> Nur daß dann aufsteigt immer ein Antlitz schrecklich
>     nahe,
> Mit Augen, die klagen und fragen, durstigen Augen,
> Mit einem Munde, der weint, einem stummen Mund.

Zu den unmittelbaren Nachkriegsgedichten schreibt der
Lyriker Fritz Usinger, es gäbe »kein deutsches Buch in
Vers oder Prosa, in dem Unrat und Rat dieser Epoche ge-
treuer eingefangen wären als in diesen *Gedichten zur Zeit*
... Hier hat die Trümmerwüste ihre Metamorphose gefunden in etwas, das als lebendiger und unzerstörbarer
Hauch über ihr weht ... Vielleicht hat es einer Frau be-
durft, um diese dichterische Aussage zu gewinnen, die
keiner Realität ausweicht, weil sie an eine größere Realität
glaubt als an die eines trümmererfüllten Vordergrun-
des«.[*]
Die drei Lyrikbände, die sie zur Nachkriegsdichterin
schlechthin machten, waren im Hamburger Claassen-
Verlag erschienen, bei dem künftig alle ihre Werke veröffentlicht werden. Eugen Claassen vertraute auf seine Autorin, seit er im Jahre 1940 zum ersten Mal ein Bündel
ihrer noch ungedruckten Gedichte in der Hand gehalten
hatte. Er lernte in der Schweiz auch Lonja kennen und
befreundete sich mit ihr. »Wir haben uns ausgezeichnet
verstanden. Sie ist von dichterischen Äußerungen ganz er-

---

[*] In: Insel-Almanach 1971, a. a. O., S. 76.

füllt, ja imstande, im Laufe eines Nachmittags Proben der gesamten englischen Lyrik und vieles darüberhinaus zu zitieren. Es ist immer merkwürdig, in einem neuen Menschen verwandte Züge eines längst bekannten zu entdekken. Zwischen Ihnen beiden spürte ich viel Gemeinsames und dann wieder Anderes, was völlig unabhängig voneinander ist.« (2. April 1949)

Zwischen Marie Luise Kaschnitz und Hilde Claassen entwickelte sich eine Freundschaft, deren Beginn – »Erste Begegnungen mit Marie Luise Kaschnitz« – die Verlegerin selbst anschaulich geschildert hat. »Ich eilte die Treppe zu ihrer Frankfurter Wohnung hinauf, um ihr die Skizze zum Umschlag des Buches *(Griechische Mythen)* zu zeigen. In der geöffneten Tür stand sie, eingehüllt in einen weißen Kittel und in eine Wolke von Duft: Himbeeren, Erdbeeren, Waldbeeren, damals im Jahre 1942 eine Seltenheit. Sie habe den Segen, dieses kostbare Material, das Freunde vom Land ihr geschickt hätten, sogleich ›verarbeiten‹ müssen, damit es nicht verdürbe, sagte sie und zeigte auf eine Reihe schon gefüllter Gläser … Beim Abschied gab sie mir ein Glas von dem roten Saft zu trinken und legte mir einige beschriebene Blätter in die Hand, Gedichte, die in dieser Zeit entstanden waren. Diese Geste des Schenkens begleitete sie mit einem Blick von großer Leuchtkraft, wie ich ihn später nur selten wieder gesehen habe … Von den Gedichten hieß eines *Dann sei geübt im Traum*, ein anderes *Lob der Sinne*, wieder ein anderes *Rückkehr*. Noch während ich die Treppe hinunterging, las ich diese Strophe:

> Indes die Trauben dort sich braun umspinnen
> reift noch die Beere tief im Tannendicht.
> Es scheint der Herbst ein seliges Beginnen
> der Abend noch ein Übermaß von Licht.«[*]

---

[*] In: Insel-Almanach 1971, a. a. O., S. 302.

Ein fast dreißig Jahre währender Briefwechsel spiegelt ein Leben, in dem von persönlichen Erlebnissen, von den Kindern und ihrer Zukunft, vom Geschick des Verlages nach Claassens Tod, von Literatur die Rede ist – obgleich gesagt werden muß, daß hier die Autorin die Zurückhaltendere, Reserviertere ist, die von ihren literarischen Vorhaben kaum etwas preisgibt. Was sie wirklich bewegt, erfahren nur Guido und Iris, allenfalls so enge Freunde wie Dolf Sternberger.

Dennoch gehörte Hilde Claassen zu ihren wenigen lebenslangen Frauen-Freundschaften, und sie hat ihr in *Orte* ein kleines Denkmal gesetzt. »Ich besuche meine Verlegerin Hilde Claassen, ich komme gern am Abend, wenn sich die Lichter in den vielen Wasserarmen spiegeln und der Lärm der Räder wie aus großer Tiefe zurückgeworfen wird. Sie ist zart und anfällig, sitzt meist, in wollene Schals gehüllt, in einem tiefen Stuhl, ihre Augen sind groß, dunkel und leidenschaftlich, sie stammt aus einem niedersächsischen Pfarrhaus. Wir sprechen nicht nur über meine Arbeiten, ganz allgemein auch über Dichtung und Dichter, zumal in den letzten Jahren, über das Schicksal des Verlages und die Entscheidungen, die sie zu treffen hat … Am liebsten bin ich bei ihr zu Hause in der mit Büchern vollgestopften Wohnung am Leinpfad zwischen Alster und Alsterarm, und wie konnte sie sich lustig machen, sich und mich.« (*Orte* 538)

*

Hat nicht einer gefragt wie es sei
Wie die Stadt klingt im Geheimen.
Ach, eine Fülle von Reimen
Beschriebe das nicht ...

Es erreicht sie ein Brief aus Ulm mit der ersten Einladung zu einer Lesung in Deutschland. Inge Aicher-Scholl, Schwester der von den Nazis ermordeten Geschwister Sophie und Hans Scholl, Mitgliedern der Weißen Rose, die wegen illegaler Verteilung von Flugblättern hingerichtet wurden, bittet sie als Leiterin der Ulmer Volkshochschule, aus ihren Gedichten zu lesen und etwas zum Thema »Europa« zu sagen. Nachdem der Passierschein für die amerikanisch besetzte Zone beschafft ist, reist Marie Luise Kaschnitz im Mai 1946 in die vollständig zerstörte Stadt. Inge Scholl dankt ihr mit den Worten: »Meine Geschwister und ihre Freunde hatten eine tiefe Sehnsucht und Vorstellung von einem brüderlich verbundenen, sich ergänzenden Europa, unter dem Gesichtspunkt der modernen wirtschaftlichen und technischen Entwicklung und vor allem ausgehend von der Kultur ... Und ich glaube, man sollte diesen Gedanken heute – trotz der momentanen Haßzerrissenheit Europas – wecken und pflegen, gerade auch bei der Jugend ...«. Das Gedicht *Europa* erschien 1949 im ›Merkur‹. (»Und reden von einer Saat, die aufgehen wird golden aus den Leibern der Toten, | Von Gärten, die mauerlos blühen und Frucht tragen werden, | Von einer einzigen Welt, wo niemand mehr Furcht hat, | Von ewigem Frieden.«)
Marie Luise Kaschnitz hat ihr Entsetzen über das zerstörte Ulm ins Tagebuch notiert. Doch alles, was sie sich an Ruinen, Chaos und Zerstörung vorzustellen vermochte, war überboten worden durch den Anblick der Stadt Frankfurt, die sie in ihrem Schutt liegen sah. Sie sah die Kriegsheimkehrer, die an Krücken humpelnd ihre Angehörigen

suchten, eine blinde Frau, die im Abfall wühlte, herum-
ziehende Kinder, ein Pferd, das herrenlos durch Gärten
trabte.

*Rückkehr nach Frankfurt*, nüchtern genug hat sie ihren
wortgewaltigen Gedichtzyklus überschrieben, der keineswegs nüchtern ist. Der am meisten zitierte, exemplarisch
gewordene Text ihrer »Trümmerlyrik« ist ein Requiem,
eine apokalyptische Vision, ein Pandämonium des Unterganges.

> Sage, wie es begann.
> Wie sah sie dich an
> Aus ihren erloschenen Augen,
> Die Stadt?

Die Gedichte brachten ihr durch einen italienischen Kritiker den Beinamen einer »poetessa delle macerie«, einer
»Trümmer-Dichterin«, ein. Sie hat die zerstörte Stadt eine
Trümmerbraut genannt, hat sie mit Augen gesehen wie
kein anderer Dichter, hat ihr Entsetzen in einem Atemzug
niedergeschrieben. »Der Zyklus *Rückkehr nach Frankfurt*, in dem unter allen möglichen Aspekten eine zerstörte
verwilderte Stadt erscheint, ist mir, wenn ich mich so aus-
drücken darf, ›diktiert‹ worden. Und zwar hintereinander
weg und fast ohne Pausen.« (VII 748)

> Säulen und Giebelschräge
> Kulissen nur noch zum Schein,
> Dahinter der Eulen Gehege,
> Der Raben Stelldichein.
> Die Töne alle versungen,
> Die Goldgewänder verzehrt,
> Weiß Gott, wohin entsprungen
> Vom Dach das Flügelpferd.

Damit beschreibt sie die zerstörte Oper, den Stolz der Frankfurter Bürger, in der sie kurz vor der Bombardierung noch Verdis »Don Carlos« hörte.

»Als wir in die Stadt Frankfurt zogen, waren gerade die ersten Bomben gefallen. Die Altstadt stand noch ... Vor meinen Augen sozusagen ist das alles zu Asche und Staub zerrieben worden. In der höchsten Loge des Opernhauses bin ich noch gesessen ... Ein paar Tage darauf war die Oper eine Ruine, das Flügelpferd vom Giebel verschwunden, an die Widmung der Bürger ›Dem Wahren, Schönen, Guten‹ erinnerte man sich später mit Spott. Goethes Geburtshaus ist beizeiten aufgenommen worden, Millimeter um Millimeter, mit Stoffproben, Tapetenproben, es konnte verschwinden und verschwand.« (*Orte* 442) Das Goethehaus:

> Und das Haus war ein Loch, ein Kellerschacht,
> Ein Haufen Dreck zum Hohn,
> Und Schilder waren dort angebracht,
> Darauf stand: Besitz der Nation.

»Die Trümmerbraut, Haare aus Rauchfetzen, Atem aus Brandgeruch, Tod und Verwilderung, Einbruch der Urwälder, der Urtriebe«, das ist es, was sie in ihrem Gedicht darstellt. Es sind die »Die Schrecken des Krieges«, wie sie sie 1944 in einem Essay über *Goya* beschrieben hatte: der Künstler, der den Krieg beschreiben will, muß durch Wahnsinn und Hölle, »erschrockenen Herzens, aber klaren Geistes«.

Mit der gleichen oder noch größeren Schonungslosigkeit werden die Kriegsfolgen in ihren Erzählungen dargestellt, im *Deserteur*, der sich selbst ausliefert, in der Geschichte des jungen Polen, der aufgehängt wird, weil er eine deutsche Frau liebt (*Märzwind*), am unerbittlichsten in *Das ewige Licht*, da die junge, auf ihren schönen Mann stolze

Frau vor seinem Anblick verschont werden muß, denn er ist entstellt, trägt eine künstliche Fratze aus Schaumgummi, rosarot, »wer mag die küssen, und die Hand kann man auch nicht geben, die Hand ist nicht mehr da«.

Eine Freude war für Marie Luise Kaschnitz die Aussicht, daß die bewunderte Ricarda Huch 1947 aus Jena in die Nähe von Frankfurt zog. Sie heißt die Dichterin, die ihre erste Kritikerin war, willkommen und lädt sie in die Wiesenau ein. Das erhoffte Wiedersehen kam jedoch nicht mehr zustande, Ricarda Huch starb 83jährig noch im gleichen Jahr.

Warum sie ausgerechnet in Frankfurt geblieben sei, obgleich doch ihr Mann die Stadt gerne zugunsten Roms aufgegeben hätte, ist Marie Luise Kaschnitz gefragt worden. Ihre überraschende Antwort hieß: »Detonation. Lautloses Gestammel im Keller, der Schutzraum hieß, vorbei, bitte auf uns nicht, und Geräusch, Kratzgeräusch der Besen, die Glassplitter zusammenfegen, dann die erste Nacht ohne Verdunkelung, was für ein Frühling, der erste nach dem Krieg. Dann ruhige Nächte, Kälte, Armut, Hunger, Buschwindröschen, Akazienschößlinge auf Trümmerbergen, Abendlicht auf nackten Ziegelmauern, Amerikaner, die zu Besuch kommen, rauchen, in den Aschbecher lange Kippen, die in der Nacht noch ausgeschlachtet werden ... Fast unmerklicher Wiederanfang, ein Dachstock gerichtet, ein Beet mit Blumen bepflanzt. Fragt man mich wirklich, warum ich an dieser Stadt hänge, der Trümmerbraut, jetzt eine fette Madam, die mit Brillantringen an der Kasse sitzt und die Kasse klingeln läßt, die aber einmal anders war, jung, zigeunerisch wild und Träume hatte, Todesträume und Lebensträume ... Es konnte noch alles aus ihr werden, aus uns werden, und was, bitte, ist aus ihr, aus uns geworden. Aber für mich ist das eben alles noch sichtbar, ich kann es nicht vergessen, ich vergesse es nicht.« (*Tage, Tage, Jahre* 22/23)

## Basel 1946

»Hören will ich die Zukunftsmusik«

Bei Kriegsende hatte Marie Luise Kaschnitz ihre Schwester gebeten, ihr eine Genehmigung zur Einreise in die Schweiz zu verschaffen, damit sie sich nach den Jahren der Trennung wiedersehen und endlich die Zukunft Bollschweils besprechen könnten. Sie hofft, daß Lonja im Gutshaus einziehen wird, zumal der Bruder – der sich noch in Gefangenschaft befindet – sich überhaupt nicht zur Verwaltung des Hauses eigne, während er als Nichtparteimitglied überall in der Wirtschaft sehr gute Aussichten hätte. »Wir müssen uns sehen und sprechen. Kannst Du mich oder uns beide für kurze Zeit zu Dir einladen und eine Erlaubnis zum Grenzübertritt und Aufenthalt verschaffen?«

Es dauert fast ein Jahr, bis sie das Visum erhält. Am 10. August 1946 fährt sie nach Basel.

»11. August (1946). Die Dinge in den Läden. Alles von außerordentlicher Qualität. Der Lebensstandard...

Zauber des Ferntelefons. Avenue mit Laternen. Musik im Restaurantgarten.

12. (August 1946). Museum. Parkett. Stille. Schritte der Wächter, leere Räume. Kokoschka, die Windsbraut. Picasso. Klee. Die neuesten Bilder tapetenartig, nicht mehr märchenhaft-magisch. Ein Stilleben von Courbet.«

Sie ist mehr als überrascht, sie ist betroffen über die Unberührtheit des Landes vom Krieg, die vorkriegsmäßig elegante Stadt. Doch mehr als alles erschüttert sie das Wiedersehen mit Lonja. Die Schwester hatte ihr zwar geschrieben, daß sie seit langem »nichts von Wert« hervorzubringen vermöge, daß sie außerordentlich deprimiert sei über ihre mangelnde Konzentrationsfähigkeit, die fehlenden Leistungen und das fehlende Geld. Sie übersetzt

Gedichte, beschäftigt sich mit Jugendarbeit und schwer erziehbaren Kindern, schreibt eine Soziologie des Märchens – alles Dinge, die sie unfertig liegen läßt und die sie letztlich nicht befriedigen. Erschreckend ist ihre Unordnung in physischer und psychischer Hinsicht, ihre Nichtbelastbarkeit, ihre Nervosität. Mitten in einer Welt gesicherter Wohlhabenheit empfindet sie um so bitterer die eigene Armut, und eine »undurchstoßbare Eisdecke«, eine Decke aus Starre und Pessimismus liegt über allem, was sie tut.

Marie Luise Kaschnitz bemüht sich, ihr Mut zuzusprechen, Zukunftspläne zu schmieden. Sie treffen den Verleger Goverts und werden von Bernhard von Brentano eingeladen, dem gleichaltrigen Jugendfreund aus Berlin, der als Sozialist 1933 emigrieren mußte. »In lauter Gärten Brentanos Haus, wo er seit 13 Jahren wohnt. Das schöne Arbeitszimmer. Tee und Zuckerbrezeln ... 13 Jahre Emigrantenleben, Freundschaft und Feindschaft mit Thomas Mann – wachsendes Nationalgefühl – Unmöglichkeit, wie viele andere Emigranten auf D. [Deutschland] zu schimpfen ... Auf meine Fragen ›Warum kommst Du nicht nach D.?‹ und ›Was hättest Du den Deutschen zu sagen, wenn Du kommen könntest?‹ plötzlich wieder der alte Bernhard. Welche Sehnsucht im Grunde.« In Wirklichkeit ist sie aber überzeugt, daß er als Schriftsteller den erwarteten Anklang in Deutschland nicht mehr finden würde.

Sie besucht den Archäologen Karl Schefold und seine temperamentvolle, dunkelhaarige, »schöne Frau im roten Kleid«. Das ganze Ambiente, der gepflegte Wohnstil, die aufeinander abgestimmten Farben beeindrucken sie, sie notiert für Guido: »Georgianischer Frohmut – Sein Glück über alles, was es in Deutschland noch gibt, die Freunde, die Reste der Kultur.«

Sehr viel brisanter und nachhaltiger verläuft der Besuch des Historikers und Politikers Carl Jacob Burckhardt in

Lonjas enger Mansardenwohnung. (C. J. Burckhardt widmete sie zum 80. Geburtstag das Gedicht »Augen«.) Seine
Frau, eine Malerin, die der Kinder wegen den Beruf aufgab, ein reiches Haus führt und sich der unbemittelten
Lonja »aus christlicher Gesinnung« annimmt, nennt sie
»eine verhinderte Jeanne d'Arc«. Dagegen erscheint ihr
Burckhardt, der sich vor dem Krieg in Danzig als Hoher
Kommissar des Völkerbundes vergeblich um eine Verhinderung des Krieges bemüht hatte und nun als Gesandter in
Paris wirkt, als der Vertreter einer vergangenen Epoche –
in Wirklichkeit ist der Mittfünfziger gerade so alt wie
Guido. Aber er scheint einem anderen Zeitalter anzugehören. »Karl Burckhardt, überwältigendes 19. Jahrhundert.
Wie ein Herr von der Weltausstellung in Paris«, notiert
sie. »Elegant, distinguiert, weltfern. Schönes Haus, (eigener) Turnsaal, Turnlehrer. Herr v. Hirsch, der Sammler,
sein Freund.« Zum erstenmal kommt es zu heftigen Debatten, muß sie ihren politischen Standpunkt vertreten,
sich zur deutschen Vergangenheit und zur europäischen
Situation äußern (»Wer macht die Neuordnung Europas?«). Sie ist außerordentlich bedrückt. »Merkwürdige
Stimmung von Aneinandervorbeireden« – »Mitleid ertragen – das Sichgehenlassen nach sieben Jahren. Mitleid mit
Deutschland, mit sich selbst«.
Bei einer weiteren Einladung kommt es zu Auseinandersetzungen, in denen Ressentiments, Feindschaft und Bitterkeit laut werden. »Ich sprach viel mit Frau Horowitz,
deren Wille zur Freundlichkeit gegen mich nicht aufkommen konnte vor dem Ekelgefühl gegen die Deutschen.
Verhärtung, Nicht-Wissenwollen, sehr kalte Ironie bei
meinen Berichten über die Studenten in Deutschland.«
Ein wenig verwirrt und skurril, etwas kurzatmig, aber heiter und gutwillig kommt Annette Kolb, die Dichterin, zu
ihnen. Beim Gegenbesuch in ihrem Hotel finden sie die
zierliche Dame mit Schleier und Hütchen und einem

»über der sehr weißen Schulter« verrutschten Kleid auf ein Sofa hingegossen, von wo sie anerkennende Worte zu den *Griechischen Mythen* sagt und sich trotz des Leids um ihren Freund René Schickele, der nach Südfrankreich emigrierte, sehr warmherzig über die deutschen Freunde äußert. Mit Annette Kolb spricht sie über die Gegenwartsliteratur, die sie über ein Jahrzehnt nicht zur Kenntnis nehmen konnte. Langersehnte Bucheinkäufe werden getätigt – bisher hat sie noch nichts von Huxley und T.S. Eliot, nichts von Max Frisch gelesen, sie stürzt sich auf Werfel, Hesse, Bromfield und Thomas Manns »Doktor Faustus« – liest nächtlicherweise alles, was man ihr empfiehlt.

In einem Beethovenkonzert kommt ihr schmerzlich zu Bewußtsein, wie groß der Unterschied ist zwischen dem elenden Deutschland und diesem verwöhnten Land. »Riesiger Saal, bis zum letzten Platz besetzt. Abendtoiletten, lange Kleider, Pelze, Schmuck ... völlig unwahrscheinlich, besonders in der Pause, wo alles hinausströmte und sich bei der beleuchteten Fontäne in der Sommernacht erging.« (28. August 1946)

»In der Gemäldegalerie. Nochmals: Die Windsbraut.« Es ist das Bild von Kokoschka, das es ihr angetan hat, seit Guido sie nach der Hochzeit »Windsbraut« genannt hatte. Er schickte ihr das Bildchen einmal im Brief mit den Worten, daß es nichts sei mit dem Alleinsein, daß sie ihm fehle. Es gab auch ein Windsbraut-Gedicht des von ihr geliebten Dichters Georg Trakl (»Windsbraut ... Hintreibend durch die Wolken heimatlos ...«), das beim Anblick des Gemäldes entstanden war. Kokoschka hatte auf seinem Bild ein eng umschlungenes Liebespaar dargestellt, das schwerelos durch Wolken zu treiben scheint – ein vertrauensvoll ruhender Mann an der Seite seiner Gefährtin. Gemeint waren er selbst und seine Geliebte Alma Mahler, die

aber nicht ihn, sondern den Dichter Franz Werfel heiratete.

Nach fast vier Wochen Aufenthalt in Basel begleitet Lonja
die Schwester bis zur deutschen Grenze. Zuvor hatte ihr
noch ein alter Professor, der aus Ostpreußen in die
Schweiz emigriert war und sie auf der Straße traf, ein Paar
warme Strümpfe gekauft – aus Wolle, nicht aus Seide, wie
sie anmerkt. Ein »Hamsterwagen-Hersteller« nimmt sie
mit, und sie schämt sich, als sie Guido stehen sieht, sofort
ihrer schönen neuen Schuhe, weil alle Menschen jenseits
der Grenze so zerlumpt, so verhungert aussehen. »Reise
in die Schweiz, Reise ins Schlaraffenland, nirgends Brand-
ruinen, Trümmerschutt, zerlumpte Gestalten, Hohlwan-
gen, Hohlaugen ... Freundliche Menschen mit guten
Nerven, humane Gesinnung, geschont, geschont ... Ich
lasse mich einladen und beschenken, getragene Sachen natürlich, aber Königsgewänder, ein Mantel aus echter
Wolle, eine Tasche aus echtem Leder; daß meine Schwester für Schweizer Begriffe bitter arm ist, will mir nicht
einleuchten, da sie doch in einer Wohnung mit heilen
Wänden lebt und das Badewasser läuft ... Als ich dann
vor den Trümmern des Bahnhofs Bad Krozingen meinen
Mann und mein Kind stehen sehe, so blaß und so dünn,
kommen mir die Tränen, Tränen der Freude.« (*Orte*
454)

# VI.
# Im Positiven wie im Negativen eine Frau
## (1949-1952)

### ›Die Wandlung‹

›Und was tatest Du?‹

Zweifellos war es eine große Chance, daß Dolf Sternberger von den Besatzungsmächten schon im Sommer 1945
die Lizenz zu einer neuen Zeitschrift – mit dem programmatischen Titel ›Die Wandlung‹ – erhielt und die Freundin
Marie Luise Kaschnitz um ihre Mitarbeit bat. Sie, die von
einem »Kahlschlag« oder »Nullpunkt« der Literatur
nichts hielt, macht Vorschläge für einen Neuanfang.
»Endlich soll die Klarheit vorherrschen, die diamantene
Helligkeit, die Einsicht, die Liebe und die Geduld. Endlich soll der Geist herrschen ...« (VII 19)
Dolf Sternberger hatte als Mitherausgeber den Philosophen Karl Jaspers, den Romanisten Werner Krauss und
den Soziologen Alfred Weber gewonnen. Die Liste der
Mitarbeiter umfaßt die Namen bedeutender (und fast ausschließlich männlicher) Autoren, darunter Ernst Robert
Curtius und Rudolf Bultmann, Martin Dibelius und Vik-
tor von Weizsäcker, Golo Mann, Gerhard Storz und Kurt
Reidemeister. Die Texte von Frauen stammten von Hannah Arendt, Mechthilde Lichnowsky, Geno Hartlaub
und Marie Luise Kaschnitz.
Mit der Frage »Und was tatest Du?« beginnt ihr Essay *Von
der Schuld*, der im ersten Heft der ›Wandlung‹ veröffentlicht wird. »Was wir jetzt erfahren, ist nur ein Lautwerden
der Stimmen, die uns lange quälten und die erst unter den
furchtbaren Sühneschlägen des Schicksals wieder zum

173

Schweigen kamen. Und die Fehlbarkeit der Urteilssprecher darf uns nicht hinwegtäuschen über die Notwendigkeit einer Besinnung, die wir selber vollziehen.« ·

Dolf Sternberger schreibt, als er das Manuskript erhält, dies sei »die tiefste Äußerung, die zu diesem Thema bis jetzt vernommen wurde«. (22. November 1945) Über das enorme Echo der Leser ist sie erstaunt. »Wie arm ist dieses Land noch, wenn Dinge wie die Essays soviel Resonanz wecken.« (19. März 1946 an Lonja) Es war in insgesamt zwölf Essays der Versuch, einen Standort zu finden, von dem aus das Weiterleben in einem von Schuld überschatteten Chaos möglich war.

»Nicht nur die wirklichen Häuser, die wirklichen Kirchen und Paläste sind eingestürzt und von den Flammen verzehrt. Im Abendhimmel stehen über den Ruinen der Städte geisterhaft die bleichen Ruinenfelder der Werte, die niemand mehr wertet, und des Glaubens, den niemand mehr glaubt ... Beginnen wir noch einmal mit dem Worte *Ich* ... Der Mensch, zu sich selbst erwacht, steht dem Leben allein gegenüber und allein, ohne Hilfe und Beistand, begegnet er eines Tages seinem eigenen Tod.«

Werner Krauss bemängelte die Unverbindlichkeit und den empfindsamen Ton ihrer Texte, Dolf Sternberger teilte ihm aber mit, daß gerade die Kaschnitz-Essays eines Erfolges weges, der ihm von anderen Verlegern schon sehr geneidet werde, als Sonderheft erscheinen würden.

Im Nachkriegsdeutschland fand unter den Literaten die Kontroverse statt um den Begriff der »inneren Emigration«, den diejenigen Schriftsteller, die im Lande geblieben waren und von hier aus gewirkt hatten, für sich in Anspruch nahmen. Ihr Wortführer Frank Thieß vertrat seinen Standpunkt gegenüber dem in Amerika lebenden Thomas Mann und den Exilliteraten. Sein Standpunkt wurde allerdings auch von Mitläufern zur Entschuldigung benutzt, darauf bezieht sich Marie Luise Kaschnitz. »Worin soll sie denn bestanden haben, unsere sogenannte innere Emigration? Darin, daß wir ausländische Sender abhörten, zusammensaßen und auf die Regierung schalten, ab und zu einem Juden auf der Straße die Hand gaben, auch dann, wenn es jemand sah? Daß wir prophezeiten, zuerst den Krieg, dann den totalen Krieg, dann die Niederlage und das Ende der Partei?« (*Orte* 519) Die Auseinandersetzung um die Kaschnitz-Essays zeigt aber deutlich die Erwartung derjenigen, die unter Einsatz ihres Lebens im Widerstand gegen Hitler mitgearbeitet hatten wie Werner Krauss und nun nach politisch eindeutigeren Erklärungen verlangten. Es gab Adornos Äußerung, daß es idiotisch sei zu glauben, daß das Leben »normal« weitergehen oder gar die Kultur »wiederaufgebaut« werden könne – es gab die Stimme Thomas Manns, der Sternberger zum ersten Heft der ›Wandlung‹ gratulierte: »Es ist das Beste, Eindeutigste, moralisch Mutigste, was mir aus dem neuen Deutschland (ja, wie neu ist es eigentlich?) bisher vor Augen gekommen ist.« (März 1946) Im Sommerheft von 1949 erschien sein Aufsatz »Goethe und die Demokratie«.

Für Marie Luise Kaschnitz war die Zusammenarbeit mit Dolf Sternberger zweifellos von großem Nutzen. Die Übersetzungen T.S. Eliots, die Tätigkeit in der Redaktion, Überblick über die neueste deutsche Literatur – das alles brachte unschätzbaren Gewinn. Sie wurde strenger gegenüber dem eigenen Werk. Sternberger erwies sich als unnachgiebiger Beurteiler ihrer entstehenden Arbeiten. Ein Gedicht mit dem Titel *Morgenröte* gab er ihr mit den Worten zurück: »Was wir alle zur Heilung auch brauchen, das ist Wachheit des Bewußtseins, Streitbarkeit des Geistes, individuelle scharfe Profile, also Geist als bittere ätzende Medizin, nicht soviel Seelenbalsam.« (6. Mai

1946) »Seelenbalsam« ist fortan in ihrer Lyrik nicht mehr zu finden.

Dolf Sternberger forderte Manuskripte bei ihr an, lobte oder verwarf. Sie versuchte mehrmals, Aufsätze von Lonja unterzubringen, die ihm zu verwaschen und ungenau waren. Statt dessen fand er ihren Aufsatz über den *Wortschatz der Poesie* hervorragend (VII 536), und die Erzählung *Das dicke Kind* veranlaßte ihn postwendend zu dem begeisterten Kommentar: »Es hat mir dieses Stück von allen deinen Prosaarbeiten durch Knappheit, sinnliche Dichtigkeit, raschen Fortgang und Wahrheit der Empfindung den stärksten Eindruck gemacht.« (22. September 1946)

Welche Wirkung ihre Lyrik hatte, erfahren wir von Peter Härtling, der sie in der ›Wandlung‹ las. »Die Gedichte redeten für mich – Sie konnten beschreiben, sie trafen das, was ich gesehen hatte. Sie waren ein Teil von mir, sie sind es geblieben.«[*]

Sie hatte das Ressort Literatur übernommen und sichtete täglich die Einsendungen großenteils noch ungedruckter Dichter. Dabei erwies sich auf frappante Weise ihr sicheres Gespür für poetische Qualität. Sie befürwortet den Text einer zehn Jahre jüngeren Kollegin, von der sie noch keine Zeile gelesen hatte: »Rinser, Luise: Wichtig, gescheit, lebendig. Unbedingt nehmen!« Im Herbst 1948 liegen zum ersten Mal einige Gedichte des in Deutschland vollkommen unbekannten Paul Celan auf ihrem Tisch. »Manchmal etwas verblüffend (›Mann mit der Nelke!‹)«, notiert sie, »selbständig im Ausdruck und im Gedanken und der Bildwahl. Ich werde, wenn ich Anfang Oktober in Paris bin, versuchen, mich mit dem Dichter in Verbindung zu setzen.« Die von ihr ausgewählten Gedichte wa-

---

[*] In: Insel-Almanach 1971, a. a. O., S. 52.

ren die ersten Veröffentlichungen von Celan in Deutschland überhaupt.

In der Tat hat sie den unbekannten Mann in Paris aufgesucht. Sie lernte Paul Celan kennen und erfuhr, auf einer Bank im herbstlichen Park neben ihm sitzend, sein Schicksal. Man hatte den jungen Medizinstudenten zur Zwangsarbeit in einem rumänischen Lager verurteilt, seine Eltern, seine ganze Familie vergast. Mit tonloser Stimme las ihr der Achtundzwanzigjährige sein Gedicht »Todesfuge« vor. Sie konnte das Erfahrene nicht vergessen. Ohne zu ahnen, daß zwischen ihr und dem unglücklichen Dichter, dessen zerrissenes Gemüt sie wenigstens zeitweilig zu besänftigen verstand, Freundschaft entstehen würde, schrieb sie die Erzählung *Die Abreise*, in der der Pariser Bahnhof ihr zum Arbeitslager wird, jeder namentlich aufgerufen, jeder ein Todeskandidat. Ohne seinen Namen zu nennen, schreibt sie von dem »jungen Dichter aus dem Osten«, der sie zum Bleiben auffordert. »Warten Sie, bis ich Ihnen vorgelesen habe, meine Todesfuge, dein goldenes Haar, Margarete, dein aschenes Haar, Sulamith! Das Gedicht war schön und traurig und du vertatest deine Zeit ... Aber die Zeit, die die Seele in die Irre geht, ist nicht die gewöhnliche Zeit.« (IV 54)

Die mit Sternberger gewechselten Briefe jener Jahre sind Dokumente der ärmsten Nachkriegszeit. »Liebe Ilse, lieber Dolf. Meine Reise war schauderhaft, bis Bruchsal dunkel, dort 3 1/2 Stunden bei Regen und Hagel auf dem Bahnsteig – die schützende Bretterbude war überfüllt. Auch der Bunker in K. diesmal ganz unsäglich, ich lag in einer Wasserlache auf dem Steinboden – an Arbeiten nicht zu denken. Zum Durcharbeiten des Eliot kam ich dann erst morgens im Zug, daß ich keine sehr leuchtenden Einfälle hatte, kannst Du, lieber Dolf, mit meiner Übermüdung entschuldigen ...« (17. November 1945)

Der »Bunker in K.« bedeutet Karlsruhe, sie fuhr von Heidelberg, wo Sternbergers wohnten, nach Bollschweil, so
steht es in *Orte*. »Der alte Luftschutzbunker unter dem
Bahnhof von Karlsruhe, der auch noch nach dem Krieg
stark belegt ist ... das Nachtquartier ist nicht kalt, doch
feucht, auf dem nackten Betonboden liegen wir dicht gedrängt, die Rucksäcke unter dem Kopf. Einmal sitze ich
dort ein paar Stunden mit angezogenen Knien, vor mir
meine Übersetzung eines Eliot-Gedichts, das in der kurz
zuvor von den Alliierten genehmigten Zeitschrift ›Die
Wandlung‹ erscheinen soll.« (*Orte* 448)
Geschrieben auf Zettel und Schulheftseiten, berichten ihre
Briefe vom Mangel in jeder Hinsicht. »Lieber Dolf, ent-
schuldige das Papier. Die Knappheit an jeder Art von Papier ist hier ganz verheerend, Guido und ich streiten uns
um jeden Bogen, und meine Gedichte werde ich nächstens
an die Tapete schreiben, um sie der Nachwelt zu erhalten!
Für die *Große Wanderschaft* hats noch gelangt, ich schicke
sie Dir hier. Wenn Du sie aus Raummangel nicht sehr bald
bringen kannst, würde ich Dich sehr bitten, sie Reifenberg
zu geben ...«
Es fehlt am Nötigsten, vor allem an Kleidung. Sie rezen-
siert die Gedichte des in die USA ausgewanderten Königs-
bergers Rudolf Voigt, nur weil er die abgelegten Kleider
seiner Tochter an Iris und CARE-Pakete an Guido schickt.
Sie habe keinen Wintermantel, sagt sie Dolf, und sei deshalb auf die noch ausstehenden Honorare angewiesen.
»Wir sind etwas in Geldsorgen, weil Guido seit langer Zeit
kein Gehalt bekommt.« (3. März 1946) Als Sternberger
sich ärgert, nimmt sie die Forderung sofort wieder zurück. »Daß ich überhaupt einmal – und vielleicht zum ersten Mal in meiner literarischen Existenz – geschäftlich
dachte, hat seinen Grund in unserer augenblicklichen
Geldsituation, die ich Dir schon in meinem letzten Brief
schilderte. Mein ganzes Verhalten mag Dir inkonsequent

erscheinen. Aber das kommt davon, daß ich es bereits wieder herzlich satt habe, den treusorgenden Ernährer der Familie spielen zu wollen. Mit einer Zornesfalte Deiner lieben Stirn ist das schon zu teuer bezahlt.« (7. März 1946)
Einem der Briefe lag ein Foto bei, Marie Luise Kaschnitz im Jahre 1946. Sie trägt den damals modernen schwarzen Rollkragenpullover der »existenzialistischen« Sartre-Zeit und hält zum Spaß eine Pfeife im Mund. Ihre Haare sind länger als gewöhnlich, sie lacht und sieht jung aus, hübsch und fröhlich und sehr dünn.

## Eine schreibende Frau

>»Wenn das auch sehr pathetisch klingt, möchte ich sagen, daß mein Wesen Teilnahme war. Und aus der Teilnahme an der Welt und an den Menschen sind eigentlich all meine Arbeiten entstanden.«

»Mein Mann ist Archäologe, er schreibt ein Buch über die Strukturgeschichte der antiken Kunst. Ich schreibe Gedichte und Aufsätze und Essays, und wir fragen beide nicht, ob wir eigentlich die Kraft dazu haben.« – »Ich komme oft wochenlang nicht zum Briefschreiben, weil ich den ganzen sehr mühseligen Haushalt alleine machen und dann natürlich jede freie Stunde für meine Arbeit haben muß ... Die letzte Zeit war es besonders lebhaft durch die Paulskirchenfeiern und den großen Schriftstellerkongreß und vieles andere ...« (Januar und Mai 1948 an Rudolf Voigt).
Im Dezember des gleichen Jahres 1948 schreibt sie resigniert an Dolf Sternberger, der Gedanke, eine Literaturzeitung zu gründen, erschiene ihr nach wie vor aussichtsreich. Sie nennt Eckart Peterich, Wilhelm Hausenstein,

Alfred Andersch, Clara Merck, Veronika Erdmann und Elisabeth Langgässer als mögliche Mitarbeiter. »Ich würde Dir mit Freuden helfen, aber ich könnte es nicht tun, ohne meine winzige Arbeitszeit noch zu schmälern oder Guidos ohnehin geringes Wohlbefinden noch zu verringern.«

Man hatte sie bei dem ersten Nachkriegskongreß in den Vorstand des Schriftstellerverbandes wählen wollen. Aber sie lehnte ab. Die labile Gesundheit ihres Mannes, die kaum zu bewältigende Hausarbeit in miserablen Wohnverhältnissen erlaubten ihr die Übernahme des Amtes nicht, außerdem sei sie außerstande, frei zu sprechen und in Diskussionen ihre Meinung zum Ausdruck zu bringen. Ein typisch weibliches Problem, die Angst der Frau vor dem Rednerpult, dem öffentlichen Wort? Sie schüttet Bernt von Heiseler ihr Herz aus: sie habe Komplexe bekommen angesichts der »höchst elementaren Erscheinung« von Stefan Andres und des selbstbewußten Auftretens von Elisabeth Langgässer, die sie neben Ernst Jünger »zu den stärksten Prosaschreibern der Gegenwart« zählt (24. Juni 1948).

Als im September 1949 der deutsche PEN-Club, der seit seiner Auflösung nur noch im Exil bestanden hatte, sich neu konstituiert, gehört Marie Luise Kaschnitz zu den Gründungsmitgliedern. Es entsteht die einmalige Situation, daß für kurze Zeit – bis 1951 – die in Deutschland gebliebenen Autoren aus Ost *und* West die trennenden geographischen und ideologischen Grenzen überwinden. Die Schriftstellervereinigung des PEN ist das erste große internationale Friedenswerk nach dem Kriege. Unter Erich Kästner als Sekretär finden sich nebeneinander die Namen von Johannes R. Becher und Werner Bergengruen, Ernst Bloch und Bert Brecht, Alfred Döblin und Kasimir Edschmid, Otto Flake, Stephan Hermlin und Peter Huchel, Hermann Kasack, Marie Luise Kaschnitz und

Hermann Kesten, Joachim Maass, Ludwig Marcuse und Luise Rinser, Anna Seghers, Oda Schäfer, Dolf Sternberger, Elisabeth Langgässer, Carl Zuckmayer und Arnold Zweig.

Bei der ›Wandlung‹ hatte sich indessen eine Veränderung angebahnt. Einer der Mitherausgeber, der Romanist Werner Krauss, Marxist und erklärter Kommunist, verließ seinen Posten. Als Mitglied der »Roten Kapelle« war er von den Nazis verhaftet und 1943 zum Tode verurteilt worden, doch konnte er sich bei der überstürzten Auflösung des Lagers unmittelbar vor Einmarsch der Amerikaner, als Schwerkranker auf einem Lastwagen versteckt, in die Freiheit retten. Als er 1948 einen Ruf an die Universität Leipzig in die sowjetisch besetzte Zone annimmt, bietet Dolf Sternberger Marie Luise Kaschnitz das Mitherausgeber-Amt an.

Sie hat sich inzwischen bei verschiedenen Aufgaben engagiert, ist mit Gadamer und Walter Dirks in der Jury der Wiesbadener Lessing-Gesellschaft und arbeitet für ›Die Erzählung‹ bei der Lyrikauswahl mit. 1948 plädiert sie für einen Dichter, der noch im Entnazifizierungsprozeß steckt und nicht preisgekrönt werden darf.

Auf Sternbergers Vorschlag hin schreibt sie ihm:

»Lieber Dolf. Du bist sehr lieb und ich gebe Dir einen Kuß. Aber bitte überleg Dir das noch einmal! Denke daran, *wie* dumm, *wie* schüchtern und wortkarg ich in Gesellschaft wirklich gebildeter Männer bin und daß ich vor den verehrungswürdigen Greisen, mit denen Du so unbefangen verkehrst, nicht wagen würde, den Mund aufzumachen. Denke auch daran, daß ich 4/5 des Tages Dienstmädchen und Köchin sein muß und 1/5 der Zeit für mich arbeite, daß es mir also unmöglich ist, mich literarisch, philosophisch, soziologisch auch nur »auf dem Laufenden« zu halten ... Denke daran, daß ich nicht nur im Positiven, sondern auch im Negativen eine Frau bin: ein ermüdbares, alle Öffentlichkeit scheuendes und faules Wesen, ein nur im künstlerischen Ausdruck vielleicht ernst zu nehmendes Individuum. – Wenn Du nach all diesen Überlegungen doch zu einem JA kommen solltest, sei meiner dankbaren, erstaunten und freudigen Bereitwilligkeit versichert! Deine Leu.«

Im »Positiven wie im Negativen eine Frau« – sie bezog der weiblichen Existenz gegenüber eine ambivalente Position. Als junge Ehefrau in Königsberg machte sie sich lustig über Frauen, die nur von Kindern und Kochrezepten sprachen, und mißbilligte, daß Gesprächsrunden nach Geschlechtern getrennt werden – sie fühlte sich Männern durchaus ebenbürtig. Doch in der Öffentlichkeit aufzutreten fiel ihr schwer. Einen bezeichnenden Brief über ihre »Schüchternheit« schreibt sie an Sternberger, als sie Mitglied der deutschen UNESCO-Kommission wird.

»Lieber Dolf. Anliegend das ›Offizielle‹. Ich konnte Dich darin schlecht umarmen, wegen der Durchschläge an die fremden Männer und so. Es freut mich wirklich und ehrt mich wirklich, wenngleich ich auch nicht die geringste Vorstellung habe, was ich tun muß, und etwas Angst, daß ich vielleicht aufstehen und eine Rede halten muß, wobei ich dann so furchtbar rot werden würde und Du zu lachen anfingst.« (5. August 1950)

Eine ähnliche »Schüchternheit« befällt sie sogar der eigenen schriftstellerischen Tätigkeit gegenüber. »Ich mußte lachen über das, was Sie von Ihrer Arbeit schreiben – auch mir kommt es oft so vor, als betriebe ich die meine wie ein heimliches Laster – das geht wohl allen Frauen so, die im Grunde für die Männer (oder Kinder), also für das Leben leben« (am 2. März 1952 an Marie Usinger). Sie schreibt sozusagen »unterderhand«, doch gleichzeitig wurmt es sie, daß sie, auch als gefeierte, dekorierte Dichterin, niemals das Gefühl hat, wahrhaft emanzipiert zu sein – wie eine ihr bekannte Psychoanalytikerin etwa, die Mann und Kinder an die See schickte, um ungestört ihren Studien nachzugehen. Dazu war ihr Verantwortungsbewußtsein zu groß, als daß sie Freiheit und Glück außerhalb der Familie gesucht hätte. Andererseits kämpft sie mit Hindernissen, denen sie unterliegt. Da sind die Krankheiten – Iris hat die Windpocken, Iris hat Rippenfellentzündung. Guido ist labil und braucht Unterstützung. Da ist der große Haushalt in Bollschweil, sie hat keine Hilfen, muß für acht Personen kochen und entschuldigt sich, ihre Arbeit für die ›Wandlung‹ nicht pünktlich abliefern zu können. Sie muß Rücksicht nehmen, Mann und Kind gehen auf jeden Fall vor, darum kann sie eine Reise nicht antreten, Lesungen nicht wahrnehmen, Funktionen nicht übernehmen. »Ein schlechtes Gewissen habe ich jahrzehntelang nicht gekannt. Ich war auf keinem Gebiet vollkommen, nicht einmal eine gute Hausfrau, aber ich wurde geliebt und alle Tage bestätigt, seine Zustimmung machte mich besser, als ich meinen Anlagen nach war. Das schlechte Gewissen, das ich später doch kennenlernte, bezog sich auf unpersönliche Dinge, ich selbst als Mensch unter mir unbekannten Menschen, für die ich mich nicht einsetzte, für die zu leiden ich nicht bereit war ...« (*Orte* 484)

Wiederholt ist davon die Rede, am liebsten unter einer Tarnkappe verschwinden zu wollen oder auch, wie sie es von Kaiser Alexander I. von Rußland im Tagebuch vermerkt, ein Leben in Anonymität zu führen. Sie brachte viel Verständnis auf für ein scheues Wesen wie Ingeborg Bachmann, die in Rom in einer Art Wohnhöhle lebte wie in einer dunklen Muschel: »Niemand-weiß-wo-ich-bin-Stimmung. Niemand weiß, wer ich bin. Das Leben ist irgendwo draußen« – (*Tage, Tage, Jahre* 123) Die Frau in der Erzählung *Rätsel Mensch*, die sich Mann und Kindern für einige Zeit dadurch entzieht, daß sie nach Reisen unauffindbar bleibt, und auch die Frau aus dem *Haus der Kindheit*, die heimlich im Caféhaus an ihren Schriften zu arbeiten pflegt – diese Frauen sind jeweils Verkörperungen ihrer eigenen Wünsche.

Gleichberechtigung war für Marie Luise Kaschnitz im Grunde kein Thema, aber den tatsächlichen Erscheinungsformen weiblichen Denkens und Schreibens stand sie eher ratlos gegenüber. Sie war uneingeschränkt von Bewunderung erfüllt für die Werke vieler Kolleginnen, die Gedichte von Nelly Sachs und Rose Ausländer, die Erzählungen von Luise Rinser, Ilse Aichinger, Anna Seghers und Geno Hartlaub, sie äußerte sich darüber mit glänzenden Rezensionen. Sie las immer wieder Virginia Woolf und Katherine Mansfield, stand mit Ilse Langner, Oda Schäfer und Ingeborg Drewitz im freundschaftlichen Austausch. Sie liebte Ingeborg Bachmann, deren Roman »Malina« sie zweimal las, und empfahl jedermann die Erzählungen von Gabriele Wohmann. Sie setzte sich für unbekannte Dichterinnen wie Bettina Marder, Katrine von Hutten, Erika Klipstein ein, empfahl die Gedichte von Elisabeth Borchers und ruhte nicht, bis die österreichische Schriftstellerin Christine Lavant Mitglied der Mainzer Akademie wird. Als sie aber ein Referat über *Das Weibliche in der Kunst* vor der Darmstädter Akademie halten soll (1957), sieht sie sich großen Problemen gegenüber.

Im Tagebuch werden die Zweifel offenbar. »Auftrag: *Das Weibliche in der Kunst*. Gibt es das? In der Themenwahl? Im Stil? Episch-lyrisch statt dramatisch? Gereiht statt gebaut? Konservativ oder fortschrittlich? Das Weibliche als Begrenzung und besonders als Möglichkeit. Es ist uns erlaubt worden, subjektiv zu sprechen, sogar uns selbst zu zitieren. Können wir etwas, was ein Mann nicht kann? Können wir etwas *nicht*, was ein Mann kann? Männerschilderung in Frauenromanen. Bleiben wir immer subjektiv? Doppelgeschlechtigkeit der Männer. Auch der

Frauen? ... Männliche Seele in weiblichem Körper: Emily Brontë. Weibliche Seele: Droste, Lagerlöf, Sappho ... Dem Mann gelingt das Weiblichste, der Frau *nicht* das Männlichste.«

Später wurde es ihr zur Selbstverständlichkeit, als einzige Frau vor Professoren, vor den Trägern des Ordens ›Pour le Mérite‹ Vorträge zu halten. Über eine Lesung 1951 schreibt sie: »In Köln ging alles gut, ca. 200 Studenten als Hörer, danach Dinner im Fakultätszimmer, neun Professoren und ich – die Damen waren nicht geladen.« Sie vermerkt es ohne Wertung: die Vielfalt von subtilen oder offenkundigen Diffamierungen und Einschränkungen scheinen ihren Protest nicht erregt zu haben. Sie liest Simone de Beauvoirs »Das zweite Geschlecht« und ist wenig irritiert durch die These, daß Frauen nicht als geistig ebenbürtig anerkannt würden: ihr begegnet man anders, sie fühlt sich gleichrangig.

Ihre Stellungnahme wird dann konkreter. Die keifende Ehefrau, die ruhmsüchtige Heldenmutter seien Zerrbilder der verblichenen Epoche. »An ihre Stelle ist die arbeitende, ihrer politischen Verantwortung bewußte Frau getreten.« (VII 860) Das Wort von der »Unterordnung unter den Mann« gebraucht Marie Luise Kaschnitz mit der Souveränität einer Frau, die den eigenen Wert kennt. Iris gegenüber spricht sie auch einmal »von der alten Impotenzangst der Männer«, um die man wissen müsse.

Sie selber ist oft über ihren Schatten gesprungen, als sie sich politisch betätigte, als sie tabuisierte Themen aufgriff, ob sie nun sozialer, religiöser oder sexueller Natur waren. Eine kämpferische Feministin, die anderen Frauen den Weg ebnen wollte, war sie nicht – das tat sie allein durch ihr Werk.

## »Halte nicht ein bei der Schmerzgrenze«

> Halte nicht ein bei der Schmerzgrenze
> Halte nicht ein
> Geh ein Wort weiter
> Einen Atemzug
> Noch über dich hinaus

Der Ruhm der Dichterin Marie Luise Kaschnitz begann seit den fünfziger Jahren kometenhaft zu steigen. Den großen Gedichtzyklen, die fortan in keiner Nachkriegs-Anthologie fehlten, folgte 1952 der erste Band Erzählungen mit der Titelgeschichte, die sie weithin bekannt machte: *Das dicke Kind.* Die öffentliche Anerkennung, die 1955 mit dem Erscheinen der autobiographischen Aufzeichnungen *Engelsbrücke* zusammenfiel, erreichte ihren Höhepunkt in der Verleihung des Büchner-Preises, der höchsten Auszeichnung, die einem Schriftsteller in Deutschland zuteil werden kann. Das Tagebuch, das sie seit Kriegsbeginn unterbrochen hatte, wird nun wieder aufgenommen. Anders als in der Königsberger Zeit notiert sie vorwiegend Skizzen zu späteren Werken, Gedanken zu Erlebtem – statt der geographischen findet man jetzt eine geistige Topographie.

Mit Beginn des Jahres 1950 setzt der Briefwechsel mit der Tochter ein. Iris, die zum Geigenstudium nach Freiburg gegangen war, ist einundzwanzig Jahre alt und verläßt endgültig das Elternhaus. Sie geht zuerst zum Sprachstudium nach Paris und Genf, dann nach Rom. Ihre Mutter trifft diese Loslösung weitaus empfindlicher, als sie vorher ahnte. Der Wunsch nach einer Möglichkeit des Wiedersehens durchzieht wie ein cantus firmus die rund zweieinhalbtausend Briefe, die sie im Laufe der Jahre an Iris schreibt.

Sie gibt der Tochter Ratschläge und Ermutigungen mit auf

den Weg. Sie regelt Finanzen und Versicherungen, Wohn-
möglichkeiten, Reisen und Zusammenkünfte. Sie macht
der ebenso musikalisch wie sprachlich begabten Iris uner-
müdlich berufliche Vorschläge mit einer Besorgnis, die sie
selbst ironisch beim Namen nennt: eine Frau könne als
Schriftstellerin so modern, so fortschrittlich und gegen-
wartsnah sein wie nur möglich – als Mutter bleibe sie so
altmodisch, als entstamme sie der Epoche von »Herzblätt-
chens Zeitvertreib«! Iris ist, was den mütterlichen Ehrgeiz
und ihre Lebenspläne betrifft, nicht einverstanden. In der
Erzählung *Das Fräuchen* wird die Situation mit leiser Ironie charakterisiert: eine sorglose Tochter, die über den Ar-
beitswahn ihrer Eltern den Kopf schüttelt und den eigenen
Weg geht.

Die Briefe geben ein lebendiges Bild vom Frankfurter Leben der fünfziger Jahre und sind besonders anschaulich,
wenn es um die Freunde geht, um Ausflüge, Einladungen
und Abendessen – wobei sie durchblicken läßt, daß auch
die bescheidene Beköstigung (bei ihr gibt es fast immer
Portwein und Sandkuchen, vom Sparenmüssen ist viel die
Rede) eine geistig anregende Geselligkeit hervorbringt.
Humorvoll wird eine Feier im Hause Suhrkamp wiederge-
geben, bei der Max Frisch aus »Graf Öderland« las, »wobei er die Zuhörer über den Schluß im Unklaren ließ –
vermutlich, weil er ihn selber noch nicht wußte!« (2. Januar 1950)

Überhaupt dokumentieren die Schilderungen in jeder
Hinsicht den Anbruch einer neuen Zeit. Guido hat seine
Professur an der Frankfurter Universität wieder aufgenommen, seine Vorlesungen und die der Kollegen –
Harald Kellers Seminar über römische Bauten – werden
ihr immer wieder zur Quelle künstlerischer Inspiration.
Von den unerwarteten Erfolgen bei den wiederholt gesen-
deten Hörspielen, die relativ viel Geld einbringen (*Jasons
letzte Nacht, Catarina Cornaro*), berichtet sie immer in ei-

nem leicht untertreibenden Obenhin-Ton, als wolle sie die Tochter durch ihre Erfolge keinesfalls belasten.

Zum ersten Mal seit Kriegsende ist ihre Wohnung in der Wiesenau frei von fremden Mietern. Allerdings zieht schon im März 1950 der aus russischer Kriegsgefangenschaft heimgekehrte Eitel Fritz von Manteuffel im freigewordenen Zimmer ein, doch das Zusammenleben erweist sich als schwierig. Der Jugendfreund macht ihr so offensichtlich den Hof, daß sie ihn bittet, auszuziehen, »um Guido nicht in Unruhe zu versetzen«. Vom Frühjahr 1951 an bewohnt für einige Zeit Joachim Fest, damals ein junger Jurastudent, später Mitherausgeber der ›Frankfurter Allgemeinen Zeitung‹, die Mansarde in der Wiesenau und kommt täglich zum Essen, das »gut und kräftig sein muß«, denn er stand kurz vor dem Examen (20. Mai 1951) – der freundschaftliche Kontakt, der damals geknüpft wurde, blieb bis zu ihrem Lebensende erhalten.

Allen Freunden voran steht die temperamentvolle Gestalt Dolf Sternbergers. Er ist 1950 dreiundvierzig Jahre alt, Mitherausgeber der ›Gegenwart‹ und zunächst Lehrbeauftragter, dann Professor für Politik an der Universität Heidelberg. Oft erscheint er überraschend und unangemeldet, berichtet aus England, plant eine Indienreise, ist immer anregend, immer willkommen. Es treffen sich in der Wiesenau Guidos Kollegen, der Archäologe Ernst Homann-Wedeking, der Historiker Otto Vossler und der Altphilologe Karl Reinhardt, der Jurist Wolfgang Preiser, der Wissenschaftshistoriker Willy Hartner, späterer Rektor der Universität. Mit Fritz Usinger, Kasimir Edschmid und Bernhard von Brentano soll sie unter der Leitung von Frank Thieß die ›Neue Literarische Welt‹ betreuen. Ernst Beutler, Direktor des Freien Deutschen Hochstifts, der ihre Lyrik »wunderbar, schlechthin vollkommen« genannt hatte, zählt zu ihrer Runde, Freundinnen sind die Ärztin Alexandra (Lexie) von Metzler und die Schweizerin Conny Günther (geb. von Salis), in deren Wohnung man sich zu einem Jour fixe trifft. Außerhalb Frankfurts wohnen Bismarcks, der nach Wiesbaden zurückgekehrte Bernhard von Brentano, der Philosoph Karl Schlechta und Benno Reifenberg, mit Dolf Sternberger, Max von Brück und Friedrich Sieburg, Herausgeber der ›Gegenwart‹. In Baden-Baden sind es die Freunde Elly und Leopold Zahn aus Wien – er gibt ›Das Kunstwerk‹ heraus, in dem Marie Luise Kaschnitz ihre unkonventionellen Bildbeschreibungen über Rembrandt, Breughel und Watteau, über Spitzweg, Menzel und Courbet veröffentlicht.

Aus der amerikanischen Emigration kehren Max Horkheimer, Theodor W. Adorno und Otto von Simson zurück, dessen Vortragskunst sie begeistert. Der Beginn ihrer Freundschaft mit Adorno läßt sich fast auf den Tag genau datieren. Am 26. Mai 1950 berichtet sie Guido: »Gestern habe ich Herrn Adorno zum Kaffee eingeladen. Er kam freudig und mit Frau, die sehr mager, sehr intelligent und anregend ist. Dazu kam noch Gadamer, und statt einer halben blieben sie geschlagene drei Stunden da. Gespräch über Joyce und seine Nachfolger, über Religion, Philosophie und Märchen, sehr lebhaft. Lonja war überglücklich, fand, es sei ihr schönster Tag. Sie fährt morgen zu Dolf [Sternberger] nach Heidelberg.«

Zwei Wochen später trifft sie Adorno im Hause von Harald Keller wieder, zusammen mit den Professorenehepaaren Vossler und Reinhardt. »Adörnchen redete fast andauernd und schaute mit glänzenden Augen im Kreise herum – von den Frauen war nur ich so vorlaut, mich manchmal ins Gespräch zu mischen.«

Harald Keller war aus München gekommen. Der Kunsthistoriker war eine der herausragenden Persönlichkeiten des Frankfurter Geisteslebens. Kultiviert, glänzend in Erzählungen und Schriften, verstand er es – auf andere Weise als Dolf Sternberger, doch mit der gleichen Generosität – Menschen der verschiedensten geistigen Ausrichtungen miteinander zu vereinen und sein Haus Künstlern und Wissenschaftlern zu öffnen. »Ich finde doch, daß ziemlich viel Mut in der Welt ist«, dichtete für ihn Marie Luise Kaschnitz, die ihm besonders zugetan war. Harald Keller schrieb kurz vor seinem Tode, er sei nach Frankfurt gekommen, um ihr und Guido nahe zu sein. »Ja, ich bin jener Harald, der 41 Jahre lang mit Frau von Kaschnitz befreundet war. Wenn ich Professor in Frankfurt bin anstatt in Hamburg oder Freiburg, so deshalb, weil Kaschnitzens mich in diese mir ganz fremde Stadt geholt haben ... Sie war übrigens eine Frau nur für Männer, an Frauenfragen des Tages uninteressiert.«*

Dieser Eindruck, auch von anderen Freunden bestätigt, ist nur halb richtig. Zwar hatte Marie Luise Kaschnitz Frauenfreundschaften, von denen Keller nichts wußte: Käte Reiter, Mira Heuser und die Malerin Ursula Benser in Düsseldorf, im Schwarzwald die Jugendfreundin Marie-Luise (»Marlo«) Meyer-Wolde, deren Schicksal sie in der phantasievollen Erzählung *Gewisse Gärten* gestaltet hat – sie beschreibt darin, wie der unerfüllte Wunsch nach einem Kind manche Frauen zu skurrilen Einfällen treibt. Freundinnen gab es – aber weibliche Alltags- und Haushaltsfragen interessierten sie überhaupt nicht, und sie nahm sich die Freiheit, Männer auch ohne ihre Ehefrauen einzuladen. Dem Vorurteil des Freundes Keller allerdings begegnete sie mit selbstbewußter Ironie. Er sei ›persönlich‹ zu ihrer Frankfurter Poetik-Vorlesung erschienen und sogar zufrieden gewesen, schreibt sie vergnügt, obwohl er »Frauen auf den Universitätskathedern ganz entsetzlich findet«. Keller weiß seinerseits ihr zurückhaltendes Wesen nicht genug zu rühmen. »Sie ruhte so sehr in

---

* Harald Keller am 30. Juli 1989 an D. v. G.

sich selbst, daß ihr äußere Anerkennung ziemlich gleichgültig war: Büchner-Preis, Johann Peter Hebel-Preis, der
Ehrendoktor der Frankfurter Philosophischen Fakultät
usw. Wegen des Ehrendoktors war sie erst wieder freundlich, als ich beweisen konnte, daß nicht ich der Initiator
der Sache war, wie sie ursprünglich vermutet hatte.«*
Eine Schriftsteller-Kollegin, die ihr wie eine Freundin
wichtig gewesen war, hatte sie verloren: Elisabeth Langgässer, die sie in Rheinzabern noch aufgesucht hatte, war
1950 gestorben. Die Begegnungen hatten ihr nachhaltigen
Eindruck gemacht. Erschüttert notiert sie ins Tagebuch:
»Das Begräbnis der Elisabeth Langgässer soll eines der
ärmlichsten und traurigsten gewesen sein, die man sich
vorstellen kann. Reihengrab, Beerdigung dritter Klasse,
wenige Trauergäste, drei unterernährte Kinder. Am Grab
drückte der Bürgermeister von Darmstadt sein Bedauern
darüber aus, daß er ihr keine Wohnung hatte geben können! Sie ist offensichtlich an Überanstrengung und Sorgen
gestorben, die zur Nervenlähmung führten. Riß sich zusammen, bis es nicht mehr ging.« *Als sie den Dichter
begraben haben* – beginnt das ironisch-düstere Gedicht
für Elisabeth Langgässer, die ihr gesagt hatte, man müsse
bis ans Äußerste gehen – »Halte nicht ein bei der Schmerz-
grenze | Halte nicht ein« –

Marie Luise Kaschnitz liebt intensive Gespräche, liebt den
Gedankenaustausch, der über das Konventionelle hinaus-
geht, genießt die wiedererstehenden Theater- und Kon-
zertabende und die gemeinsame Lektüre. Sie las nun von
Sartre alles, was sie bekommen konnte, war von seinen
Theaterstücken fasziniert und nicht bereit, sich dem Verdikt seiner Existenzialphilosophie anzuschließen – im Gegenteil, sie ist der Ansicht, »daß der ganze sogenannte Ni-

---

* Harald Keller am 30. Juli 1989 an D. v. G.

191

hilismus bittere Notwendigkeit ist«, wie sie im August 1950 an die »Freie Gemeinschaft junger Autoren« schreibt. Sie liest Bernanos und James Joyce, Arthur Miller und Graham Greene, Malapartes »La pelle«, Heimito von Doderers »Strudlhofstiege« und die Tagebücher von Ernst Jünger.

Gemeinsam mit Guido werden abends die »Minima moralia« durchgenommen, deren Verfasser, Theodor W. Adorno, soeben im Begriff ist, ihr enger Freund zu werden. Noch ist von »Herrn Adorno« die Rede, der die erste Vorlesung gehalten habe (Februar 1950). Zuweilen wird er »Adörnchen«, in den folgenden Jahren nur noch »der Teddy« tituliert – eine Stufenfolge, die der wechselweisen Annäherung und Sympathie entspricht. Nach Guidos Tod wird Adorno zu einem freundschaftlichen Fixpunkt in ihrem Leben – eine Beziehung, die Dolf Sternberger nicht akzeptiert, ein schwelender Krisenherd, der kontroverse persönliche Auseinandersetzungen heraufbeschwört.

Veränderungen auch innerhalb der Holzing-Familie bahnen sich an: Peter ist endlich aus Krieg und Gefangenschaft heimgekehrt und trägt sich mit Heiratsabsichten, die er mit der Schwester auf langen Spaziergängen bespricht – vier Freundinnen stehen zur Wahl, und die Entscheidung fällt um so schwerer, als er, ein Romantiker und Idealist, immer auf der Suche ist nach dem »Ewigschönen«. Seine erste, sehr junge Frau Daphne von Grunelius, die er als Sechzehnjährige in Berlin geheiratet hatte, war nach der Scheidung mit dem kleinen Sohn nach Amerika gegangen.

Zum erstenmal seit zehn Jahren sind die vier Geschwister Mady, Lonja, Peter und Marie Luise Weihnachten 1950 in Bollschweil zusammen. Peter heiratet im Jahr darauf ein lieblich-schönes, blondes junges Mädchen, Dorothee Thomson, die die Mutter der drei Kinder Adrian, Philipp und Amelie wird.

Für Lonja, die voller Erwartungen nach Bollschweil zurückgekommen war, bedeutet seine Heirat eine schmerzliche Veränderung. Peter bietet ihr eine Wohnung im Dorf an, sie ist empört und traurig und sieht sich »ziemlich gebrochen« nach einer neuen Bleibe und nach Arbeit um. Sie leidet unendlich darunter, nicht mehr im Gutshaus wohnen, die Dorfkinder nicht mehr unterweisen zu können: »Meine Schwester ist warmherzig, den Menschen zugewandt in leidenschaftlichen Umarmungen, zärtlichen Briefen und dann wieder einsiedlerisch, hinter verschlossener Tür. Sie diskutiert zornig, verteidigt das Recht der Kinder, der Unterdrückten, der Zigeuner, ist erzieherisch und unduldsam in der Familie ... mit Ringen und Ketten, die sie vom Hals, von der Hand weg verschenkt, manchmal an Leute, die sie zum erstenmal sieht. Ihre verrückte Liebe zur Landschaft, zum Dorf, zum Elternhaus in Bollschweil, Heimkehr immer wieder und Flucht immer wieder und Vertreibung am Ende oder etwas, das sie als Vertreibung ansehen mußte: im Dorf leben, aber nicht mehr unter der Kuppel der Linden ...« (*Orte* 443)

In Deutschland vollzieht sich der Aufschwung, das »Wirtschaftswunder« nach der Währungsreform. Zeitschriften wie die ›Wandlung‹ müssen ihr Erscheinen einstellen. Hochhäuser, Warenhäuser, Geschäftshäuser schießen wie Pilze aus dem Boden. Von Anfang an steht Marie Luise Kaschnitz dieser Entwicklung skeptisch gegenüber. Die Glitzerpracht der Läden erscheint ihr geradezu unheimlich – »wahrscheinlich, weil uns all dieser Luxus eigentlich gar nicht gebührt und all dieses funkelnde Licht«. Die suggestive Wunderwelt der Warenhäuser blieb ihr immer suspekt. Als sie später von Kaufhausanschlägen durch Berliner Studenten hört, deckt sie den ursächlichen Zusammenhang zwischen »Warenhaus und Anarchie« auf. »Daß gerade Warenhäuser ins Auge gefaßt werden, ...

scheint mir nicht zufällig. Warenhäuser haben für mich etwas Unwirkliches, auch Unheilträchtiges immer gehabt, auch die riesigen Kaufpaläste der New Yorker Fünften Avenue. Die Überfülle der von Menschen hergestellten und Menschen zum Kauf angepriesenen Dinge, das verwirrende Nebeneinander ... mag bei dem einen wohl Kauflust, bei dem andern aber Widerwillen und Überdruß erregen, auch asketische Gefühle, ich will nichts, will nie mehr im Leben etwas, nur Luft ...« (*Tage, Tage, Jahre* 248/9) Sie empfindet deutlich, daß den materiellen Erfolgen keine geistigen Werte die Waage halten, daß das Angebot wie ein Sog wirkt und die seelischen Bedürfnisse erstickt. »Einrichtung in Häusern Neureicher«, steht im Tagebuch, »Madonnen, Melkkübel, Ritterhelme, Porzellanmöpse aus Bordellstraßen ...«

Als sie von einer Lesung aus Hamburg zurückkommt, wo sie »aus Wunderfitzigkeit und Lebensgier« alles genau betrachten mußte, schreibt sie Iris: »Die ganze Innenstadt ist erhalten und sehr schön in Ordnung, und die Geschäfte sind voll Luxuswaren, wie man sie hier überhaupt nicht zu sehen bekommt. Man riecht das Geld und es wimmelt von feinen, in englische Stoffe gekleideten Herren – die Zauberworte Export-Import stehen ihnen auf der Stirne geschrieben. Ich war mit Claassen zum Essen in einem feinen Restaurant, mit Herrn Frisé im Alsterpavillon.« (12. Januar 1950)

Ein solcher Herr, dem die Worte »Export-Import« auf der Stirne stehen, wird zum Held der Erzählung *Ein Mann, eines Tages*. »Der Mann« war einst ein junger Soldat, aus Angst desertiert, hatte er weinend um Obdach gebeten. Ein Mädchen versteckte ihn im Schuppen, versorgte ihn mit Essen, liebte ihn. Inzwischen wurde aus ihm »der Herr Direktor«, ein erfolgreicher Geschäftsmann, der von der Vergangenheit lieber nichts mehr wissen will. Und als das Mädchen von damals ihn »eines Tages« als eine schöne und gütige Frau in seinem Büro aufsucht, um zu erfahren, wie es ihm ergangen ist, als sie ihn fragt, was aus seinem Leben geworden sei, weist er ihr die Tür: er könne sich an sie nicht erinnern.

## Die Tutzinger Gedichte

> Es sieht schlimm aus in der Welt.
> Aber wie es aussehen würde ohne die
> jahrtausendelangen   Anstrengungen
> der Schreibenden, wissen wir nicht.

Das Ereignis in Schloß Tutzing* ist auf Schwarzweißfotos festgehalten: Schriftsteller, die sich im September des Jahres 1951 anläßlich einer Tagung zu dem Thema »Wozu Dichtung?« dort versammelt haben, stehen an einem sonnigen Herbstnachmittag im Park des alten Schlosses beisammen, bilden Gruppen und führen Gespräche. Beabsichtigt war eine Begegnung der Autoren mit Vertretern der jungen Generation. Das erheiterte Gesicht von Marie Luise Kaschnitz läßt nicht ahnen, welcher Art die Gedichte waren, die sie den Gästen am Abend vorlesen würde. Sie macht einen Spaziergang mit Rudolf Alexander Schröder und Manfred Hausmann und sagt hinterher scherzend, sie habe dabei an Goethe denken müssen, der, zwischen Lavater und Jung-Stilling gehend, ausgerufen habe: »Prophete rechts, Prophete links, das Weltkind in der Mitten – nun, das Weltkind, das war ich!«
Sie wendet sich, an eine Sandsteinmauer gelehnt, Benno Reifenberg zu, dessen Wesen, so schreibt sie ins Tagebuch, auf sie immer eine wohltuende Wirkung ausübe. Auf einem Ausflugsschiff zur »Dichterfahrt« über den

---

* Die evangelische Akademie Tutzing vergibt seit 1984 alle zwei Jahre den Marie Luise Kaschnitz-Preis

Starnberger See unterhält sie sich lachend mit Luise Rinser, die im Kopftuch vor ihr steht und deren Erzählung »Jan Lobel aus Warschau« für sie zum Besten zählt, was nach dem Krieg geschrieben wurde. Zwischen den beiden Schriftstellerinnen hat sich, trotz mancher Wiederbegegnung, ein herzliches Verhältnis aber nicht eingestellt.

Luise Rinser hatte damals ihren Roman »Mitte des Lebens« veröffentlicht und darin ein Thema berührt, das für Marie Luise Kaschnitz große Anziehungskraft besaß: die Vorstellung von einem »Leben nach dem Tode« (wie ein Kaschnitz-Gedicht heißt). In Rinsers Roman unterhalten sich zwei Schwestern darüber, was »die Hölle« sei. »Ich weiß, was es ist: man sitzt ganz gottverlassen da und fühlt, daß man nicht mehr lieben kann, nie mehr, und daß man nie mehr einem Menschen begegnen wird, in alle Ewigkeit nicht.«* Viele Jahre später, nach dem Tod ihres Mannes, besucht Marie Luise Kaschnitz die Kollegin aus eben diesem Grund in ihrem Haus bei Rom: sie möchte die Ansichten der christlichen Schriftstellerin über das »Jenseits« erfahren, möchte wissen, ob »Jenseits« nicht zugleich »Vergessen« bedeute ...

Nachts in Schloß Tutzing notiert sie ins Tagebuch: »Mond über dem See. Große Feuchtigkeit, Geisterlandschaft, alles durchtränkt und wie aufgelöst: noch eine Weile und man löst sich selber auf –«

Keiner käme bei diesen Bildern auf den Gedanken, daß sie Texte in der Tasche hat, die das Gegenteil von dem darstellen, was Hausmann und Rudolf Alexander Schröder boten, Gedichte, die bei den Zuhörern Erschütterung, Ratlosigkeit, Befremden erregen und ihr den Vorwurf der »Blasphemie« eintragen werden. Marie Luise Kaschnitz ist fünfzig Jahre alt. Durch ihre Souveränität, ihr intensives Hinhören, durch eine Aura, die zugleich Nähe und

---

* Luise Rinser, *Mitte des Lebens*, Frankfurt/Main, 2. Aufl. 1961, S. 165

Distanz beschwört, wirkt sie selbstbewußt und damenhaft
– eine Bezeichnung, die sie nicht mochte: das Signum, *die*
große Dame der deutschen Literatur zu sein, hat sie geär-
gert, weil das Wohlgefällige und Glatte, das in dem Begriff
»ladylike« mitschwingt, unvereinbar war mit dem, *was* sie
schrieb. Zu ihrem besonderen Ärger habe man sie immer
nur nach Herkunft und Tradition, nie nach ihren politischen Ansichten befragt, nach ihrer Meinung etwa zu
Terror und Gewalt, sagte sie später.
Weder glatt noch wohlgefällig sind die Gedichte, die sie
bei jener Begegnung vortrug. Der *Tutzinger Gedichtkreis*
ist eine Anklage an Gott, eine Gottes-Verklagung. Es ist
ihre wichtigste religiöse Dichtung, ein Zyklus, der ein halbes Jahrhundert nach Rilkes »Stundenbuch« das Gottes-
verhältnis des modernen Menschen in schonungsloser Radikalität ausspricht.

> Zu reden begann ich mit dem Unsichtbaren.
> Anschlug meine Zunge das ungeheure Du,
> Vorspiegelnd altgewesene Vertrautheit.
> Aber wen sprach ich an? Wessen Ohr
> Versuchte ich zu erreichen? …
> Vater, Du riesiger Sterbender
> Verendend hinter dem Milchfluß, …

In bestürzender Bitterkeit schreit sie dem Schöpfergott
zu, was der Welt den Untergang bereiten wird: Der mör-
derische Krieg, die Technik, die Atombombe: »An den
tödlichen Abschieden trinkst Du Dich satt.« Sie beschul-
digt ihn, die Unmenschlichkeit nicht nur zuzulassen, sondern geradezu zu unterstützen (»Angenehm ist Dir das
Unmenschliche alles«). Die Verrohung der Gefühle, das
abgerissene Gespräch (»Wer ausgeht, die Alten zu fragen,
bekommt keine Antwort«), die ungenützt rasende Zeit,
die Liebesarmut, all das, was wir als »Entfremdung« be-

greifen, wird hervorgestoßen. Sie erhebt die Beschuldigung, menschliche Kälte sei durch Gottes *Kälte* hervorgerufen worden, Unmaß und Unsegen der Technik werden angeführt, die »Greifarme« der Kräne, die Wolkenkratzer, der nackte Asphalt, das Accelerato der Geschosse, das Gebrüll der Motoren, der Wahnsinn der Geschwindigkeit, die wachsende Einsamkeit des Menschen und die Künstlichkeit der Kunst, Mozart aus dem Autoradio bei »nackten Föhrenstümpfen«. Und schwer wiegt der Verlust moralischer Werte, die Verdrehung von Recht und Unrecht (»Fortgenommen hast Du uns unsere Schuld, | An die wir uns halten konnten, das Bleigewicht ... Ausfahrende sind wir geworden ...«). Gott selbst sei »in Verwirrung geraten«, so daß dem Dichter jedes Loblied auf den Lippen ersterbe.

Die Sprache, die einmal ausschwang, Dich zu loben,
Zieht sich zusammen, singt nicht mehr
In unserem Essigmund.

Das aggressive Gedicht hat zur Grundhaltung den Trotz. »Mitten am Tage heben wird das Haupt | Ins eisige Licht der Sterne« –
Ein Kindsein ohne Gott, den »Zusammenbruch« nach einer Geographiestunde, in der der Lehrer behauptet hatte, daß über den Sternen *nichts* sei, *nichts*, hat sie in *Tage, Tage, Jahre* nachhaltig geschildert. »Ich habe aber noch niemanden getroffen, für den diese Erfahrung eine ähnliche Katastrophe gewesen ist, jedenfalls niemanden, der davon gesprochen hätte.«
Die Direktheit, mit der sie gegen religiöse Tabus anging – ein Essay über Jesus von Nazareth heißt *Das Ärgernis* –, hat die Zuhörer und Leser betroffen gemacht. Man war von dieser Dichterin andere Töne gewöhnt. Als wolle sie sich rückversichern, notiert sie nach der Lesung: »Ge-

spräch über mein Gedicht (Tutzinger Gedichte). Wie hat im Gegensatz dazu Rilke Gott angesprochen? Manchmal recht mitleidig . . .« – »Gespräche in Tutzing über das Negative in der heutigen Dichtung (Curtius nennt das ›aus der Winselecke‹). Das Verlangen nach Heil, Aufrichtung . . .«
Sie war als Schriftstellerin »von rigoroser Unbedingtheit und absoluter Ungebundenheit (Reich-Ranicki), auch wenn die Kritik von »Entstellungsgedichten« sprach (Hermann Pongs).

Gedankt wofür
Für Biafra und Indochina
Für die Gaskammern Folterkammern Todeszellen
Für den schäbigen Trost
Die winzige Verheißung
Dafür gedankt?

»In einem Gedicht habe ich einmal versucht, meinen Standort zu bestimmen, den man ja, auch ohne es zu wollen, unablässig bestimmt . . . Was Gott tut, ist noch lange nicht wohlgetan, und wer mit den Menschen und mit sich selber hadert, hadert auch mit ihm, auch ich tue das beständig, aber seine Existenz zu leugnen käme mir nicht in den Sinn.« (*Tage, Tage, Jahre* 165)
Sie fürchte sich nicht davor, Tabus zu verletzen, entgegnet sie 1967 dem Kanzler des Ordens ›Pour le mérite‹, Percy Ernst Schramm, der in seiner Laudatio mit der Behauptung, es sei ihr Verdienst, »kein Tabu verletzt zu haben«, ihren höchsten Unwillen erregt. Sie beruft sich auf Arrabal und Beckett, um klarzustellen, daß auf Schritt und Tritt gegen Tabus verstoßen werden müsse, wenn Neues entstehen solle. »Ohne Vordenkopfstoßen in irgendeinem Sinne kann große Kunst nicht gedeihen.« Selbst wenn sich die Formulierung, »kein Tabu verletzt« nur »auf Religion

und Geschlechtsleben bezogen haben sollte«, möchte sie nicht zu jenen gehören, die den Weg des geringsten Widerstandes gingen. »Ich war immer gegen das bewußt Positive«, so steht es als Quintessenz über einem Interview. (VII 930)

Dazu bedurfte es ihres ganzen Muts. Zu ihren Alleingängen gehörte das Sympathisieren mit den demonstrierenden Frankfurter Studenten während der 68er Revolution, die Gedichte gegen Wasserwerfer, Polizei und Stacheldraht. Sie, die immer von ihrer Feigheit gesprochen hat, war in Wirklichkeit eine sprachgewaltige Vorkämpferin. »Von Foltern, die an politischen Gefangenen in Lateinamerika durchgeführt werden, habe ich gehört, ausgestochene Augen, abgeschnittene Ohren, brennende Fackeln an den Geschlechtsteilen, man konnte einen Katalog anlegen nach Ländern oder in historischer Reihenfolge, was Menschen Menschen angetan haben oder noch immer tun.« (*Orte* 439)

Folgerichtig führte ihre Entwicklung sie fort aus der lyrischen Tradition glatter, beschönigender Verse und melodischer Reime zu einer Lyrik, die sich unmittelbar der Gegenwart zuwendet. Sie schreibt das Gedicht *Hiroshima*.

# VII.
## Wie war ich daheim in der Welt
## (1952-1956)

*Rom – »Engelsbrücke«*

In der Welt springen die seidenen Tänzer
 verneigen sich
In der Welt laden die Freunde
 den Freund zur Tafel.
Wie war ich daheim in der Welt.

Rückkehr nach Rom! Mit diesem Wechsel beginnen für
Marie Luise Kaschnitz zum zweiten Mal glücklichste
Jahre.
Auch Ostpreußen hatte sie geliebt und das Land nicht ver-
gessen können. Damals aber hatte mit dem Warngeheul
der Sirenen drohend der Krieg vor der Tür gestanden,
wurde noch die Erinnerung gequält vom Bewußtsein der
eigenen Ohnmacht. Frankfurt dann war die Stadt der
Bombennächte, als Ruinenstadt und »Trümmerbraut«
stand sie für das zerstörte Deutschland schlechthin.
Ganz anders Rom, die alte, die »Ewige Stadt«. Guido von
Kaschnitz wurde gebeten, die Leitung des noch immer geschlossenen Deutschen Archäologischen Institutes in der
Via Sardegna zu übernehmen, das noch der Kontrolle der
alliierten Siegermächte unterstand. Er ließ sich als Professor an der Frankfurter Universität beurlauben, um zunächst in zähen Verhandlungen die Wiedergewinnung,
sodann die Wiederherstellung des berühmt gewesenen Institutes, die Einrichtung von Bibliothek und Fotothek,
von Lehr- und Forschungsprogrammen für Stipendiaten
zu organisieren – eine brisante Aufgabe neben der eigenen

Arbeit an der »Strukturgeschichte«. Er erwies sich aber trotz aller Komplikationen bei diesem Vorhaben als geschickter Verhandlungspartner und kluger Diplomat. Die Rückgabe an die Bundesrepublik konnte vollzogen werden, und unter seiner Leitung gewann das Institut seine Bedeutung zurück.

Rückkehr nach Rom! Obgleich sie in dieser Stadt ihre Ehe begonnen hatten, empfand Marie Luise Kaschnitz es als Neubeginn. Für sie war die »Ewige Stadt« nach wie vor faszinierend, trotz der häßlichen Neubauviertel und der Amerikanisierung, trotz des Höllenlärms und Großstadtverkehrs. Vielleicht war es gerade das Nebeneinander von verwirrenden Gegensätzen und Sinneseindrücken, das ihr diese Stadt so von Leben erfüllt, so begehrenswert erscheinen ließ.

»Wohl kann man die Gegensätze, welche diese Spannungen bewirken, auf einfache Formeln bringen: Vitalität und tödliche Schwermut, brausende, lärmende Gegenwart und schwere, belastende Vergangenheit, Augenfreude und die Erfahrung sozialer Not. Aber solche Formeln helfen nicht viel. Man spürt, daß man sich verteidigen muß, und zwar nach allen Seiten hin, gegen die Übermacht der Geschichte, gegen den Materialismus und die Oberflächlichkeit der Geschäfts- und Fremdenstadt, gegen die kreatürliche Schwermut, die der Agro Romano von jeher ausgeströmt hat ... Es ist ein verwirrendes Nebeneinander widersprechender Erscheinungen und eine geheimnisvolle Einheit zugleich. Die neuen Stadtviertel, vom römischen Licht umflossen, sind immer wieder Rom –«

»*Rom im Hochsommer*, das sind die langen Alleen von Oleanderbäumen, weiß und rosa blühend. Die blauen, von der Sonne aufgeweichten Asphaltstraßen zwischen rostroten Mauern, die kühlen Schluchten der Altstadtgassen, die Wasserschleier über den Brunnenschalen, von kleinen Stückchen Regenbogen überglänzt« ...

Sie erlebt Mitternachtsstunden am Tiber, Opernarien aus dem Lautsprecher am Stamm einer Pappel, »unter der man, auf Liegestühlen ruhend, die Hände hinterm Kopf verschränkt, zwischen einer Grammophonplatte und der andern ein paar Augenblicke der Stille atemlos gierig genießt«.

»Ausruhen auf einer niederen Steinbank auf dem Monte Cavallo an einem heißen Tag ... In der Mitte des Platzes bäumen sich die Pferde der Dioscuren, den Inschriften nach Werke des Phidias und des Praxiteles, aber gewiß in Italien entstanden, Castor und Pollux, weiß und ein wenig fett, wie sie die Rosse bändigen, aber weil die bronzenen Zügel fehlen, sieht es so aus, als stiegen die Götterpferde, von ihrer Gebärde magisch beschworen, steil gen Himmel empor...

Capitolsplatz, Quirinalsplatz, Piazza Colonna, San Ignazio, Stein Stein, aber welche Überwindung des Sterbens, welche durch kein Waldesrauschen und kein Rohrdommelrufen ersetzbare menschliche Musik.« (*Engelsbrücke* 10/218, 226)

Rom ist ihr mehr als eine Stadt, ist »Herzlandschaft«, seit sie sie zum erstenmal betrat. »Ich durfte mit der Autorin einige abendliche Gänge durch Rom machen«, berichtet der Schrifsteller Josef Reding, »einige nachmittägige Gespräche auf der Terrasse mit ihr führen, einige Freunde besuchen. Wenn wir durch Rom gingen, konnte es geschehen, daß sie – wie nebenbei – sagte: ›Hier war doch früher so ein kleines Pförtchen – vielleicht ist es noch da!‹ Das Pförtchen war da, und jäh lagen einige bisher ungeschaute Kostbarkeiten Roms vor dem Begleiter.«[*]

Da sie zunächst keine einigermaßen erschwingliche Bleibe finden konnten, wohnten sie, wie so oft schon, bei Her-

---

[*] Josef Reding, »Dein Schweigen – meine Stimme«. Neue Lyrik von Marie Luise Kaschnitz, Ruhr-Nachrichten 13. 7. 1963.

mine Speier, die von ihren drei Zimmern in der Salita di
S. Onofrio eines an Gäste vermietete. Die beim Vatikan als
Archäologin beschäftigte Freundin war ihre Vertraute seit
dem ersten Italienaufenthalt, seit sie ihrem Lehrer Curtius
nach Rom gefolgt und vor den Nationalsozialisten von
Nonnen in den Katakomben versteckt worden war, in denen schon vor zweitausend Jahren die verfolgten Christen
Zuflucht gesucht hatten! Als Mann (»Herminius«) und
zum Katholizismus übergetreten, hatte sie so die Schrek-
kenszeit überlebt. Hermine Speiers Wohnung hatte die
denkbar schönste Lage auf dem Gianicolo. Von hier aus
überblickte man alle Hügel Roms und die Kuppeln von
Sankt Peter über die Engelsburg, das Kapitol und den Pa-
latin bis zu den Caracalla-Thermen und den Albaner Ber-
ger. Die Häuser der Gegend stammten aus dem 17. Jahrhundert, »hier hat man«, schreibt Marie Luise Kaschnitz
voller Begeisterung, »die Roma eterna zu seinen Füßen,
das alte, von so vielen Gärten und Alleen durchzogene
Rom mit seinem vielfach gewundenen Fluß, seinen gold-
braunen Palästen, seinen Kuppeln und Dachgärten, seinem zuckerweißen Monument … Vor den Südfenstern
ziehen mit grünen Blitzen und mächtigen Regengüssen die
Gewitter über die Hügel, auf der zum Tiber hinunterfüh-
renden Treppe spielen sich vom Liebesgeflüster bis zur
Messerstecherei alle Bekundungen menschlicher Leidenschaften ab«. (III 704)
Die »menschlichen Leidenschaften«, die Erlebnisse und
Beobachtungen in ihrem Buch *Engelsbrücke* sind dem
wirklichen Tagebuch entnommen, in das sie fast täglich
ihre Gedanken und Begegnungen einträgt. Das Tagebuch-
schreiben hat sie mit »wirklichen oder verkleideten Ichro-
manen« verglichen und erklärt, worum es ihr hauptsächlich ging: »ich beschränke mich oft darauf, zu deuten, was
ich sehe oder höre und von dem ich leidenschaftlich wünsche, daß auch andere es hören und sehen.« (VII 744)

Eigentlich sollte das Buch *Engelsbrücke* zuerst anders heißen: »Zehn Jahre nach dem großen Krieg – eine Zeitlang war ich geneigt, meine Aufzeichnungen unter diesen Titel zu stellen. Wohin sind wir gekommen … was für einen inneren Gewinn haben wir aus dem Erlebnis einer so furchtbaren Massenvernichtung gezogen. Der Gedanke, daß überhaupt etwas gewonnen werden muß, daß Soldaten aller Länder nicht umsonst gefallen, die Frauen und Kinder nicht umsonst erstickt oder in glühendem Phosphor verbrannt, die Städte nicht umsonst in Schutthaufen verwandelt sein dürfen, ist 19. Jahrhundert, Fortschrittsglaube, höchst Anzweifelbarer und immer wieder angezweifelter von einem Teil unsrer selbst.«

Daß Rom größte Leuchtkraft für sie besaß, merkt man jeder Seite ihrer Aufzeichnungen an. Selten wirkte Marie Luise Kaschnitz so ausgeglichen, so glücklich wie in diesen römischen Jahren. Worin bestand der Unterschied zum ersten römischen Aufenthalt, worauf beruhte die Veränderung?

Damals, als sie Guidos wegen nach Rom kam, war sie eine unbekannte junge Frau, ein Neuling innerhalb der bewunderten akademischen Welt. Sie hatte Ungenügen empfunden, hatte das Gefühl, oft nichts als eine »weibliche Begleitperson« zu sein, in ihrem ersten Roman zu bewältigen versucht. Alles war nun anders. Sie kam zurück als eine selbstbewußte, bekannte Dichterin, die bewundert und geliebt wurde, deren Romzyklus *Ewige Stadt* soeben erschienen war und Aufsehen erregte, nachdem sie schon durch die drei Lyrikbände Beachtung gefunden hatte.

In Rom fanden sie alte Freunde vor, an erster Stelle Ludwig Curtius, der aus Protest gegen Hitlers Politik von seinem Direktorenposten am Deutschen Archäologischen Institut zurückgetreten war, von schmalen Einkünften und dem Verkauf seiner Privatsammlung lebte. Bei ihm genossen sie eine Gastfreundschaft, die durch die kultivierte Atmosphäre, die er um sich zu schaffen verstand, durch seine kunsthistorischen Vorträge, Lesungen von Dante bis Shakespeare, belebt war. Man konnte sich am Feuerwerk seines Geistes berauschen, schreibt die Dichterin, die sein herbes Urteil zwar fürchtete, aber ihrerseits eine sehr generöse Beschreibung seines von Gegensätzen beherrschten Charakters lieferte, als sie seine Lebenserinnerungen besprach, die unter dem Titel »Deutsche und antike Welt« gerade erschienen waren. Nicht sein immenses Wissen scheint sie dabei zu interessieren, sondern die Widersprüchlichkeiten seines Wesens, Verzicht und Sinnengenuß, kritisches Denken und Phantasie-Visionen, Strenge und Weitherzigkeit, Geselligkeitslust und Einsamkeit und die ihr gemäße Bereitschaft, zu neuen Ufern vorzustoßen.

Sein Geist wirkte provokant, sie rieb sich an seinen Ansprüchen und war enttäuscht, wenn er Dinge, die sie liebte, wie die Gedichte von Ingeborg Bachmann, schroff ablehnte. »Ich vermittelte unserm alten Freund L. C. die Bekanntschaft einer jungen österreichischen Dichterin und war neugierig zu hören, wie ihm ihre Gedichte gefallen hatten. – Ja, weißt du, sagte er, das ist ja auch so eine Lakrimistin wie du. Ich lachte über die Bezeichnung, aber sie stimmte mich doch nachdenklich –« (*Engelsbrücke* 136)

Trotz seiner Streit- und Spottlust hat sie Ludwig Curtius geliebt, hat mit ihm gelitten, als seine schöne, zwanzigjährige Tochter Stella an Zungenkrebs starb. Er war ein unerbittlicher Kritiker, und nicht immer war es einfach, mit ihm auszukommen, man konnte in die heftigsten Kontroversen geraten, ob es nun um Rilke, Kassner, Dante oder die römische Kunst ging. Sehr spät noch hat sie sich mit seiner Person auseinandergesetzt, in einem im Nachlaß gefundenen Text. »Was Ludwig Curtius, den Archäologen, anbetrifft ... Er war kein gemütlicher Mann. Seine berühmte Frage: Was hast du heute erlebt? war abgründig, sie versetzte den Befragten in tödliche Verlegenheit, weil er wohl einige Wege gemacht, einiges gesehen und getan, aber bewußte Erlebnisse nicht gehabt hatte, wenigstens keine, die von Curtius anerkannt worden wären. Worauf es diesem ankam, war die bewußte Förderung der Persönlichkeit ...

Es bestand für ihn die Menschenwürde in einer beständigen Wachheit des Geistes und der Sinne, wozu auch gehörte, daß man die Welt bejahte und sich nicht gehen ließ in Melancholie und Schmerz.« (III 751)

In Rom trafen sie den Freund Axel Boethius wieder, der nun Direktor des Schwedischen Instituts war, den Archäologen Peter Heinrich von Blanckenhagen (der sich sehr gut mit Ingeborg Bachmann verstand), den aus Amerika zurückgekehrten Fotografen Earnest Nash und Guidos Assistenten Deichmann, der die Fotothek des Instituts aufbaute.

Schriftstellerfreunde, die in Rom wohnten, waren Gustav René Hocke und Hermann Kesten, auch der in Positano lebende Stefan Andres und Reinhard Raffalt, der sich in Rom mit der Kunststudentin Annette, Tochter des Verleger-Ehepaares Bermann-Fischer, befreundete. Ein anregender Gefährte war der Schriftsteller und Italienkenner Eckart Peterich, vorher Direktor des Goethe-Instituts in Mailand, der ein liebenswürdiges Bild von Guido liefert. »Wer ihn gekannt hat, kann es sich nicht versagen, ihn zu schildern. Er vereinte das Starke einer wohl slawischen Abstammung mit allem, was einen Wiener liebenswert macht. Das Gesicht eher kantig, in der Haltung des Kopfes und der Schulter lag etwas Kraftvolles, man möchte sagen überlegt Standhaltendes. Große helle Augen blickten den Menschen freundlich, zuweilen auch scharf-kritisch, manchmal schalkhaft an. Und diese Augen waren, wie es die Dichterin mit einem altmodischen Wort genau ausgedrückt hat: seelenvoll. Über das Gesicht konnten Schatten huschen, wie in das männlich-tiefe Wiener Timbre der Stimme plötzlich Resignation und Skepsis hineinkamen.«

Während ihres ersten römischen Aufenthaltes besaß sie wenig Geld, hatte ein kleines Kind zu versorgen, mußte sich die Stunden zum Schreiben stehlen. Jetzt war sie – von den zuweilen allerdings überhandnehmenden Gastgeberverpflichtungen abgesehen – frei, ihren Tageslauf zu gestalten. Sie konnte die allwöchentlichen Busfahrten in die Umgebung von Rom mitmachen, die das Archäologische Institut veranstaltete. *Die Umgebung von Rom* heißt ein schmaler Bildband, zu dem sie den Text schrieb. Sie konnte den UNESCO-Kongreß in Venedig besuchen, wo sie Thornton Wilder, Jules Romains, den Komponisten Wolfgang Fortner kennenlernte und Anna Magnani, »jünger und schöner als im Film«.

In Frankfurt, wo Guido sich um einen Vertreter bemühte, kam, mit einer Gloxinie im Arm, Paul Celan zu ihr. Sie mochte diesen schwermütigen Dichter und seine rätselhaften Verse, die sie, bevor sie noch irgend jemand kannte, im Hause Bultmann vorlas. Er hatte an der Tagung der »Gruppe 47« teilgenommen und berichtete empört über die ungerechte Kritik, die seine Lesung durch »die barbarische Taktlosigkeit« Hans Werner Richters erfahren hatte. Es war zu einem Eklat gekommen. Preisträgerin war Ilse Aichinger geworden, was sie erstaunte, »da sie ganz traumhaft-surrealistisch schreibt, während die ›Gruppe 47‹ doch für die Zeitnähe und den Reportagestil ist«. Von Ingeborg Bachmann, die ebenfalls zum ersten Mal dort las, war nicht die Rede. Celan las in der Frankfurter Zimmergalerie die »Todesfuge« so dramatisch vor, »wie man es von ihm verlangt hatte – er litt sichtlich selber, in den Kreis der ›Literaten‹ gezogen. Der Gegensatz zu

seinem völlig monotonen, verhaltenen Lesen vor dreiein-
halb Jahren im herbstlichen Park von Royaumont war erschütternd, obwohl er, gemessen an den jungen deutschen
Schriftstellern, trotz aller Gescheitheit eine anima candida
bleibt« (Tagebuch Mai 1952). Nach seiner Schilderung erwog sie, ob sie zukünftig an den Tagungen der »Gruppe
47« teilnehmen sollte (»ich war eingeladen, ging aber nicht
hin«), doch es störte sie außer dem Altersunterschied die
Tatsache, daß dort ein kalter, fast wissenschaftlicher Stil
gefordert werde, die Neigung, in der Literatur »einem
menschlichen Wesen nachzuspionieren, es von allen Seiten zu umzingeln und es auf diese Weise in die Enge zu
treiben«. (III 719) Die düsteren Bemerkungen Celans hat
sie ins Tagebuch notiert: »Kammer des Bösen im wohl-
aufgeräumten Haus des Inneren. Zerrspiegel, die Fratzen
zurückgeben. Hier werden Bilder erdolcht, Schmäh-
schriften verfaßt, Böses gewünscht, Masochistisches ver-
übt« . . .*
Im September 1952 nahm sie an der internationen »Bien-
nale der Dichtung« teil, die im belgischen Knokke stattfand. Innerhalb eines Jahres kam sie auf diese Weise mit
den wichtigsten Lyrikern der Gegenwart in persönlichen
Kontakt, in Belgien waren es Holthusen und Hagelstange,
Lernet-Holenia und Wilhelm Lehmann, Karl Krolow und
Gottfried Benn.
Die deutschen Dichter sind viel zusammen, spazieren am
Ufer entlang, nur wenige, die trotz der Kälte noch hinausschwimmen, »natürlich sind diese Badenden Deutsche,
und wer wie eine Glucke warnend und mahnend am Ufer
steht, ist Gottfried Benn, der vor allem mich nicht nur ins
Hotel, sondern auch ins Bett schicken will«. (*Orte* 519)
Der Lyriker Karl Krolow lernte Marie Luise Kaschnitz bei
dieser Gelegenheit kennen, und es scheint vor allem ihre

---

* Sie übernahm diese Stelle in Engelsbrücke, II 176.

»eigentümliche Sicherheit und Unbefangenheit« gewesen zu sein, die ihm an ihr auffiel. »Vor dem Frühstück waren es zwei von uns, die die Kühle nicht scheuten und im Bademantel über den noch leeren Strandbereich eilten, um im Kanal schwimmen zu gehen, unter ihnen die einzige Frau: Marie Luise Kaschnitz. Erfrischt und lebhaft kam sie an unseren Tisch zurück ... Sie ist ihr Leben lang eine begeisterte und zuweilen waghalsige Schwimmerin gewesen, die durch ihre – ich möchte sagen – träumerische Kühnheit in gefährliche Situationen geriet, wie man bei ihr nachlesen kann ...« Krolow empfand sie als »ladylike« durch ihre Art der Unterhaltung und den Ton, »der das strikt Gesellschaftliche zu lockern versteht durch die Timbrierung einer angenehmen, dunklen Stimme – eine Stimme, die keine Kühle, sondern Entschiedenheit kennt, – die einer Frau angehört, von der eine eigentümliche Sicherheit ausgeht: Sicherheit der Erfahrung und des literarischen und menschlichen Urteilsvermögens –«[*]

Iris war damals in London, und Marie Luise Kaschnitz hätte ihr gerne den Wunsch erfüllt, sie nach Knokke zu holen, aber nicht einmal zu einer Schlafcouch im Hotelzimmer reichte das Geld. So schildert sie ihr auf das lebhafteste die ›Gala der Poesie‹, da man unter hellblauen Schleiern jungen Schauspielern zusah, die von Musik umtönte Gedichte sprachen, »manche Verse vertrugen es, andere gaben ihren Geist auf unter so viel wilder Mimik und tänzerischer Pracht«.

Tagebuch vom (10.-14.) September 1952. »Abends in Knokke im Caféhaus mit den deutschen Dichtern. Benn beklagte sich über die Vorträge, die er überall halten muß, immer dasselbe Thema. ›Ich singe‹, sagte er, ›immer dieselbe Arie – die des Caravadossi in der Toska – der Schönheit weiht' ich mein Leben‹. Lernet-Holenia, melancho-

---

[*] s. Insel-Almanach 1971, a. a. O., S. 47-49.

lisch und etwas mongolisch aussehend, spricht viel, aber mit leiser Stimme, so daß er merkwürdigerweise wortkarg wirkt – Wie Holthusen läßt auch er niemanden gelten – Der Mangel an Großmut bei fast allen Confrères verstimmt mich sehr. Krolow, der so silberblonde Haare hat, daß er wie ein Jüngling wirkt, ist die einzige Ausnahme. Er und der alte Lehmann sitzen immer zusammen, Benn ist abgeschlossen wie ein Schalentier ... Holthusen hat bestimmt den gefährlichsten Charakter und muß darum so christlich sein. Er spielt den Weltmann der Gruppe: ist groß, elegant, geht nachts in Bars tanzen ...«
Aber ihre ›offizielle‹, nämlich veröffentlichte Beschreibung der Poesie-Gala, liest sich etwas anders. »Jeder hört jedem zu, jeder verträgt sich mit jedem, kein Berufsneid, keine Rivalität. Wie vor allem die Franzosen und Belgier, auch einige Engländer, ihre Gedichte vortragen, kabarettistisch, fast tänzerisch, Männer und Frauen in Hosen und schwarzen Rollkragenpullovern, auf die Bühne springen sie, rezitieren ohne Manuskript, das gefällt mir außerordentlich.« (*Orte* 517)


### *Literarischer Ruhm – Der Büchner-Preis*

> ... überall habe ich nur versucht, den Blick des Lesers auf das mir Bedeutsame zu lenken, auf die wunderbaren Möglichkeiten und die tödlichen Gefahren des Menschen und auf die bestürzende Fülle der Welt.
> *(Rede zum Büchner-Preis)*

Nachdem das Deutsche Institut in einer feierlichen »Inaugurazione« mit der sehr diplomatischen italienischen Rede des neuen Direktors Guido von Kaschnitz wieder eröffnet worden war, nahm ihr Leben offizielle Formen an, rissen die Verpflichtungen nicht ab. Sie waren aus der engen Speierschen Wohnung in eines der vornehmsten römischen Viertel, die alten Parioli, umgezogen und bewohnten in der Via Bartoloni die großzügig geschnittenen Räume im zweiten Stock, die ihnen der befreundete Wissenschaftler Leonardo Olschki überlassen hatte. Dort fanden die nicht abreißenden Einladungen statt, zu denen sie die Mitglieder der römischen Kulturinstitute, die Botschafter, Diplomaten und Gesandten, die Würdenträger beim Vatikan in ihr Haus bittet, darunter Gäste, die zu Freunden werden wie der österreichische Botschafter Fürst Schwarzenberg und der Kulturattaché Dieter Sattler, ein lebensfroher, temperamentvoller, unkonventioneller Mann, dem es nichts ausmachte, auf offiziellen Empfängen plötzlich seine Baritonstimme singend erschallen zu lassen!

Besucher und Gäste, Geselligkeiten kleinen und größten Stils rauben ihr viel Zeit und Kraft zum Schreiben. »Es ist immer recht lebendig ... Sitzungen, Diners, Cocktails wechseln sich ab. Von früh bis abends Menschen, was doch recht anstrengend ist.« (Am 31. Januar 1954, ihrem 53. Geburtstag, an Iris). Es war die Zeit, in der die Sitte der »Cocktailparties« entstand, wie sie T.S. Eliot in seiner Gesellschaftskomödie schilderte, aus Zeitmangel und Menschenfülle geborene Stehempfänge, über die Marie Luise Kaschnitz sich lustig macht, weil sie ein Abbild der allgemeinen Hast und Unpersönlichkeit und einer wachsenden Kulturlosigkeit darin erblickt. »Im 19. Jahrhundert hatte ein deutscher Botschafter noch Zeit ... Was bei der neuen Massenform der Geselligkeit für die Bewirtung gilt, bei der zuerst die Brotrinde, dann das Brot verschwand und durch auf Zahnstocher gespießte, schmelzende Bissen ersetzt wurde, gilt auch für das Gespräch, es gibt nichts mehr zu beißen, nur Fragen, deren Antworten nicht abgewartet werden, die flüchtige Begrüßung, die Feststellung der Existenz.« (*Engelsbrücke* 182)

Während der römischen Jahre gingen beschwingte Briefe an Dolf und Ilse Sternberger, die mehr Jubel als Klage über die Anstrengungen enthalten, zumal Guido trotz übermäßiger Belastungen guter Dinge ist und sie eine italienische Haushaltshilfe hat – Schilderungen, die zum Kommen einladen und immer wieder auffordern, mit ihnen »auf den sieben Hügeln spazierenzugehen«. Es gebe sehr viel »Kulturplaisir« und oft viele Gäste, was aber nur Freude mache, »wenn man den Tag mehr oder weniger ungestört seinen Gedanken nachgehangen hat. Und dem steht (soweit ich Gedanken habe) nichts im Wege, weil Nanda, eine jugendliche Mutter von sieben sämtlich in frommen Heimen untergebrachten Kindern, einholt, kocht, abwäscht und putzt. So habe ich zur inaugurazione und der damit hereinbrechenden unruhigen Zeit ganz gut arbeiten können ... Dein Gruß rührte uns sehr ans Herz – bei Euch mach ich mich ja nicht durchaus lächerlich, wenn ich bekenne, daß ich dann und wann Heimweh nach Frankfurt habe, weil Ihr selbst eine der Ursachen dieses Heimwehs seid«.

Die beiden älteren Schwestern Karola-Mady und Lonja kommen zu Besuch, die elegante, aufregend gekleidete, mondäne Mady zu einem Kunsturlaub, ihre Tochter Imogen ist dabei und der Sohn Michael Marschall von Bieberstein, der damals nur kurz bleiben kann, weil er im Examen steht, später aber als Leiter des Goethe-Institutes viele Jahre in Rom leben wird. Für Mady ist es der letzte Romaufenthalt. Sie heiratet im Juni 1954 einen Engländer, der sie seit zwanzig Jahren begehrte, seit er der schönen jungen Frau zum erstenmal begegnet war und sie, die er nie vergessen konnte, zu lieben begann. Mady wirkt »wie verwandelt«, ist heiter und jugendlich, was ihre Schwester verwundert im Tagebuch notiert – bis sie den Zusammenhang begreift, als Mady den englischen Diplomaten Con O'Neill heiratet und mit ihm nach Peking geht.

Lonja sah sich in Rom nach einer Anstellung um. Sie war von der ihr eigenen rastlosen Energie beseelt, stand nicht auf festen Füßen, wußte nicht, wie sie die Zukunft gestalten sollte. Sie schrieb Gedichte und las sie im römischen Freundeskreis vor, wobei »fast ein Religionskrieg ausbrach« (12. Februar 1954). Eine Zeitlang arbeitete sie in einem römischen Spital, suchte dann nach einer ihr gemäßen Übersetzertätigkeit, die sie, als sie sie gefunden hatte, unbefriedigend fand und nicht auf Dauer ausüben wollte. Sie konnte einerseits in der teuren Stadt nicht von dem niedrigen Gehalt existieren, wollte andererseits nicht nach Deutschland zurück.

Aus nächster Nähe erlebte sie das Glück ihrer jüngeren Schwester mit und empfand die eigene unbefriedigende Lage besonders schmerzhaft. Das wird deutlich in den Gedichten, die sie Guido und Marie Luise gewidmet hat, die aber erst nach ihrem Tode erschienen sind.

Das Ehepaar lebte in der emotionalen und geistigen Verbundenheit des Anfangs in einer beglückenden Übereinstimmung, die selbst Außenstehenden auffiel. Karl Schwedhelm sieht sie zufällig im September 1952 in der Bucht von Amalfi, während eines heftig sich ankündigenden Gewitters. »Eilig kam von der entgegengesetzten Seite des Ufers ein anderes Paar auf den Eingang der kleinen Trattoria zu, zwei Menschen in sichtbarer Haltung nahen Einverständnisses. Wie sie in Sichtweite waren, erkannten wir Guido und Marie Luise Kaschnitz. Sie erzählten, sie seien auf ein paar Tage von Rom an die Küste von Salerno gekommen. Das Unerwartete solchen Wiedersehens unter dem Donner des inzwischen voll ausgebrochenen Gewitters führte uns von den Fragen nach Woher und Wohin bald in ein Gespräch über dies Land. Beiden – wir wußten es – bedeutete Italien seit langem mehr und anderes als den meisten Deutschen: nicht Bildungstempel oder auch nur südliches Feriengelände, vielmehr ein Boden, dessen strenge Konturen zur Wahrheit vor sich selbst nötigen, bei aller äußeren Heiterkeit eine Erde der Trauer unterm Licht. Das Jahr zuvor waren Marie Luise Kaschnitz' Rom-Gedichte erschienen, kein Gesang der Huldigung, sondern ein Akt der Erkenntnis, Synopse von Stein und Leben vor der rätselhaften Inschrift ›Hier stirbt man nie‹. Doch die Schatten waren auch hier zugegen, Schatten von Abschied und Einsamkeit. Die wechselnden Orte, Bollschweil, Königsberg, Marburg, Rom, Frankfurt, vertauschbar dem Bewußtsein, waren für die Dichterin schon damals einzig Stationen auf ihrer ›Wanderung vom Dunkeln ins schreckliche Helle‹, von der eine Zeile dieser Rom-Verse spricht ... Inzwischen hatte das Gewitter den engen Raum mit immer mehr Menschen und Lärm gefüllt. Es war schwer geworden, sich zu verständigen. Doch wie im Süden oft, brach plötzlich der stürzende Regen ab, der Himmel lichtete sich auf. Wir drängten ins Freie. Es ging gegen Abend, wir mußten uns trennen ... Die beiden gingen jetzt schon fern vor der nun wieder beruhigten Meeresfläche am Strand dahin, während die Lampen der Fischerboote in die beginnende Dämmerung hinausfuhren ...«[*]

Der Band *Das dicke Kind*, dessen Titelgeschichte die Autorin berühmt machen sollte, erschien 1952. Das Buch enthält jene Geschichte der *Schlafwandlerin*, in der sie ihre Auffassung von der Verantwortung des Schriftstellers in Form einer Parabel veranschaulicht: die *Schlafwandlerin will* die Häßlichkeit der Welt nicht sehen, sie stürzt ab, als sie gezwungen wird, die Augen zu öffnen ...

Unter den zehn Erzählungen ist auch eine wenig beachtete, sehr anmutige Geschichte, die einzige, die in der

---

[*] In: Insel-Almanach 1971, a. a. O., S. 50/51.

Grundstimmung heiter und gelöst ist und der Frau eine im Existentiellen ruhende, überlegene Position zuweist: *Adam und Eva.*

Seit Erscheinen der Gedichte und des Erzählbandes wächst ihr Ruhm. Man bittet sie um Aufsätze, um Beiträge. Die ›Neue Zeitung‹ und ›Die neue Literarische Welt‹ bringen Buchbesprechungen und Essays. Das Berliner Schiller-Theater fragt, ob sie kein Schauspiel in der Schublade habe. Der RIAS Berlin sendet vier Hörspiele von ihr und fordert zu weiteren auf. 1954 wird sie für *Was sind denn sieben Jahre* mit dem zweiten Preis beim »Hörspielpreis der Kriegsblinden« ausgezeichnet. Sie wolle ihre Hörspiele, in denen sie »auf die bestürzende Fülle der Welt« aufmerksam mache, keinesfalls als »uneheliche Kinder« angesehen wissen, sagte sie in der Büchner-Preisrede. Die Wirkung des Hörspiels war in den fünfziger Jahren, bevor es das Fernsehen gab, außerordentlich groß. »Daß das Rundfunkspiel ganz auf das Wort gestellt ist, hat einen großen Reiz für den Schreibenden, ebenso reizvoll ist die Erlaubnis, mit Zeit und Ort willkürlich umzuspringen.« Das Hörspiel bot sich als eine Möglichkeit, lyrische und epische Elemente mit dem gesprochenen und getauschten Wort zu verbinden. Ihre kontinuierlich wachsende Produktion stand der von Günter Eich nicht nach und prägte mit den Arbeiten von Hildesheimer, Hoerschelmann und Ingeborg Bachmann den Stil dieser neuen Kunstform in den fünfziger und sechziger Jahren.

In Rom bittet Bonaventura Tecchi, der Leiter des Istituto di Studi Germanici, zu Lesungen,[*] sie ist allein oder mit Ingeborg Bachmann dort zu Gast und berichtet, daß der Raum in der Villa Sciarra auf dem Gianicolo, in der sich das Institut für deutsche Studien befindet, nicht groß ge-

---

[*] B. Tecchi behandelt die Dichtung von Marie Luise Kaschnitz in: Scrittori Tedeschi Moderni, Roma 1959.

nug gewesen sei, die Hörer zu fassen, so daß man in den Gartensaal habe umziehen müssen. Nach der Lesung flüsterte Guido der Archäologenkollegin Helga von Heintze zu: Es ist für einen Mann nicht angenehm, gefragt zu werden, sind Sie der Mann der Kaschnitz?

Als sie in Rom aus »Rückkehr nach Frankfurt« die Strophen über das zertrümmerte Geburtshaus Goethes las, erhob sich das Publikum, das aus Deutschen und Italienern bestand, und stiftete Sonderapplaus. Sie las jene Strophen, in denen sie Goethe inmitten der Trümmer seines Elternhauses stehen sieht, den Blick über alle Ruinen hinweg in die Ferne gerichtet.

> Und das Haus war ein Loch, ein Kellerschacht,
> Ein Haufen Dreck zum Hohn,
> Und Schilder waren dort angebracht,
> Darauf stand: Besitz der Nation.
> ...
> Und plötzlich stand am Straßenrand
> Er selber in Fleisch und Blut
> Er trug nicht den blauen Rock mit dem Band
> Und nicht den Campagnahut.
> Er trug nicht einmal sein eignes Gesicht,
> Ich wußte nur: er war da.
> Und ich erschrak wie vorm Jüngsten Gericht,
> Weil er sein Haus ansah.

> Doch schaute er gar nicht hinab in die Gruft,
> Er zählte die Fensterreihn.
> Er spähte in Räume aus lauter Luft,
> Als strahle dort Kerzenschein
> ...
> Da wußte ich ihn unerreicht
> Vom blutigen Vergehen,
> Weil die Vollendeten vielleicht

Nur die Vollendung sehen.
Und hörte selbst, eh alles schwand,
Den letzten, hellen Ton
Und las auf dem Schild über Schutt und Sand
Die Worte: Besitz der Nation.

*

> Marie Luise Kaschnitz hat das literari-
> sche Glück, daß sie von Buch zu Buch
> wächst. Die Reife bekommt ihr, weil sie
> Kunstverstand hat. Sie ist eine denkende
> Dichterin und kommentiert in ihren es-
> sayistischen Büchern sich und ihre
> Werke und ihre Welt mit Scharfsinn.
> *(Hermann Kesten)*

Ein Höhepunkt innerhalb der römischen Jahre und die
Krönung der bisherigen Arbeit war die Verleihung des
Büchner-Preises. »Kühn und voll Tröstung erklang inmitten des Krieges die reine Stimme ihrer Dichtung. Stets dem
Geiste zugewandt, Antikisches und Heutiges in humanem
Sinne verbindend und auf eine neue, für uns gültige Weise
formend, erscheint uns Marie Luise Kaschnitz des Preises
würdig, der den Namen Georg Büchners trägt«, heißt es
in der Verleihungsurkunde.
Das Ehepaar befand sich auf einer Studienreise nach Griechenland und in die Türkei, und es gab, da der Brief der
Darmstädter Akademie mit der Preisverkündung unbeantwortet blieb, einige Aufregung, weil die Autorin unerreichbar auf einem Schiff zwischen Piräus und Neapel
irgendwo durchs Mittelmeer fuhr. Zwei Telegramme
wurden in Eile dem Brief hinterhergeschickt, da der Bundespräsident Theodor Heuss selber die Festansprache halten wollte.
Überrascht bricht sie die Schiffsreise ab. Obgleich sie
Freude empfand über die hohe Auszeichnung, war sie
doch nicht eitel genug, dem Ereignis übermäßig viel Wert

beizumessen, und entsprechend ›untertreibend‹ ist auch der Bericht, den sie Iris aus Frankfurt über den Büchner-Preis liefert.

»Die Tage hier sind fürchterlich anstrengend dadurch, daß jeder sich nach all dem Tamtam im Rundfunk etc. denken konnte, daß ich jetzt hier bin, das Telefon kommt nicht mehr zur Ruhe, und ich noch weniger. Schöne Blumensträuße hab ich wenigstens in Deinem lieben alten Zimmer ... Bei der Rede sollen viele Leute (unter anderem Frau Vossler und der Dolf) geweint haben – das kann ich mir nun wirklich nicht erklären!« (20. Oktober 1955)

Dolf Sternberger war tatsächlich von ihrer Ansprache so beeindruckt, daß er sich mit Walter Höllerer, dem Herausgeber der ›Akzente‹, um die Veröffentlichung der Rede stritt. Er lenkte schließlich ein: »... entscheidend ist ja nur, daß diese durch Redlichkeit und Anmut gleich bedeutende Ansprache der Dichterin dem interessierten Publikum am würdigen Ort zur Kenntnis gebracht wird.« (25. Oktober 1955)

In ihrer poetisch zu nennenden Rede sagte Marie Luise Kaschnitz, im Gegensatz zu Büchner habe sie nie eine bestimmte Vorstellung davon gehabt, wie man die Weltordnung ändern müsse. Es sei aber jedes vollendete, in seinem Ausdruckswillen unerbittliche Kunstwerk, bei dem es »um härteste innere Wahrheit« gehe, geeignet, zu den Menschen zu reden und ihr Mitlieben und Mitleiden, ihr Offensein und Offenbleiben zu erwirken.

Zum Schluß fügt sie eine Episode aus Griechenland an, die sie erlebt hatte eben an dem letzten Tag, bevor das Telegramm sie nach Darmstadt rief. In einer kleinen byzantinischen Klosterkirche hatten die Reisenden ein paar lange, dünne Kerzen angezündet. Als sie spät in der Dunkelheit unerwartet noch einmal vorbeikamen an der nun verschlossenen Kirche, sahen sie die Lichter, kaum kürzer geworden, durchs Fenster leuchten. »Dieser Anblick hatte etwas seltsam Erregendes, als sei schon eine lange Zeit verstrichen und als seien wir selbst nur Geister, die vorbeiziehen an der Stätte ihres menschlichen Tuns.« Im Hinblick auf die Rolle des Dichters sieht sie darin ein symbolisches Bild: Beglückend sei für sie der Gedanke gewesen, »daß auch die von uns angezündeten Lichter noch fortleuchten, wenigstens für ein paar nächtliche Vorübergehende und für eine kleine Zeit«.

*Ingeborg Bachmann*

> Hinter der Türe
> Dein leichter Schritt
> Danach
> Bei weißen Kugellampen Bücherreihen
> Die Umarmung voll Freude

Eine wichtige Begegnung in Rom, die Bekanntschaft mit Ingeborg Bachmann, fiel in die Zeit, in der Marie Luise Kaschnitz sich neben den täglichen Aufzeichnungen zum römischen Tagebuch *Engelsbrücke* mit besonderen Gestalten der Weltliteratur befaßte, mit Anna Karenina, Goethes Egmont und Mignon, mit Lysistrata und Camus' »Fremdem«. »Unsterbliche Gestalten« sollte das Buch heißen, es ist in der geplanten Form aber nicht zustande gekommen, sondern erst 1971 unter dem Titel *Zwischen Immer und Nie. Gestalten und Themen der Dichtung* erschienen.

Obwohl Ingeborg Bachmann fünfundzwanzig Jahre jünger als Marie Luise Kaschnitz und anderen Menschen gegenüber sehr kritisch war, schloß sie sich ihr nach dem ersten Kennenlernen in vertrauensvoller Freundschaft an. Es ist oft vorgekommen, daß gerade komplizierte, seelisch beschädigte Menschen – dazu gehörten Rose Ausländer,

Marie Usinger, Paul Celan – bei ihr Verständnis auf selbstverständlich wohltuende Art erfuhren. Ingeborg Bachmann und Marie Luise Kaschnitz waren in ihrem Wesen, der Sensibilität und Emotionalität, mit der sie Erlebnisse der Kindheit verarbeiteten und sich zur Gegenwart verhielten, durchaus verschieden – dennoch gab es viele Übereinstimmungen, eine Gleichgestimmtheit im poetischen, künstlerischen Bereich. Im lyrischen Schaffen beider Dichterinnen ist der Wille vorherrschend, der Lebensverfälschung, dem Überhandnehmen menschlicher Defizite mit Hilfe der Sprache Widerstand zu leisten.*
»Die Wahrheit ist dem Menschen zumutbar«, dieser These von Ingeborg Bachmann entspricht bei Marie Luise Kaschnitz die Forderung nach Unerbittlichkeit. Beide sind überzeugt von der verändernden Wirkung von Sprache, es entstehen ihre Wort-Gedichte, das »Ihr Worte, auf, mir nach!« der Bachmann und das vielzitierte Gedicht der Kaschnitz.

*Ein Gedicht*

Ein Gedicht, aus Worten gemacht.
Wo kommen die Worte her?
Aus den Fugen wie Asseln,
Aus dem Maistrauch wie Blüten,
Aus dem Feuer wie Pfiffe,
Was mir zufällt, nehm ich,

Es zu kämmen gegen den Strich,
Es zu paaren widernatürlich,
Es nackt zu scheren,
In Lauge zu waschen
Mein Wort

---

* Vgl. Grethe Merck, Der Schriftsteller in dieser Zeit, a. a. O.

...
Zeile für Zeile
Meine eigene Wüste
Zeile für Zeile
Mein Paradies.

Beide Dichterinnen sehen in der Liebe den einzig verblie-
benen Lebenssinn (»Erklär mir, Liebe ...«), die einzige
Macht gegen den Tod.

Nicht gesagt
Was von der Sonne zu sagen gewesen wäre
Und vom Blitz nicht das einzig Richtige
Geschweige denn von der Liebe.

Zu dem Zeitpunkt, da sie sich kennenlernten, war von Ingeborg Bachmann wenig erschienen, erst zum Jahresende
kam ihr Gedichtband »Die gestundete Zeit« heraus. Ihre
bei aller äußeren Schwäche starke Persönlichkeit übte
trotz – oder auch gerade wegen – ihres scheuen, unsicheren, an der Welt leidenden Wesens auf Männer wie Frauen
eine große Anziehungskraft aus, ihre Freundschaften mit
dem Komponisten Hans Werner Henze und dem Schriftsteller Max Frisch beweisen es ebenso wie die Zahl der
Freundinnen, die ihr mit zuweilen fast aufdringlicher
Hilfsbereitschaft zur Seite standen.
Marie Luise Kaschnitz ist von der Sechsundzwanzigjähri-
gen beeindruckt, sie unterstützt sie finanziell und ist sofort auf dem Plan, um die von Ludwig Curtius als »Kla-
gedichterin« bezeichnete Lyrikerin zu verteidigen. Eine
heile Welt zu erstellen sei früher einmal möglich gewesen, entgegnet sie, aber die Schäden der Gegenwart müß-
ten ausgesprochen werden »und gerade von denen, die
das Leben am leidenschaftlichsten lieben«. (*Engelsbrücke*
136)

Sie schildert der Tochter – die später ihrerseits eine Freundin der nur wenig älteren Ingeborg Bachmann wird –, wie das erste Zusammentreffen im Februar 1953 stattfand. »Am Dienstag machte ich eine Fahrt nach Olevano, mit Herrn Hocke, Hermann Kesten, dem Verfasser vieler gutgehender Bücher, (z.B. über Copernikus und über Casanova), seiner Frau und der jungen, sehr hübschen österreichischen Lyrikerin Ingeborg Bachmann. Wir gingen in der Serpentara, dem von den Deutschrömern so oft gezeichneten und gemalten Eichenwäldchen, spazieren, aßen im Garten des Albergo Roma (Sonne, aber von unten her kalt) und unterhielten uns prächtig.« Daß die Begegnung wechselseitig zur Zufriedenheit ausfiel, sagt sie am Ende: »Diesmal kannst Du dich über die Kürze des Briefes wirklich nicht beklagen. Ich trage ihn herunter, will noch ein bißchen am Tagebuch arbeiten, dann, am Abend, kommt Fräulein Bachmann zum Essen, und wir gehen alle, auch Guido, in ein Konzert der RAI, in dem ein Sänger namens Fischer-Dieskau die Lieder eines fahrenden Gesellen und Hugo Wolff-Lieder singt.«
Schon im nächsten Schreiben fährt sie mit der Schilderung der neuen Bekannten fort, und viele Briefe an Iris handeln von dieser in jeder Hinsicht erstaunlichen Lyrikerin. »Am Donnerstag war der Vortrag von Kesten, witzig, scharf, aggressiv, vom Standpunkt des deutschen Emigranten-Schriftstellers, für die Deutschen ganz gesund, für die Italiener nicht sehr interessant. Danach las Ingeborg Bachmann Gedichte, furchtbar gehemmt und leise, niemand verstand ein Wort. Das war sehr schade, weil die Gedichte schön sind.«

Es begann eine kostbare Freundschaft, von menschlicher Zuneigung und künstlerischem Einverständnis getragen. Ihre Gedichte erschienen 1954 gemeinsam in der Zeitschrift ›Botteghe Oscure‹. Marie Luise Kaschnitz erlebte die seelischen Katastrophen und körperlichen Zusammenbrüche der Jüngeren mit. »Ich besuchte Ingeborg, die ganz zusammengebrochen, Gefäßkrämpfe, fast kein Puls mehr, wahnsinnige Untertemperatur … Sie tat mir so leid, in dem dunklen und schrecklich lauten Zimmer, und so allein …« (12. Juli 1954)

Solche Anfälle mehrten sich, Ängste, Panik, Depressionen. Es gab Mißverständnisse und gänzliches Verstummen bis zur Kränkung, als Ingeborg Bachmann bei einem Spaziergang weder zuhörte noch sprach, von Unwohlsein, Unlust ergriffen war, bis sie sich verärgert trennten. Dann wieder gemeinsame Unternehmungen; sie fahren nach Ostia, wo Ingeborg Bachmann ihr von der Bedeutung des Philosophen Wittgenstein berichtet, sie verabreden sich in einem Café an der Via Veneto, gehen essen unter der riesig verzweigten Glyzinie im Ristorante Otello und treffen mit Hans Werner Henze und Hermann Kesten ›die literarische Bohème‹.

Das Tagebuch von 1956 erwähnt auch ein Wiedersehen in Neapel. »Das Haus, in dem Henze und Ingeborg Bachmann wohnen, Villa Rotonda, von der Straße her unwirtlich und zerlempert, mit zerfallener Treppe, aber schönem, stillem Innenhof … In Henzes Wohnung. Der große Salon mit rotblauen Majolika-Fliesen, roten Louis-Philippe-Sofas, Kamin, Bücherschränken, ganz 19. Jahrhundert … Gespräche über das Haus, das im Spätjahr abgerissen wird, über Ingeborgs Hörspiel ›Die Zigeunerin von Manhattan‹, in dem ein alter Mann den Eichhörnchen Futter bringt: in Zeitungspapier gewickelte Pakete, die in Wirklichkeit Sprengstoffladungen enthalten … Über Griechenland und Indien, wohin Ingeborg im Dezember reisen will, Gruppeneinladung, die sich bei der Harvardeinladung ergab. Was für erstaunliche Möglichkeiten der Jetztzeit! Früher hätte Ingeborg gelebt wie die Emily Brontë, in einem einsamen Landhaus, in dem es spukt;

jetzt wird auch ein so völlig unaktiver Mensch rund um die
Erde gerissen.«


Hinter der Türe
Dein leichter Schritt
Danach
Bei weißen Kugellampen Bücherreihen
Die Umarmung voll Freude

Dein zierlicher Salon
Dein rosa und weißes Bad
Schützte dich alles nicht
Vor den zehrenden Stränden
Vor
Den Monstren von Bomarzo

Aber den Bergen zu
Am milchigen Schwefelwasser
Unter wehendem Eukalyptus
Erklärtest du präzis
Den Denker Wittgenstein

Die Männerschuhe störten dich im Schrank
Aber du konntest nicht atmen ohne Liebe
...

*(Auf Ingeborg Bachmann)*

Die Briefe, die Ingeborg Bachmann an Marie Luise Kaschnitz schrieb, bestätigen die enge persönliche Bindung. Sie
habe, schreibt sie am 15. Oktober 1955, vor der Abreise
nicht mehr Lebewohl sagen können. Jetzt ist sie in ihrem
Elternhaus in Klagenfurt, hat gerade in den Schubladen, in
die sie ihre Papiere einräumen wollte, alte Schulhefte wie-
dergefunden und ihre Tagebücher, in denen fast jede Ein-

tragung mit dem Satz »Ich bin so verzweifelt« beginne . . .
Ingeborg Bachmann berichtet von ihrem Bruder, mit dem
sie lebenslang ein besonderes, intimes Verhältnis verband
(das sich auch in ihren Gedichten spiegelt). Der Brief zeigt
ihr großes Vertrauen. Wegen einer »ausgedehnten Krankheit« in der Folge eines Wien-Aufenthaltes, wo sie sich
nach einem Domizil umsah, könne sie mindestens für
zwei Monate nicht aus dem Zimmer heraus. Marie Luise
Kaschnitz möge ihr das neue Buch (»Engelsbrücke«)
schicken, das doch in ihrer gemeinsamen römischen Zeit
entstanden sei, und ihr so oft wie möglich schreiben über
das, was entstehe – bei ihr könne alles nur ganz langsam
wieder beginnen, nachdem sie über drei Monate »verloren« habe, zwei durch Amerika . . . Der Brief schließt mit
dem Satz »Ich denke viel an Dich!«
Marie Luise Kaschnitz hat der Freundin, deren Lyrik sie
in keinem ihrer Vorträge zu zitieren vergaß, ein Gedicht
zur Erinnerung geschrieben mit dem Namen der Straße, in
der sie Ingeborg Bachmann so oft aufgesucht hatte:

*Via Bocca di Leone*


. . .
Manchmal sehe ich dich
Noch unversehrt

Da stehst du
Da gehst du umher
Kein Glas in der Hand
Kein Wort auf den Lippen –

# VIII.
## Dein Schweigen – meine Stimme
## (1956-1958)

*»Der Strohhalm«*

> Ich kann mir erlauben, den Männern
> die Köpfe zu verdrehen, weil ja doch
> alles gelogen ist, nichts als Dummhei-
> ten und Zeitvertreib und nur für den
> einen Augenblick, daß man die frem-
> den Augen aufleuchten sieht, daß
> man weiß, man wird geliebt.
>
> *(Der Strohhalm)*

Nie zuvor und nie wieder danach schrieb Marie Luise
Kaschnitz derart begeisterte und beflügelte Briefe wie in
diesen Jahren in Rom. Ihre Berichte an die Tochter, an die
Geschwister sind voll von Erlebnissen – Berichte sind es
nicht, es sind Erfahrungen, Gefühle, Gedanken. Die
Schilderungen sind schwungvoll, dicht und reich an
menschlichen Beobachtungen, enthalten eigene kleine Erzählungen, spiegeln das Glück über das Leben in einer Atmosphäre, die sie liebt.
Niemals wieder findet man auch bei der Dichterin, die
man nach ihrem Werk als gedankenschwer und melancho-
lisch bezeichnet hat, so viele humorvolle Schilderungen
wie in den Briefen dieser Zeit. Einmal war sie mit Guido
und den Freunden in einem Stück über Toulouse-Lautrec
und war von der Kunst des Schauspielers Ferrer, der den
verwachsenen französischen Maler darstellte, so beeindruckt, daß sie glaubte, er sei tatsächlich ein Zwerg. Als sie
erfuhr, er habe sich die Beine zurückgebunden und ginge

auf den Knien, wollte sie es zu Hause sofort nachmachen, »aber Guido war nicht zu bewegen, meine Beine anzubinden«. (12. November 1953)

Ihre Ehe mit Guido, die sie als überaus glücklich bezeichnet, hatte sich zu einer idealen Partnerschaft entwickelt, einer Gemeinschaft auf Gegenseitigkeit. Er war es, der als erster ihre neuen Arbeiten kritisch unter die Lupe nahm, während sie vieles von der eigenen Freiheit zu opfern bereit war »für den unvergleichlichen Zauber einer bis zum Tode währenden Gemeinschaft«.

Das ist die eine Seite, das Einverständnis, die nie endende Zuneigung, die in beinahe nebensächlichen Bemerkungen aufscheint, so, als Guido, der zu einer Tagung in Basel weilt, ihr schreibt: »Vormittags ging ich noch ins Museum, um unsere Lieblinge zu besuchen, und fand diesmal sogar die ›Windsbraut‹ wieder an Ort und Stelle ...« In der unausgesprochenen Erwähnung ihres Hochzeitstages bestätigt er zwischen den Zeilen seine Liebe.

Eine andere Sicht gibt die Schriftstellerin Luise Rinser, die ebenfalls in Rom lebte, wo man sich gelegentlich traf; Stefan Andres und Gustav René Hocke waren die gemeinsamen Freunde.

»Einmal lud Marie Luise Kaschnitz mich ein in ihre römische Wohnung, die, glaube ich, die von Iris war. Damals hatte sie für ein Buch hervorragende Kritiken bekommen, und ich sagte: ›Solche Lobeshymnen bekomme ich nie.‹ Sie sagte: ›Ich möchte tauschen mit Ihnen. Was Sie haben, habe ich nicht: Die Liebe des Publikums.‹ Beides war zugleich ernst und unernst gemeint. – Einmal, als ich noch in Rom wohnte, es muß vor 1960 gewesen sein, kam sie zu mir, um zu klagen, und zwar über Iris. Einige Tage später kam Iris, um über ihre Mutter zu klagen ... Bei den beiden spielte die Eifersucht auf den Vater bzw. Ehemann die Hauptrolle.

Sie litt, auch nach Aussagen von Freunden, die ihren

Mann noch kannten, darunter, daß er ein so strahlender Held war, so charmant, so gescheit, so schön, so daß sie sich immer in seinem Schatten fühlte, obwohl sie ebenfalls sehr beliebt war. ›Ich erreiche ihn nie‹ – das könnte ihr Grundleiden gewesen sein.«[*]

Guido von Kaschnitz stand damals im Zenit seiner Karriere. Er genoß unter den Kollegen hohes Ansehen, galt bei den Kunsthistorikern als »Fels in der Brandung«, seine Veröffentlichungen beweisen seine profunden Kenntnisse. Er war beliebt, zudem ein Mann, dem durch sportliche Schlankheit immer etwas Jünglingshaftes anhaftete. Es war kein Wunder, daß ihm Verehrung und – vor allem von Seiten der Studentinnen und der Frauen in seinem Umkreis – bewundernde Zuneigung entgegengebracht wurde. Während des Aufenthaltes in Rom scheint es zu einer Liebesepisode gekommen zu sein, von der seine Frau erfuhr, so daß die Bemerkungen Luise Rinsers von ihrer Eifersucht nicht aus der Luft gegriffen sind. Guido hatte sich verliebt, und Marie Luise Kaschnitz versuchte, Kummer und Eifersucht nicht sichtbar werden zu lassen. Diejenige, der sie sich in plötzlicher Heftigkeit zuwandte, war die Tochter, die aber – und hier wiederholt sich, was Marie Luise Kaschnitz von ihrer eigenen Beziehung zum bewunderten Vater Max von Holzing sagte – blind war für die Probleme der Mutter und die Partei des Vaters ergriff.
Die Dichterin rettete sich, wie schon einmal, indem sie das Problem literarisch zu verarbeiten suchte. Die Erzählung *Der Strohhalm* entstand.
In dieser Geschichte ist es eine ihr ähnliche Frau, die sich von ihrem Mann verraten fühlt und die nun ihr Leben mit ihm rekapituliert. Durch einen Zufall hat sie gemerkt, daß ihr Mann sie offenbar hintergeht. Ihre gesicherte Welt

---

[*] Luise Rinser am 15. November 1990 an D.v.G.

bricht zusammen. Sie merkt, daß sie alt wird, und schlimmer, sie fürchtet, ihr ganzes bisheriges Leben könne nur eine Täuschung gewesen sein. Ihre Gefühle schwanken zwischen Zorn und einem Selbstmitleid, das sie haßt (»denn Mitleid ist die warme Brühe mit Fettaugen ...«). Für sie ist das Schlimmste, daß es nun auch keine gemeinsame Zukunft mehr geben kann. – Als der Ehemann arglos anruft, wird sie sich des widerlich beleidigten Tones bewußt, den sie anschlägt, sie haßt sich und die »häßliche gelbe Strohpuppe«, die sie voller Verachtung in sich fühlt, haßt aber ebenso ihn, den Mann, der an ihrer grauenhaften Veränderung die Schuld trägt. Mitten in ihrer verzweifelten Situation entdeckt sie, daß alles ein Irrtum war, daß der fremde Liebesbrief nicht ihrem Mann galt. Doch anstatt sich nun zu freuen, ist sie über das eigene Versagen betroffen, durch das unvermutet Abgründige ihrer Seele erschüttert. »Es ist mir gewesen, als sei ich in einen tiefen Brunnen gefallen und sei nun im Begriff, wieder herauszuklettern, aber komisch, ich komme nicht ganz bis oben hin, und es wird nicht wieder ganz hell.«

Die Erzählung *Der Strohhalm* erschien 1960 in dem Band *Lange Schatten*. Sie hat sich zu dieser meisterhaften, von innen heraus gestalteten Geschichte nicht mehr geäußert. Es entbehrt aber nicht der Tragik, wenn man weiß, daß in dem gleichen Band neben dieser Erzählung, die von dem immer neuen Wunsch nach Gemeinsamkeit handelt, eine andere steht, die biographische Geschichte *Am Circeo*, die die Liebe zu Guido beschreibt und den heftigen Wunsch nach Dauer dieser einzigartigen Verbindung zweier Menschen äußert, da die Verbindung doch zu dem Zeitpunkt, da sie es niederschrieb, bereits zu Ende ist.

Eine Beziehung ohne Probleme, eine Ehe ohne Auseinandersetzung gibt es weder in den Erzählungen noch im Leben. Aufgefordert, zu den Werken ihres Mannes seine

Biographie zu verfassen, werden später Zweifel laut: »Nicht die geringste Andeutung, was du für mich warst, was ich für dich war und daß wir uns gut verstanden haben, denn vielleicht haben wir uns gar nicht verstanden, sondern uns nur immer wieder mit Entzücken erkannt ...« (*Wohin denn ich* 494)

In der Liebe zu ihrem Mann und in der fast abergläubischen Angst um ihr Glück war sie nie frei von Eifersucht, und die Beziehung zwischen Mann und Frau stellt das zentrale Thema ihres Werkes dar. Von einem Zerwürfnis durch Eifersucht und Konkurrenzdenken, das die Gemeinschaft vergiftet, handelt eine erstaunliche Erzählung, so dramatisch und zugleich so privat, daß Marie Luise Kaschnitz sie zu ihren Lebzeiten nicht veröffentlichen ließ: *Die Pilzsucher*. Die Erzählung bringt den Neid der Ehefrau auf ihren Mann, Leidenschaft und Eifersucht so unverhüllt zum Ausdruck, daß die Vermutung naheliegt, die Autorin habe sie nicht veröffentlichen wollen, weil ihr die Darstellung zu offen war.[*]

Die *Pilzsucher* sind Mann und Frau, deren harmlose Unternehmung, an einem warmen Augusttag im Wald nach Steinpilzen zu suchen, unversehens einen Abgrund an Haß hervorbringt und schließlich zum Kampf der Geschlechter eskaliert – liebend sind sie ausgezogen, als einander entfremdet, deren Bindung sich als brüchig erwies, kehren sie zurück. Immer sind es übrigens die Kaschnitzschen Frauengestalten, die den Liebes-Mangel, den Fremdheits-Riß einer Beziehung aufdecken, während der Mann mit dem Gleichmut unangefochtenen Selbstbewußtseins Sieger bleibt. Die Frau wird als feinfühliger, aber in ihrem Übermaß an Liebessehnsucht auch ohnmächtiger geschildert. »Ein dumpfer Zorn war in ihr, eine

---

* I. Stephan in: Marie Luise Kaschnitz, hg. von Uwe Schweikert, Frankfurt 1989, S. 165, a. a. O.

tiefe Enttäuschung und Furcht. Es ist aus mit uns, dachte sie, es ist aus und vorbei. Sie empfand einen Haß auf die Pilze, auf ihren Mann, der sie hier heraufgeführt hatte und der jetzt so tat, als sei nicht das geringste geschehen ... Sie kroch auf allen vieren weiter und schnitt die zerfressenen Steinpilze ab, einen nach dem andern, und brach einen nach dem andern in der Mitte entzwei. Wenn einer gesund ist, dachte sie, so wie früher, weiß und fest wie Elfenbein, dann wird alles wieder gut.«

Es gibt hier auf den persönlichen Bezug keinen Hinweis, wohl aber in einer anderen Erzählung mit dem Titel *Wege*, in der sie unmißverständlich die mit Guido erfahrenen Lebensabschnitte schildert.

»Pilzwege sind Schlängellinien, Zickzacklinien, entdecken, hinlaufen, getrogene Hoffnung, weiter oder zurück, ... unsere gebückten Gestalten sind schon verloren in Herbstnebel und sinkender Nacht. Einmal suchten wir Champignons auf einer hessischen Waldwiese, ein Flugzeug näherte sich tief und schnell, ein Maschinengewehr knatterte, wir warfen uns hin, wo wir gerade standen, Gesicht in die Brombeeren, und wieder auf, beschmiert mit blaurotem Saft und Blut.«

»Pilzsucher waren wir zu jeder Zeit«, schreibt sie in *Orte*. Nach den Tagebuchaufzeichnungen waren sie es auch in ihrer jungen Ehe. »3. August (1936). Thurnstein. Im Wald. Pilze suchen. Rehlinge und Milchbrätlinge mit schönen weißen Lamellen, die voll von Milch sind. Die Leute essen sie hier roh. Butterpilze feucht, schleimig. Steinpilze mit Maden.« Und in einem Brief fast dreißig Jahre später: »In den Licher Wäldern war es sehr schön und wir fanden eine Menge Steinpilze, Butterpilze, Birkenpilze und Parasole – ich mußte sehr an unser Pilzesuchen in Kronberg denken und wie gern Guido das hatte.« (4. September 1963)

Auf Pilzsuche gingen sie auch in den Buchenwäldern um

Marburg, sie erwähnt es, und zwar im Zusammenhang mit einem Streit. Es war das Jahr 1941. Sie hörten, während sie »die reinen, festen, bitter schmeckenden Semmelpilze« suchten, unablässig die Züge voller Soldaten vorbeirollen, und sie hat Angst, ihr Mann könne noch zur Wehrmacht eingezogen werden, wobei ihr die Tränen kamen, während Guido eine fast freudige Spannung zeigte, »so als sei das Fortgeholtwerden in die Männerwelt doch nicht etwas nur Negatives, als sei auch ein bißchen neues Leben oder neue Jugend dabei« (*Orte* 557). In der Erzählung macht sie die *Pilzsucher* zu Glückssuchern, verleiht dem unschuldigen Pilzesammeln dämonischen Charakter und untergründige Doppelbödigkeit, um durch die sublime Form der Verschlüsselung den privaten Hintergrund zu verdekken.

### Guidos tödliche Erkrankung

Und hinter dem furchtbaren Ernst
Deiner sich trübenden Augen
Sah ich noch immer die Liebe,
Das Bräutigamslicht.

Guido von Kaschnitz erkrankte in Wien, seiner Geburtsstadt. Die Symptome – Kopfschmerzen, Gehbeschwerden, Schwindelgefühl – kamen aus heiterem Himmel und wurden zunächst gar nicht ernst genommen, man dachte an eine Kreislaufstörung.
Noch einen Monat zuvor, im Juli 1956, war das Ehepaar zu einer Tagung des PEN in London gewesen, hatte Hilde Spiel und Peter de Mendelssohn kennengelernt. »Abends Lesung deutscher Autoren (Kesten, Kästner, ich) in einem Saal der Universität – unangenehm zu lesen trotz zahlreich aufmerksamem Publikum, dicke Stickluft, man sprach

wie gegen eine Wattewand.« Sie traf Peter Suhrkamp, Peter Huchel und den 35jährigen Lyriker Erich Fried, der ihr rühmende Worte sagte: auf einige ihrer Gedichte wolle er hinfort nicht mehr verzichten. Erfüllt von den anregenden Begegnungen mit André Maurois, Charles Morgan, Ludwig Marcuse und dem uralten Schriftsteller Sir Compton Mackenzie waren sie nach Frankfurt heimgekehrt.

Guido war von der Deutschen Forschungsgemeinschaft ein Stipendium bewilligt worden, das es ihm ermöglichen sollte, seine jahrzehntelangen Studien zur Strukturgeschichte der Mittelmeerländer abzuschließen und damit die Summe seines Lebenswerkes zu ziehen. Es stand eine ausgedehnte, auf mehrere Monate berechnete Studienfahrt in den Orient bevor, die in Wien ihren Anfang nehmen sollte. Dort befanden sie sich, waren in einem bescheidenen Zimmer in der Castellezgasse bei einem Jugendfreund abgestiegen, als die ersten Zeichen der Schwäche sich einstellten. Man ging zum Arzt, hielt die Sache für harmlos und vorübergehend, zumindest stellt es sich auf den Postkarten so dar, die Marie Luise Kaschnitz an ihre Freunde, an Dolf und die in Rom wartende Tochter sandte. Die Diagnose: »Durchblutungsstörung im Gehirn. Ich bin aber ganz optimistisch«.

Merkwürdigerweise hatte sie, die eine Vorahnung für Kommendes besaß, zuvor Verse voller Todesahnung niedergeschrieben, ein Gedicht, von dem Peter Huchel sagte, seine bestürzende Einmaligkeit bleibe ein Geheimnis. Der Besuch im Bergdorf Genazzano wird darin zu einer Vision gesteigert, in der Vergangenheit und Zukunft schauerlich in eins fallen:

Genazzano am Abend
. . .
Hier stand ich am Brunnen
Hier wusch ich mein Brauthemd

Hier wusch ich mein Totenhemd.
Mein Gesicht lag weiß
Im schwarzen Wasser
Im wehenden Laub der Platanen.
Meine Hände waren
Zwei Klumpen Eis
Fünf Zapfen an jeder
Die klirrten.

Es klingt, als habe sie den Tod erblickt, mitten im Leben.

Erstaunlich und rätselhaft auch, wie Marie Luise Kaschnitz fremde Personen, einmal nur im Vorübergehen mit dem Blick erfaßt, am andern Ort wieder hervorzuholen und in magisches Licht zu setzen weiß. Als sie 1951 mit Guido nach Sizilien fuhr, saß auf dem Schiff »Borsio« ein Paar, das sie im Tagebuch skizziert. »Neben uns ein Hochzeitspaar, der junge Mann sang von Amalfi bis Neapel ununterbrochen und dazwischen trank er Cognac und küßte seine sposa, die erschreckend alt und häßlich war.«

Als Guido fünf Jahre später erkrankt, taucht das Bild dieses befremdlichen Paares wie ein Menetekel wieder vor ihr auf – als habe der Tod sie damals begleitet. In *Wohin denn ich* verfolgt sie die Rückerinnerung an jene Schiffsreise: »Ein breiter, ganz gerader Schaumstreifen weist vom Heck des kleinen Dampfers auf die vor kurzem verlassene Insel Capri zurück. Neben uns sitzt ein Hochzeitspaar, der junge Mann singt unablässig sehnsüchtige Lieder, starrt in den Mond und küßt seine Braut, die aber alt und von erschreckender Häßlichkeit ist, ein Totenkopf beinahe vor der wilden, überaus schönen Himmelslandschaft und der schimmernden Pflugbahn im Meer. Keine Erinnerung an besondere Bedrückung angesichts des ungleichen

235

Paares, aber das Gefühl eines Verhängnisses, das damals schon und in den glücklichsten Augenblicken über dir schwebte und das vielleicht eine der Ursachen unserer leidenschaftlichen Zuneigung war.«

Während der Behandlung ihres Mannes wohnt sie allein im II. Wiener Bezirk in der Castellezgasse 33. Dort, im einsamen und häßlichen Zimmer, während man ihren Mann an einem Gehirntumor operiert, entstehen die Gedichte *Castellezlandschaft*, die keinen Zweifel daran lassen, daß sie alles weiß. (»Bald fallen die Briefe | Umsonst durch den Spalt ...«)

> Auf der Treppe Fallstricke gespannt
> An den Fenstern Spione gerichtet ...
> Eines Tages ist er es leid
> Und geht in die Falle.
> Wer fürchtet sich vorm schwarzen Mann?
> Alle.

Die Ärzte teilten ihr mit, daß der Tumor bösartig sei, ein Krebsgeschwulst, daß jede Hilfe zu spät käme und er höchstens noch zwei Jahre zu leben habe. Sie behielt es für sich, sagte der Tochter kein Wort. Es bedeutete aber diese Nachricht für sie »der eigentliche Höllensturz« – das, was nun kommt, nur noch »eine Gnadenfrist« vor dem Ende.

> Mit Asche bedeckten sie da
> Das Feuer deines Herzens,
> Zusehen mußte ich, wie es erlosch
> Funke um Funke.

Nach Wochen darf sie Guido im Rollstuhl (sie nennt es vor Iris »Wägelchen«) durch den Park schieben. Angst hat sie nicht vor ihrer, sondern vor seiner Verzweiflung – darüber, daß er nicht mehr schreiben, nicht mehr richtig sprechen kann. Drei Monate lang legt sie den Weg von der Castellezgasse (die sie nie wieder hat betreten wollen) zum Spital zurück, »nur ein paar Zeitungsüberschriften überfliege ich, und nur ein paar Worte kritzele ich in mein Oktavheftchen, und manchmal stürzen mir die Tränen übers Gesicht«.

Das »Oktavheftchen« ist ihr Tagebuchersatz. Darin steht Mitte 1956, also vor Guidos Erkrankung, nach den kurz notierten Begegnungen mit Ingeborg Bachmann die Bemerkung: »Alkestis, als Hörspiel«.

Auch das ist seltsam. Nach der griechischen Sage ist es die schöne, vielumworbene Alkestis, die den jungen König Admet heiratet. Es ist den Liebenden aber keine lange Zeit des glücklichen Zusammenlebens vergönnt, da Admet der Tod angekündigt wird – es sei denn, ein anderer wäre bereit, statt seiner zu sterben. Er fragt die alte Amme, er bittet den uralten Vater, doch niemand ist gewillt, freiwillig den Tod auf sich zu nehmen. Da erbarmt sich seine Frau Alkestis, sie allein begreift ihn, »seine plötzlich hervorbrechende glühende Lebensliebe und seine Todesangst«. (VI 826) Ein Jahr nach Guidos Tod hat sie dem antiken Stoff im modernen Hörspiel Gestalt gegeben: *Die Reise des Herrn Admet.*

An Dr. Gustav René Hocke in Rom.
                              Wien, Castellezgasse 33
                              c/o Dr. Illy
Lieber René, wahrscheinlich haben Sie schon gehört, was für eine finstere und angstvolle Zeit über uns hereingebrochen ist. Wir waren auf dem Weg nach Athen, mein Mann hatte eher geringfügige Beschwerden ... Drei Tage Untersuchungen in der in einem herrlichen Park gelegenen, aber doch gespenstischen Nervenklinik, dann am 20. August die schwere, stundenlange Operation – Sie haben Lebenserfahrung und Phantasie

genug, um sich vorzustellen, wie mir zumute war und ist. – Mein Mann versank in eine lange Bewußtlosigkeit, ... konnte nicht sprechen, sah uns manchmal mit großen schönen anklagenden Augen an.

Als eine fundamentale Erschütterung hat sie, nachdem Guido erkrankt war, diese »gewissen Blicke von äußerster Fremdheit« erfahren, Blicke, die sie aus dem Zimmer trieben. Sie hatte sich damit gequält, den plötzlichen Graben zu überbrücken, den Abgrund, »der nicht mehr zu überbrücken ist«. »Mir war es gelungen, oder doch nicht, nicht ganz? Diese Gedanken verfolgten mich lange. Ich gab mir alle Mühe, sie abzuwehren. Das Glück der Vergangenheit wenigstens sollte mir niemand nehmen.« (*Wohin denn ich* 449)

Dazu berichtet sie bezeichnend genug einen Parallelfall. »Plötzlich das Bild einer auf der Via Appia stadtwärts rollenden altmodischen Kutsche, darin sitzt der Maler Alfred Rethel mit seiner jungen Frau und seinem Kind. Die Familie ist auf dem Weg nach Hause, ins Rheinland, wo Alfred Rethel vor kurzem seinen schauerlichen Totentanz beendet hat. Im Wagen, zwischen den sommerlich blühenden Ruinenhügeln und den wandernden Ketten der römischen Wasserleitung wird Alfred Rethel plötzlich wunderlich heftig, in grundlosem Zorn starrt er seine schöne, junge Frau wie eine vollkommene Fremde an. Marie Rethel steigt aus, pflückt einen Arm voll Anemonen und streut die Blumen angstvoll über das schlafende Kind. Ihre Gebärde, so sentimental und hundertjahrealt sie anmutet, war meine Gebärde, ihre Angst war meine Angst und die aller Frauen, die, in der Natur (ihrer Natur) gut aufgehoben, die ganz andere geistige Verfassung des Mannes, sein eben nicht-Aufgehobensein, erkennen ... Die Anemonen der Marie Rethel stehen für jeden Versuch der Besänftigung des Schicksals, ihr nützten sie nichts, Rethel wurde schon bei der Heimkehr als unheilbar schwermütig von ihr getrennt.« Sie schließt die Frage an, ob es denn ihr gelungen sei, das Verhängnis abzuwehren, der Schwermut, dem Entfremdetsein zu entkommen.

»Aber war es denn auszuhalten, dieses Wegsinken, Auftauchen, Wegsinken, Wiederauftauchen, aber nicht friedlich, sondern streng und anklagend, deine Blicke, die mir folgten, von der Tür zum Waschtisch, zum Fenster, zum Besucherstuhl, drei Monate lang, und kein Wort mehr, kein Wort ... ein paarmal hatte ich ein böses, fast irres Aufblitzen seiner Augen bemerkt, oder eine feindliche Bewegung, und hatte den Tisch wie einen Schutzwall vor mein Bett gezogen in der Nacht. Zwei Jahre gegen einunddreißig Jahre, und der Kampf hörte erst auf, als ich mich treiben ließ, ihm nach, und nichts mehr wollte und nichts mehr versuchte, da ließ er mich frei.« (*Orte* 456, 509, 561)

> Lang ist die Zeit, da wir uns keinen Vers machen
> können
> Da die geheimnisvolle Entsprechung mißlingt.
> (Singt doch, sagen sie, singt.)
> Doch erst, wenn die Netze zum Grunde des Meeres
> gesunken
> Kommen die Fische, spielen um unser Boot ...

### »Das Haus der Kindheit«

> »Der Vergangenheit gegenüber
> sind wir machtlos.«

Im Herbst 1956 erscheint *Das Haus der Kindheit*. Das Buch ist das Gegenteil von dem, was man bei einem solchen Titel erwarten könnte: es ist keine Darstellung unbeschwerter Kindheitserinnerungen und das Haus nicht das

Elternhaus, sondern ein Museum (ein Gedanke, zu dem sie durch André Malraux' »Musée imaginaire« angeregt wurde) – Museum, Spiegel- und Schreckenskabinett, in welchem sie die Menschen und Ereignisse, die grausamen und unvergeßlichen Erlebnisse ihrer Kinderzeit teils verzerrt, teils unkenntlich – weil die »Erinnerung« versagt und der »Ordner« die Auskunft verweigert – wieder erlebt. Das alles geschieht aber in der unmittelbaren Gegenwart und am eigenen Leibe. (»Ich werde das alles noch einmal erleben, | ob ich will oder nicht ...«)

Zwar hat Marie Luise Kaschnitz Horst Bienek gegenüber erklärt, mit der ›Erzählerin‹ nicht identisch zu sein und die Ansichten »dieser etwas pedantischen Dame« nicht zu teilen – doch hat sie in keiner Weise verhindert, daß beide Frauen sich zum Verwechseln ähnlich sind.

»Es geschieht etwas ... Vorkommnisse von einer kläglichen, ja entwürdigenden Art. Das erste: ich falle hin, und zwar der Länge nach, mit großer Gewalt. Mein Körper schlägt auf steinharten Boden auf, ich habe den Mund voll Staub und die Augen voll spritzender Funken, der Atem bleibt mir aus ... Das dritte: es ist mir schlecht. Wahrscheinlich habe ich zuviel gegessen ... es wirft mir den Kopf vornüber, drängt sich über meine Zunge hinaus, spritzt irgendwohin. Ich bin mir zuwider, von innen her verunreinigt, heillos verwandelt und fremd.« (*Haus der Kindheit* 295/6)

Kindheitsbeschreibung zur Selbstfindung? Sehnsucht und Widerwille, Glück und Scham, Erfolg und Demütigung werden, vermittels einer fast kafkaesken Verfremdungstechnik, gegeneinander ausgespielt. Die Erzählerin selbst, eine erwachsene Frau, sieht sich magisch in einen Vorgang hineingezogen, von dem sie sich mit aller Kraft distanzieren will. Ein Kampf spielt sich ab: der Kampf der Erwachsenen gegen die Übermacht der sie verfolgenden Erinnerungen. Die suggestive Form der Schilderung ist faszinierend und einmalig innerhalb der deutschen Literatur.

»Es kann nicht sein, daß, wie es mir heute dargestellt wurde, alle paar Schritte ein Mann stand, der entweder blökende Laute ausstieß oder die Glieder absonderlich schlenkern ließ oder den Kopf mit blödem Grinsen durch die Gitterstäbe steckte. Ebenso unwahrscheinlich ist, daß meine großen Schwestern sich auf eine Weise, wie die mir eben vorgeführte, gestritten haben, nämlich so leidenschaftlich zornig, daß ich, aus Angst vor etwas unausdenkbar Fürchterlichem, in mein Bett und unter das Federkissen kroch ... So kann es nicht gewesen sein. So entsetzlich nicht.«

Von Entsetzen gezeichnet ist eine andere Schilderung, die Erinnerung an den ersten Schwimmunterricht, die um so merkwürdiger klingt, wenn man weiß, daß die Autorin zwar eine begeisterte Schwimmerin war, aber gerade dadurch auch ihren Tod verursacht hat. »Das Ärgste heute: ich stand, nasse Baumwolle an den Körper geklatscht, auf einem Pfahlbaugerüst, um mich eine Schar von Kindern mit geisterblassen Gesichtern und pflaumenblauen Lippen, unter ihnen ein vierschrötiger Mann ... Ich kam an die Reihe, wollte schon den Gürtel nicht anziehen, klammerte mich an der Holzbalustrade fest und schlug dann den Dicken mit beiden Fäusten auf die fette, behaarte Brust. Der Dicke riß mich los und stieß mich ins Wasser ... Graugrüne Strudel umgaben mich, dann wieder Luft, dann wieder das andere, Entsetzliche, in dem man erstickt.« Danach, heißt es weiter, versteckte sie sich »und wollte sterben, um nur das nicht noch einmal zu erleben« ...

Im *Haus der Kindheit* gibt es zudem einen eigentümlichen, geradezu »hellseherischen« Zufall, wenn man so will: die Autorin erwähnt im ganzen Buch nur ein einziges exaktes Datum, den 10. Oktober. (II 286) Sie spricht an dieser Stelle von ihrem Tagebuch. »Ich holte es eben heraus und sah zu meiner Überraschung seit dem 10. Oktober keine Eintragung mehr.« Diese Erwähnung in einem Text von 1956 erhält dadurch ein besonderes Gewicht, daß es (achtzehn Jahre später) ein 10. Oktober war, an dem sie starb.

Man könnte vermuten, daß die zum Teil grausamen Geschehnisse in diesem »Kindheitsmuseum« freie Erfindungen seien, übertrieben zugunsten einer gesteigerten Wirkung. Die Erlebnisse sind aber lediglich durch die surrealistische Erzählweise, der Collage nicht unähnlich, intensiviert und verfremdet. Es wird vor Augen geführt, daß es eine sogenannte sorglose Kindheit nicht gibt, sondern daß, wie jede Lebensphase, auch diese mit Bitterkeiten, Zweifeln, unlösbaren Rätseln angefüllt ist. »Zum erstenmal habe ich auch den dort erfahrenen Wechsel von Unliebe und Liebe, Angst und Vertrauen, Behauptung und Hingabe als ein Abbild des ganzen Lebens erkannt.« Es wirken aber die als Kind erfahrenen Demütigungen und Kränkungen nicht traumatisch in ihrem Leben und Schreiben fort; ihr ausgeglichenes Wesen schützt sie vor übergroßer Empfindlichkeit, und so kann sie sagen, daß *eine* glückliche Erinnerung – die an die erste Kinderliebe – in ihr die Erinnerung wachrufe »an alle Augenblicke der Glückseligkeit und der Geborgenheit«, kann sie gegen Ende des Buches feststellen: »Denn das kleine Leben ist erfüllt von den gleichen Spannungen, Ängsten und Freuden, die auch das große ausmachen, auch der kleine Bogen senkt sich am Ende der Liebe zu.«

Ob sie im *Haus der Kindheit* wirkliche eigene Erlebnisse verarbeitet habe, fragte Horst Bienek, und sie sagte »ja, jedes Erlebnis im *Haus der Kindheit*, in dem sonderbaren Museum, ist biographisch«.

*»Mit dem Tod muß ich umgehn«*

Und Trost ist nicht, da du mein Trost gewesen
Und Rat ist nicht, da du mein Rat gewesen
Und Schutz ist nicht, da du mein Schutz
    gewesen
Und Liebe nicht, da ich um deinetwillen
Die Welt geliebt.

Im Herbst des Jahres 1957 erlebten Guido und Marie
Luise von Kaschnitz ihren letzten gemeinsamen Aufenthalt im Bollschweiler Gutshaus. (»Fliehen wir doch, bat
ich, | Zurück in die Arme der Linden. | Fliehen wir doch,
bat ich, | Zurück an die Efeuwand … | Der Brunnen Le-
benswasser | Sprüht und tönt … Und ich rüttelte deine
Schulter, | Aber du rührtest dich nicht«)
Bewegend die Briefe, in denen sie, anstatt zu klagen, sachlich bleiben und Hoffnung vermitteln möchte – nur einmal
gesteht sie Iris, sie sei sehr deprimiert, dürfe es aber nicht
zeigen. Gerade in diesen entsetzlichen, von Hoffnung und
Hoffnungslosigkeit zerquälten Jahren zeigt sich beispiel-
haft die bewundernswerte Disziplin, die menschliche
Größe der Dichterin.
Sie berichtet vom Besuch Ingeborg Bachmanns, die wieder nach Rom abgeflogen sei, um abends in der Deutschen
Bibliothek zu lesen, »ob sie Dich anrufen wird, bezweifle
ich, da sie wahrscheinlich erst mal wieder zusammen-
bricht! Sie war aber sehr lieb … Ich war gestern abend mit
ihr bei Unselds (Suhrkamp-Verlag), mit Walter Höllerer…« (5. Februar 1957)
Ingeborg Bachmann, die Guido verehrte, nahm sich seine
Krankheit derart zu Herzen, daß sie nach dem Besuch
Kopfschmerzen bekam und sich, obwohl die Ärzte es ihr
auszureden versuchten, auf einen Gehirntumor hin unter-
suchen ließ.
Unendlich traurige Briefe aus zwei deprimierten Jahren.

Einmal schreibt sie, wie gern sie die Tochter bei sich hätte, »aber da ich sehr lange sehr glücklich gewesen bin, sollen meine Gefühle Dich nicht bestimmen«. (25. März 1957)

Wider besseres Wissen der tägliche Kampf um Sprechen und Schreiben, aufblitzende Hoffnung, neue Erwartung jedesmal »bei seinem alten, von Geist und Liebe erfüllten Blick«. Es wird berichtet, mit welcher Tapferkeit, unter Zurückstellung der eigenen Persönlichkeit, Marie Luise Kaschnitz das Sterben ihres Mannes ertrug, wie sie den Besuchern seine gestammelten Worte übersetzte. Es gab auch manchmal Aufschwünge in den zwei Jahren bis zu seinem Tod. Seine Arbeitslust kehrte kurzfristig zurück, die jahrzehntelang geübte nächtliche Lektüre wurde wieder aufgenommen, und sie las ihm nicht mehr nur Goethe und Shakespeare, sondern moderne Literatur, Sartre, Beckett und Walter Benjamin vor. Es gab Besserung, sogar ein unerwartetes Auftreten unter den Kollegen, wie Helmut Viebrock, Professor an der Frankfurter Universität, berichtet, als das Unglaubliche geschah, daß der dem Tod bereits Verfallene bei einer Winckelmann-Feier hinter seiner Frau erschien, die verwirrt, im offenen Pelzmantel, »im biblischen Sinne entsetzt« den Raum betrat. Ein Wunder –
»Ich war öfters bei Kaschnitzens in dieser Zeit, und das hat mich wohl mit ihr besonders zusammengeführt«, schreibt Hans-Georg Gadamer. »Man konnte gar nicht anders, als die ruhige Selbstverständlichkeit zu bewundern, mit der sie ihrem Gatten hilfreich und kameradschaftlich zugewandt blieb. Eine Frau mit ihrer geistigen Selbständigkeit vollbrachte damit eine Leistung der Zurückstellung, die ihren hohen menschlichen Rang spüren ließ.«*
1958 reist sie für ein paar Tage, während Iris sie vertritt,

---

* Hans-Georg Gadamer am 1. August 1990 an D. v. G.

nach Berlin, um beim RIAS neue Hörspielpläne zu besprechen. In Berlin war sie seit zwanzig Jahren nicht mehr. Die Notizen sind seltsam stumpf. Sie sieht zum ersten Mal die Kongreßhalle und das Hansaviertel, die behelfsmäßigen Glaskästen am Kurfürstendamm erinnern sie an »Häuschen an der Ostseeküste«. Sie besucht Ingeborg Bachmann, die mit einem Stipendium in Berlin lebt und ihr angsterfüllt die Geschichte einer Notlandung erzählt. Sie erneuert alte Bekanntschaften mit der Schriftstellerin Ilse Langner und mit Joachim Fest, der wegen seiner Geschichtssendungen Drohbriefe erhielt. Doch in die Straßen, in denen sie als Kind wohnte, in die Hardenberg- und die Von-der-Heydt-Straße, geht sie nicht. Berlin taucht auch in keinem ihrer Gedichte auf. Der Zustand des Tiergartenviertels wird knapp notiert: »Zwei große Betonblöcke vom Bunker der Reichskanzlei, dahinter bis zum Tiergarten Steppe. Ausländer fotografieren den Ort von Hitlers Selbstmord.«

Am ausführlichsten notiert sie sich den Anblick von Berlin Ost: »Viele graue Ruinen, wenig Fahrzeuge, wenig Menschen auf der Straße. Frauen mit Kopftüchern, schäbigen Mänteln, festen Schuhen. Hinter dem wiederhergestellten Brandenburger Tor die ›Linden‹ in Ruinen, nur mit dem ›Haus der freien Jugend‹, der Staatsoper und der Universität. Statt des Schlosses ein Aufmarschgelände mit Gestell für Licht-Zeitung. Stalinallee eine Geisterstraße, gut gebaut, einförmig, kilometerlang ...«

Anstatt der geplanten Reisen bleiben ihr nur noch kleine Wege, kleine Schritte im Palmengarten, die Spaziergänger sehen sie mitleidig an, wie seine Hand schlaff in ihrem Arm hängt, »einmal war ich eine Geliebte, jetzt eine Pflegerin, aber ich bedauerte mich nicht«. (*Orte* 424)

Mit dem Tod muß ich umgehn
Dem schwarzen Hengst,
Der sprengt mit der Schulter
Die sicheren Wände,
. . .
Deine Bettstatt verschwunden
Um Deine Bücher Spinnenkränze
Auf dem Teppich Schnee.

Guido Kaschnitz von Weinberg starb am 1. September 1958 in Frankfurt. Auf dem Bollschweiler Friedhof, in der vom doppelten Wappen bekrönten Familiengruft, wurde er beerdigt, und das Parthenonrelief mit den Reitern, das er zur Hochzeit erhielt, bezeichnet sein Grab.

Und einer der Jünglinge wendet sich um nach dem andern, Winkt –

»Vom Allerpersönlichsten zum Allerunpersönlichsten« wolle sie gelangen, hat sie notiert und damit ihrer »Trauer-arbeit« ein Ziel gesetzt. Die Gedichte, die Marie Luise Kaschnitz auf den Tod ihres Mannes schrieb, sind einzig-artig in der deutschen Literatur. Hatten ihre Nachkriegs-gedichte Aufsehen erregt, so stellt ihr Gedichtband *Dein Schweigen – Meine Stimme* einen absoluten Höhepunkt dar. Wie sie sich formal von der Tradition entfernte und un-geahnte Ausdrucksmöglichkeiten fand, so hat sie auch the-matisch Neues geschaffen. Die Liebesklage am Ende eines gemeinsamen Lebens, der Schmerz und die Schmerzüber-windung, die Trauer um *den* einen Menschen – sie sind, intellektuell erarbeitet und seelisch vertieft, in der deutschsprachigen Dichtung nicht mehr wiederholt wor-den.

Bänder rückwärts gespielt
Geschnatter
Höllengelächter.
Sieben Ziffern
Auf der Wählscheibe gedreht.
Ich melde, ich will aus der Welt gehen ...

Unerreicht ist die Kraft ihrer Aussage, der Reichtum ihrer
Sprache, die Fähigkeit, in Zwischentönen zu sprechen.
Metaphern und Schlüsselworte, die zuvor dem Glück
Ausdruck gaben, kehren wieder, jetzt aber sarkastisch
verzerrt, unheimlich ins Gegenteil verkehrt:

Freizügig sind die Verlassenen
Windsbräute Windraub.
Ihre Türen stehen offen Tag und Nacht.

Sie bewältigt ihre Trauer unsentimental und ehrlich, tastet
sich langsam ins Leben zurück, jedes Gedicht ist eine bio-
grafische Station.

Einmal bedurfte es nur eines Wortes von dir
Und die Laufschritte in meinem Rücken fielen ab.
Nur deiner Hand mir unter die Wange geschoben
Und ich schlief.

Luise Rinser spricht davon, wie Marie Luise Kaschnitz
von ihrem Neffen Michael Marschall von Bieberstein von
Rom aus mit dem Auto zu ihrem etwas abgelegenen Haus
gebracht und leider zu früh wieder abgeholt worden sei,
da sie sich mitten in einem wichtigen Gespräch befanden.
»Sie fragte mich: ›Wenn ich sterbe und ›hinunterkomme‹,
glaubst Du, ich finde da meinen Mann wieder?‹ Da ich an
das Fortleben der Persönlichkeit im Menschen glaube,
sagte ich ihr, sie werde ihren Mann dort finden. ›Viel-

leicht‹, sagte sie, ›aber wenn ich ihn finden sollte, so ist er mir ja schon um zu vieles voraus. Nein nein: ich erreiche ihn nie‹. Unvergeßlich ihre Verzweiflung.«*

> Du entfernst dich so schnell
> Längst vorüber den Säulen des Herakles
> Auf dem Rücken von niemals
> Geloteten Meeren ...
>
> Dein Schweigen
> Meine Stimme
> Dein Ruhen
> Mein Gehen
> Dein Allesvorüber
> Mein Immernochda.

Was ihr das Zusammensein mit ihrem Mann lebenslang bedeutet hat, sagt mitten unter den oft nüchternen Aufzeichnungen in *Orte* (1973) ein Text, der ein gemeinsames Leben von mehr als dreißig Jahren zusammenfaßt. Vom Alltag ist die Rede, Thema ist das tägliche Heimkommen des Mannes von der Arbeit, aus dem Seminar, dem Büro, der Bibliothek, sie hört seine Schritte vor der Tür, »... der Schlüssel, der sich in der Wohnungstür drehte, und schon schlug mein Herz schneller, höher, wie man so sagt. Küsse und Fragen, wie war es – wie war es, das Stückchen Leben allein oder mit andern, und alles war wichtig, aber das Wichtigste ist doch die Umarmung, die erste, zu der ich dir auf dem Korridor entgegenlief, zu der du deine Büchermappe auf den Boden warfst, alle Tage, ja verrückt, alle Tage. Als hätte uns auch in Friedenszeiten eine schreckliche Gefahr gedroht, Gefahr des Sichverlierens. So kommt es, daß ich auch das Geräusch des sich drehen-

---

* Luise Rinser am 15. November 1990 an D. v. G.

den Schlüssels immer, immer wieder höre und aufspringe
und den Korridor hinunterlaufe, meinem vieljährigen Alleinsein zum Trotz«.

Gespräche unsere lebenslang alltäglich
Sieh wie es schneit.
Die Sterne fliegen fort.
Sie bauen ein neues Haus dort drüben.
Dein Halsweh? Besser.
Kauf das dunkle Brot.
Geh Du ans Telefon.
Blüht schon die Linde?
Das Kind ist blaß
Wir geben zuviel aus.
. . .
Sieh wie es schneit.
Und so ein Leben lang
Drehorgel aus dem Eheparadies.
Wie sich das anhört d'outre tombe
Wie süß.

# IX.
## Das Leben war noch immer ein Geheimnis
## (1960–1964)

*»Nichts Erstaunlicheres als Menschen«*

Angst zu sterben
Und Angst zu leben
Hielten sich die Waage noch immer.
Natur trug unbekümmert ihr altes Gewand
Herzzerreißende Schönheit.
Das Leben war noch immer ein Geheimnis.
Der Tod ein andres.

»Eines Tages bin ich zurückgekommen, zurück woher, davon werde ich später sprechen, jetzt nur so viel sagen, daß ich fort war, lange und weit fort. Wenn Sie wissen wollen, wer hier spricht, welches Ich, so ist es das meine und auch wieder nicht, aus wem spräche immer nur das eigene Ich ... eine Zeitgenossin, großäugig (damit ich dich besser sehen kann), großohrig (damit ich dich besser hören kann), stark und hinfällig wie wir alle und wie wir alle jung und uralt ... Jemand also drehte mich um, als ich schon im Begriff war, ganz zu verschwinden, tatsächlich hatte ich die Erde aufgekratzt, um dir zu folgen, und war mit Trauer unter den Nägeln zurückgeblieben, denn die Erde hatte sich gesperrt ... Das Telephongespräch fand am 12. September eines nun schon weit zurückliegenden Jahres statt, morgens um neun Uhr, der Mann sprach gewiß zehn Minuten lang, und was er sagte, war so befremdlich, daß ich glaubte, er habe falsch gewählt. Schon aus seinen ersten Worten ging hervor, daß er mich für eine Schriftstellerin hielt.«

Das ist der Beginn des Buches *Wohin denn ich*. Der Anrufer war Willy Hartner, Rektor der Frankfurter Universität. Marie Luise Kaschnitz nimmt zum ersten Mal das Wort *Ich* in den Titel eines Buches. Und obwohl sie es fast sofort wieder zurücknehmen und den Leser auf eine falsche Fährte setzen möchte (»aus wem spräche immer nur das eigene Ich«), so ist es doch ihr persönlichstes Buch, sind es ihre privatesten und intimsten Erfahrungen, die in das Werk eingehen.

»Selbstbildnis einer Schriftstellerin« nannte die Kritik das neue Buch. Der Titel *Wohin denn ich* geht auf einen Vorschlag von Adorno zurück, sie selber notiert ziemlich verärgert: »Titelsuche und zahllose Telefonate mit Frau Claassen. Beratungen ... Mein Favorit, die Lenaustelle *Bis es mir schön wird, das Schreckliche* wird als zu lang und umständlich verworfen. Schließlich wurde Adornos ohne jedes Überlegen gefundener Titel *Wohin denn ich* (nach Hölderlins ›Abendphantasie‹ akzeptiert.«*

Auch mit Ingeborg Bachmann hat sie sich beraten; deren Vorschlag »Rückkehr aus dem Nebelland« sagte etwas aus über den Versuch, anhand von Tagebuchnotizen das »seltsame Auftauchen des Ichs aus einem Zwischenreich« zu schildern. »Schwarzvogel, Klagvogel, schweig endlich oder stimme andere Töne an ... erzähl uns etwas Neues, wir haben dir genug Zeit gelassen, alles was recht ist, und drei Jahre sind recht.« Sie hat an dem autobiographischen Charakter des Buches nie einen Zweifel gelassen. Sie habe wirkliche Tagebücher benutzt, sie aber gekürzt oder ergänzt, also ›zurechtgemacht‹. Entstanden ist eine nach innen gerichtete Biographie, die eine Erforschung der eigenen Existenz und das Wiederherantasten an die Welt zum Thema hat.

---

* Adorno hat ihr daraufhin seinen Essay »Titel« gewidmet. In: Th. W. Adorno, Noten zur Literatur III, Frankfurt 1965, S. 7-9.

Was ihr zustößt, wird in einem Ton berichtet, der den Leser schaudern läßt, »als sei er vom geraden Weg unversehens in eine Fallgrube abgestürzt« (Geno Hartlaub). Das Buch stand auf der Bestsellerliste des ›Spiegel‹ und erschien in der ›Reihe der Neunzehn‹ als Sonderband. »Es war eine erstaunliche Periode im Leben der Dichterin«, sagt Gadamer. »Wohin denn ich? hatte sie gefragt. Das Schicksal hat es besser gewußt und sie auf einen Rang gehoben, der für uns, ihre Zeitgenossen, doch noch alle Erwartungen übertraf, die man in ihre Klugheit und in ihre dichterischen Gaben setzen konnte. Auf einmal war es Weltliteratur.«[*] Nach dem Tod ihres Mannes brach Einsamkeit über sie herein in einem Maße, »daß kein an mich gerichtetes Wort mich erreichte, daß kein in meine Augen fallendes Bild bis auf den Grund meines Bewußtseins drang«. Sie war völlig außerstande zu schreiben. Als ein Lektor mit der Bitte zu ihr kommt, für den Claassen-Verlag Gedichte von Cesare Pavese zu übersetzen, sagt sie zu. »Früher hätte ich mich gesträubt, weil es eine enorme Zeit kostet und wenig Geld einbringt; aber jetzt bin ich so unglücklich, daß ich gar nicht arbeiten kann, daß ich über so etwas froh bin.« (29. April 1959 an Iris)

Sie spricht vom Stillstand.

Wo sollte sie Hilfe suchen, wohin sich retten? In eine Reise? »Wie kindisch«, lautet ihre Antwort, »was könnte eine persönliche Rettung dem bedeuten, der für sich selbst nichts mehr will. Rettung zudem wovor und woraus, ich wußte ja, was meine Not war, diese schmerzhafte Spannung zwischen Todessehnsucht und Lebenswillen« ... (*Wohin denn ich* 477) Am liebsten würde sie sich aus dem Leben schleichen, aus diesem »Zwischenreich der Exi-

---

[*] Hans-Georg Gadamer am 1. August 1990 an D. v. G.

stenz«, in dem sie nichts mehr sehen und nichts mehr wissen will. (»Im Nichtmehrwichtig|Im Ohnedauer|Im Baldbeidir...«).

Gab es Rettung durch das Wort, das Werk, das Gedicht? Kunst und Literatur versagen. (»Schreibend wollte ich | Meine Seele retten. | Ich versuchte Verse zu machen... Es ging nicht. | Man kann nicht schreiben | Um seine Seele zu retten. | Die aufgegebene treibt dahin und singt.«) Die Sprache tauge allenfalls dazu, ihren Halbheitszustand auszudrücken.

> Ihr sollt in mir sehen
> Einen von zweien
> Und hinter meinen Worten
> Unruhig horchen
> Auf die andere Stimme.

Immer war sie der Meinung, daß gerade für eine Frau das Alleinsein auf Dauer nicht zu ertragen sei, »da sie ja gerade aus der Beziehung, der Anlehnung oder der Verantwortung lebe« (*Engelsbrücke* 123). Sie ist gequält vom Verlangen nach Zweisamkeit, Körperlichkeit, sehnt sich nach Nähe.

> Du sollst mir nicht zusehen wenn
> Meine Fratzen den Spiegel zerschneiden
> Wenn ich mich umdrehe nachts
> Fensterwärts wandwärts
> Und die Leintücher seufzen.

Ohne Schonung zeichnet sie ein abstoßendes Porträt der vereinsamten Frau. »Ich sah jetzt auch manchmal in den Spiegel, fand mein Gesicht unstet, meine Augen koboldhaft und überlegte, was aus Frauen wird, die ein Menschenalter lang in der Liebe wie auf festem Boden stehen und die dann, verlassen, wieder flüchtig werden – wie ihre Haare, beständig gegen den Strich gekämmt, zu sprühen anfangen, wie sie irrsinnig kichern, wie der Teufel einzieht in ihren einsamen Leib.« (*Wohin denn ich* 397)

Dann versuchte sie den Anfang ganz von vorn, wie eine Schülerin. »Ich erlernte die Welt. Zum erstenmal seit vielen Jahrzehnten sah ich sie mit nur zwei Augen.« (»Daß deine zugedrückten Lider sprängen | Und Hand von Hand gefaltete sich löste | Daß du mir wieder innewohntest, du …«) Sie könne zwar immer noch nicht richtig arbeiten, sagt sie Iris, doch »wenn ich noch etwas schreibe, darf es nur etwas ungewöhnlich Gutes sein«.

Meine Neugier, die ausgewanderte, ist zurückgekehrt.
Mit blanken Augen spaziert sie wieder
Auf der Seite des Lebens.
. . .
Was für eine Stimme, die aus mir selber kommt,
Spottdrosselstimme, und sagt,
Was willst du, du lebst.

Nach dem Tod ihres Mannes ist Marie Luise Kaschnitz intensiv damit beschäftigt, seine Schriften und Vorträge zum Druck vorzubereiten. An die eigenen Termine will sie nicht denken, geht zum ersten Mal nicht zur Tagung der Darmstädter Akademie: »ich kann nur, wenn überhaupt, ganz piano piano wieder ins Leben zurückfinden, mit wenigen wirklichen Freunden zuerst und mit noch viel Alleinsein – das heißt auch mit Guido sein …«

Ihr Arzt Werner Burger, den sie seit seiner Karlsruher Schülerzeit kennt, stellt seine Diagnose: ihre Herzbeschwerden rühren von Niedergeschlagenheit, Aufregung, Depressionen her.

Als erster erscheint ein guter Freund unangemeldet in ihrer Wohnung: Harald Keller, »ganz leise und zart, wie ich es bei ihm nie für möglich gehalten hätte, – nichts Erstaunlicheres als Menschen!«

Nichts Erstaunlicheres als Menschen – ihr Interesse am »Rätsel Mensch« ist nie wirklich zum Erliegen gekommen. Äußerlich führte sie ihr Leben fast wie bisher. Nach und nach wagen sich die Frankfurter Freunde hervor, es gibt Verabredungen, Theaterbesuche, Abendessen mit jenen, denen sie schon vor dem Wechsel nach Rom verbunden war, mit Adornos, Reinhardts und Vosslers, mit Viebrocks und ihren Freundinnen Lexie von Metzler und Conny Günther, die ihr zu jedem Geburtstag blaue Hyazinthen bringt – weil es früher Guido getan hatte.

Dolf Sternberger kehrt aus Indien zurück und liefert einen spannenden Bericht, Horkheimers sind zugegen, Käte Reiter aus Düsseldorf findet sich ein, die ihr diesmal mit ihrem rheinischen Humor auf die Nerven geht. Im Kunst-Kabinett der befreundeten Hanna Bekker vom Rath, die, selber Malerin, seit 1947 ihr »Blaues Haus«, später ihre Galerie am Börsenplatz Malern und Literaten öffnete, wird aus der *Engelsbrücke* vorgetragen, und Joachim Fest, ehemals ihr studentischer Untermieter, der zur ›Frankfurter Allgemeinen Zeitung‹ überwechseln wird, begleitet sie. Adorno spielt ihr serielle Musik und seine eigenen Trakl-Vertonungen vor – dennoch geht sie umher wie ein Schatten. »Ich hatte die letzten drei Jahre hindurch ein ziemlich normales Leben geführt, und wie ja auch Schwerhörige und Schwachsinnige im Verstecken ihrer Mängel eine gewisse Virtuosität entwickeln, war ich geschickt genug gewesen, mir nicht anmerken zu lassen, daß kein Wort mich erreichte ... An Beschäftigungen, die auch von einem Krüppel ausgeführt werden können, fehlt es bekanntlich nicht.« (*Wohin denn ich* 382)

Einen Körper zuweilen
Leih ich mir aus
Da sitzt er zwischen den Freunden
Seine Hand macht Gebärden
Sein Mund sagt Worte
Ich entferne mich lautlos.

Das erste, was sie schreibt, ist die Erzählung *Am Circeo*.
Sie hat darin ihr verzweifeltes Bemühen um einen Neuan-
fang geschildert. Die Geschichte entstand während des
Aufenthaltes mit Iris 1959 in San Felice Circeo – dem Ort
erlebten Glücks. Nach dem letzten Besuch dort mit Guido
hatte sie ein paar hastige Zeilen in die Kladde geschrieben:
»Ende Mai 1956. Die Wagenfahrt nach San Felice ... Der
Circeo scheint immer gleich fern, wird schwarz, mit Lich-
terreihen am Saum« ... Daraus wurden die Strophen vom
Circeo (Blick in die Tiefe | Hinab | Gesunken sind all unsre
Küsse | All unsre Worte | Hinab).
Ein Ort als Liebes- und Todessymbol. Sie fährt wieder zum
Cap der Circe. Was treibt sie dorthin? Die Erzählung gibt
die Antwort. »Hier, unter dem Feigenbaum, könnte man
wieder anfangen zu leben, was bei dem einen dies und bei
dem andern das bedeutet und bei mir Lieben und Schreiben« ... Und: »Am Strand entlang ... immer ausgeschaut
nach einem Körper, nach deinem langen, schmalen Jüng-
lingskörper, den sollte das Meer ans Land spülen, der Tod
ans Land spülen, denn das Meer ist auch der Tod.«
Der Tochter gilt nun plötzlich mehr denn je die Sorge der
Alleingebliebenen. Einerseits möchte Marie Luise Kaschnitz keine ängstliche »Übermutter« sein, und mit einiger
Ironie kritisiert sie die eigenen altmodischen Vorstellun-
gen vom »Glück des Kindes«. Andererseits spricht sie in
den Briefen ganz offen von der Sorge, die inzwischen dreißigjährige Iris könne allein, unverheiratet, unversorgt
bleiben.

Die Existenz der Tochter spielt in der Erzählung *Eines Mittags, Mitte Juni* die entscheidende Rolle. Die Ich-Erzählerin, mit der Autorin identisch (sie wird in der Geschichte »Frau Kaschnitz« genannt) ist weit hinausgeschwommen ins Meer und wäre gern dem Sog, sich ganz hinaustreiben zu lassen, erlegen, hätte nicht ein geheimnisvoller Flötenton ihr bedeutet, »das Leben ist nicht sinnlos, ich bin nicht allein auf der Welt«. Am Ufer steht die Tochter und sagt zornig: »Was schwimmst du so weit hinaus?« (IV 293)

Diese Erzählung von 1959 hat eine tragische Komponente, wenn man den Tod von Marie Luise Kaschnitz fünfzehn Jahre später bedenkt. Sie starb, weil sie im Urlaub, in der Nähe von Rom, trotz der Warnung der Tochter zu lange und ausdauernd geschwommen war.

*

> Die Meisterschaft des Bildes triumphiert über die dargestellte Verkümmerung, so wie bei Beckett die Meisterschaft des Wortes über seine amputierten, gefesselten Gestalten triumphiert. Allerdings ist bei Beckett, was übrigbleibt, der Kopf, das unermüdliche Denken. (*Tage, Tage, Jahre* 149)

Die Schonzeit, wie sie es nennt, ist für die Umwelt vorbei. Sie wird gefordert, das Telefon steht nicht still. Bei Claassen ist ihr Band *Neue Gedichte* erschienen, sie erhielt den Immermann-Preis der Stadt Düsseldorf, nun soll sie sich dort bei der Jury beteiligen. Der Auftrag, für den Bildband *Die Umgebung von Rom* den Text zu verfassen, hat sie zuerst erfreut, doch während des Schreibens wird sie von schmerzlicher Erinnerung überwältigt. Eine Notiz im Tagebuch von 1959 lautet: »Schreiben können heißt, sich im richtigen Augenblick der richtigen Dinge zu erinnern...«

Als Günter Eich im Herbst 1959 zum Büchnerpreisträger gewählt wird, nimmt sie erstmals wieder an einer Festlichkeit teil und an einem Essen, zu dem der neue Verleger des Suhrkamp-Verlages, Siegfried Unseld, sie und Max Frisch einlud. Als sie Iris den Abend schildert, weiß sie nicht, daß Unseld der zukünftige Verleger ihrer Bücher sein wird; ihre Freundschaft mit Hilde Claassen war gerade zu diesem Zeitpunkt besonders eng.

Über den Vorschlag, im Sommersemester 1960 an der Frankfurter Universität die von dem Verlegerehepaar Bermann-Fischer gestiftete Poetik-Dozentur zu übernehmen, ist sie keineswegs begeistert. Zu höflich, um direkt abzulehnen, hofft sie bis zuletzt, ein anderer Schriftsteller werde sie von dieser Aufgabe erlösen. Ihre Zurückhaltung wird um so verständlicher, wenn man weiß, daß ihre Vorgängerin auf diesem Posten, Ingeborg Bachmann, den anfänglichen Erfolg verspielte und man bei ihrem Abgang von einem Eklat sprach, da es ihr nicht gelang, sich den Studenten verständlich zu machen oder gar ein fruchtbares Gespräch zustande zu bringen.

Marie Luise Kaschnitz war über die Vorwürfe, die man ihrer gehemmten, scheuen und trotz allem mutigen Freundin machte, empört. Vor der ersten Lesung waren Ingeborg Bachmann und Max Frisch bei ihr gewesen als ein Liebespaar, Frisch hatte ihr einen Heiratsantrag gemacht, »alles wieder in Harmonie und sie sehr glücklich und gelöst, nur bedrückt von ihrem Lehrauftrag, sie behauptet, für die nächsten Vorlesungen noch garnichts zu haben« (Mitte November 1959). Sie ist dann sehr erregt über die allgemeine Unzufriedenheit. »Hast Du den Aufsatz über die Lehrtätigkeit der Ingeborg im ›Spiegel‹ gelesen?« schreibt sie an Iris. »Da kann man schon Angst kriegen, mit welcher rätselhaften Gehässigkeit so etwas beurteilt wird« (30. April 1960). Ermutigend war die Art und Weise, wie man über eine »Dichterin auf dem Lehrstuhl«

herzog, nicht. Wenn sie die Dozentur dennoch annahm, so hauptsächlich, um Viebrock, der die Poetik-Vorlesungen ins Leben gerufen hatte, nicht zu enttäuschen. Das einzige, was sie sich erbat, war, daß alles »ohne Sang und Klang« und ohne feierliche Einführung vor sich gehe. Das nützte ihr alles nichts. Sie wurde feierlich eingeführt – durch Viebrock selbst, der sie dem vollen Hörsaal als die Dichterin präsentierte, deren Werk eine Synthese von Überlieferung und Neubeginn enthalte, in dem sich »Leidenschaft und schöne Gelassenheit, Ernst und Serenitas, Frankfurt und Rom« vereinigten. Die »praktischen Übungen« für Schreibwillige wurden zur Zugabe. In der Hauptsache las sie in sechs Doppelstunden über große Gestalten der europäischen Dichtung von Shakespeare bis Beckett. Befragt, wo in der Literatur sie ihren Standort sehe, antwortete sie: »Ich kann nur sagen, wo ich gerne stehen würde – bei Kafka, bei Celan, bei Thomas Bernhard, bei Beckett.« (VII 931)

»Heute nur die Nachricht, daß es gestern recht gut gegangen ist und daß ich sehr erleichtert bin. Der 750 Leute fassende Hörsaal war so ziemlich voll. Während des Prorektors (Viebrock) Einführung saß ich noch heftig zitternd und mit furchtbarem Herzklopfen in der Bank, aber auf dem Katheder war mir dann ganz wohl. Es gab viel Beifall – wahrscheinlich vor allem für ›Romeo und Julia‹, den ›Sturm‹ kannten sie offensichtlich nicht. Der Rektor spendierte danach im Rektorat Champagner, da waren Hartners, Viebrocks, Adornos, Selvani usw. Um sieben Uhr war das Seminar, ich trug meine Vorschläge vor, fragte, wer sich zur »Beschreibung« melden wollte, sehr zögernd erhoben sich drei Hände. Dann fragte ich, wer denn überhaupt aktiv mitarbeiten wolle – worauf zu meinem Entsetzen ein ganzer Wald von Armen aufwuchs! Nachher wurde eine Liste angelegt, da waren es 68!! Und ich wollte doch ein kleines, gemütliches Seminar, zehn bis fünfzehn

Leute, die ich gedachte mit nach Hause oder ins Caféhaus zu nehmen. Außerdem fürchte ich, daß sie alle Gedichte machen wollen oder schon welche in der Schublade haben...« (12. Mai 1960 an Iris).

Adorno dankte ihr nach den Vorlesungen im Hörsaal für die Zivilcourage, mit der sie »das in Deutschland unerhörte Novum« des Brückenschlagens zwischen Dichtung und Wissenschaft gewagt habe. Ihre Ausführungen zu Becketts Gestalten gefielen ihm derart, daß er, als er sich selber mit Becketts »Endspiel« beschäftigte, um ihr Manuskript bat.*

Was sie beabsichtigt hatte, ist ihr gelungen: die klassischen Gestalten der Literatur aus dem altväterlichen Bücherschrank in die lebendige Gegenwart zu holen und Einblick zu geben in die Beweggründe, die Dichter wie Goethe und Büchner, Tolstoi und Ibsen, Hofmannsthal und Camus zur Gestaltung gedrängt hatten.

Gleichsam in einem Atemzug mit den erfolgreich beendeten Seminaren berichtet sie der Tochter vom Besuch Paul Celans, der, wie er im gleichen Sommer Nelly Sachs gestand, unter der Vorstellung eines wiedererwachenden Antisemitismus litt. Er trug ihr seine Valéry-Übersetzungen vor und war trauriger denn je – »wenn man Celan nur ansieht, bleibt einem der Bissen im Halse stecken, und man geniert sich, daß man lebt«.

Schlimmer noch litt sie bei seinem zweiten Besuch, er kam mit dem jungen österreichischen Dichter Demus, blieb drei Stunden, »war völlig außer sich, weinte und schrie, fühlt sich überall verfolgt, – was alles wohl noch eine Folge der Erlebnisse seiner Kindheit ist – die Eltern vergast. Nachts vor der Abreise nach Paris rief er noch einmal an, sagte, die Stunden bei mir seien die Katharsis gewesen und

---

* Th. W. Adorno, Noten zur Literatur II, Frankfurt 1961, S. 229.

es ginge ihm jetzt besser ...« (16. Mai 1960) Mit Ingeborg Bachmann und Klaus Demus setzte sie sich für Celan ein, als Claire Goll den Dichter – völlig zu Unrecht – des Plagiats bezichtigte. Noch im gleichen Jahr wird sie gebeten, für ihn, der den Büchner-Preis erhält, die Laudatio zu halten. Zuerst fürchtet sie diese Aufgabe, glaubt, seine dunklen, rätselhaften Verse nicht richtig zu verstehen – wird dann aber seiner Dichtung und Person, für die sie ein inneres Verständnis besaß, auf eine wunderbar einfühlsame Weise gerecht. Immer hat sie diesem Mann ein lebendiges Andenken bewahrt, am deutlichsten vielleicht, als sie ihrem Buch »Gestalten und Themen der Dichtung« den Titel *Zwischen immer und nie* gab, eine Zeile aus einem Gedicht Celans wählte, in der es heißt: Nachts, wenn das Pendel der Liebe schwingt | Zwischen Immer und nie ...

Bevor das Jahr 1960 zu Ende geht, kann sie der Tochter in Rom zwei erfreuliche Ereignisse melden. Ingeborg Bachmann war lange zu Besuch, sie kam nach Frankfurt, um Henzes Oper »Der Prinz von Homburg« zu sehen, wozu sie das Libretto verfaßt hatte; sie waren zusammen bei Adornos und mit Andreas Graf Razumovsky, den sie bei Adorno kennenlernte, in Bollschweil bei Peter von Holzing.

Die zweite Nachricht ist ein Brief, über den sie sich, zum erstenmal seit langem, wirklich gefreut hat: Er enthielt die Einladung, für ein Vierteljahr Ehrengast der Villa Massimo in Rom zu sein.

»*Lange Schatten*«

> Und weil ihre Haare rötlich und ihre Be-
> wegungen heftig waren, kamen sie mir
> immer vor wie Windsbräute, die man
> niemals ganz ergründen und niemals
> ganz festhalten kann.
> (*Die übermäßige Liebe zu Trois Sapins*)

Ein weiterer Band mit Erzählungen erscheint 1960 unter
dem Titel *Lange Schatten*. Das Buch wird ein außerordentlicher Erfolg, in den ersten zwei Jahren erlebt es allein
sechs Auflagen. Die zwanzig neuen Erzählungen haben
das Außerordentliche der menschlichen Existenz zum
Thema, gehen unvorhergesehenen Entwicklungen nach,
die in jedem auch noch so alltäglichen Leben enthalten sein
können. Das Unerklärliche, Geheimnisvolle des Lebens
wird durch die doppelbödige, in irreale Bereiche verwei-
sende Erzählweise allmählich enthüllt. »Der Ausschnitt
für das Ganze, der Kosmos im Blitzlicht erhellt, das ist die
Absicht der Autorin.« (Horst Bienek).
Unerwartet wird im scheinbar Normalen ein schwarzer
Fleck aufgedeckt, ein Versäumnis, eine Schuld, die das
ganze Leben belastete, in *Schneeschmelze, Christine, Der
Deserteur*. Es kann ein einfaches Erlebnis die routinemä-
ßige Existenz eines Menschen aufbrechen und ihm ein
Schicksal geben, von dem zu Beginn weder der Held noch
der Leser etwas ahnten: *Die späten Abenteuer, Der Tulpenmann, Wer kennt seinen Vater, Das rote Netz*. Das
Thema des »Liebesmißverständnisses«, das sie immer beschäftigt hat, wird in drei ganz unterschiedlichen Erzählungen gestaltet: *Das ewige Licht, Popp und Mingel, Der
Strohhalm*. Immer sind es gerade jene Menschen, die sich
besonders innig lieben, sind es Mann und Frau, Eltern und
Kind, die sich am heftigsten im anderen irren. Einige Erzählungen haben stark biographischen Charakter und fin-

den sich als eigene Erlebnisse in den Tagebüchern, dazu
gehört außer den Erzählungen, die von Guido handeln
*(Am Circeo, Eines Mittags, Mitte Juni* und *Wege)* vor allem die Geschichte *Die übermäßige Liebe zu Trois Sapins,*
die in der Liebe zu Bollschweil ihren Ursprung hat.
Es ging der Autorin nicht um die kleine Einzelerfahrung,
um Geschichten, ›die das Leben schreibt‹, sondern um die
»uralten Wahrheiten«, die auf der Erkenntnis vom Wesen
des Menschen und seinen Konflikten beruhen. Und sie
will, was sie zu sagen hat, so eindringlich erzählen, daß ein
»friedliches Darüberhinweghören« nicht möglich ist.
*(Wohin denn ich* 528)
»Auch in unseren Tagen ist es noch möglich, große deutsche Prosa zu schreiben. Chiffre und Form, Bild und Gedanke, das Greifbare und das Erahnte gerinnen in diesen
Sätzen zu höherer Einheit«, so lautet eine Rezension von
Walter Jens.
Die Titelerzählung *Lange Schatten* ist Beispiel für einen
Bruch auf dem Weg zum Erwachsenwerden, nach dem
nichts mehr im Leben so sein wird, wie es vorher war.
Eine Schülerin, die Ferien in Italien macht und sich für
einen Spätnachmittag von der Familie entfernt hat, um
endlich einmal allein zu sein, wird in der Einsamkeit der
Berge von einem halbwüchsigen Italiener verfolgt, der,
von der Stille und der Hitze des Abends verwirrt, nicht
von ihr abläßt. Er bettelt in unbeholfener Sprache um
Küsse, um Liebe, reißt sich die Kleider vom Leibe, »steht
plötzlich nackt in der grellweißen Steinmulde vor dem gel-
ben Strauch und schweigt erschrocken«. Ihn fassungslos
anstarrend, begreift das Mädchen, daß statt eines bedroh-
lichen und gefährlichen Verfolgers ein hilflos begehrlicher
Knabe vor ihr steht. Sie »wächst aus ihren Kinderschul-
tern und sieht dem Jungen zornig und starr in die Augen«.
Es siegt ihre wütende Abwehr über die »Urkraft des Be-
gehrens« – aber es ist ein Sieg ohne Freude. Sehnsucht,

Angst und Scham überwiegen und die Trauer darüber, daß nichts mehr so sein kann wie zuvor, daß nun unverrückbar »lange Schatten« vor ihnen liegen, mit denen sie, unwiederbringlich weit voneinander getrennt, in Zukunft leben müssen.

### Reise nach Brasilien

> Überdruß les ich zugleich
> Und Neugier aus deinen Zügen
> Und die dich bewohnen, die Worte
> Geistern dir über die Stirn.

Am 31. Januar 1961 wurde Marie Luise Kaschnitz sechzig Jahre alt. An der Fülle der Glückwünsche und Beiträge gemessen, könnte man sagen, daß sie im Zenit ihres Ruhmes stand. Die gewachsene Anerkennung ihres Werkes und das Ansehen ihrer Person sind den Zeitungsbeiträgen und Huldigungsartikeln abzulesen. »Fähigkeit zur Würde adelt die Poesie der Kaschnitz« (Karl Krolow). »Entfremdung, Zauber, Verwandlung. Meistererzählungen der sechzigjährigen Marie Luise Kaschnitz« (Geno Hartlaub). »Der Ölbaum als Symbol für eine Dichterin« (Joachim Günther). »Bestürzende Fülle der Welt« (Karl Heinz Kramberg). »Wenn die Netze zum Grunde des Meeres gesunken« (Walter Helmut Fritz). »Reine Stimme – kühn und voll Tröstung« (Jutta van Tilburg) –
Sie selber war vermutlich die einzige, die es anders sah. »Wie Du siehst, bin ich beschäftigt, und es fehlt nicht an compagnia. Ich bin aber trotzdem eher deprimiert; daß das nun immer so weitergehen soll, immer ohne Guido, will mir nicht eingehen, manchmal denke ich, nun war er wirklich lang genug verreist und sollte wiederkommen, und es sollte alles sein wie vorher. Es ist auch so schrecklich, wenn man Leute da hat, Paare, und dann blinzeln

sie sich zu und sagen schließlich, jetzt müssen *wir* nach-
haus ...« (6. Februar 1961 an Iris)
Beschäftigung mehr als genug. Sie aber schreibt ins Oktav-
heft, alle Tage Kuchen nütze nichts, wenn das Brot fehle,
und so fast wörtlich an Bernt von Heiseler: »Wie mir zu-
mut ist? nach wie vor schlecht, ich lerne es einfach nicht,
allein, ohne meinen Mann, zu leben. Ich habe viel Kuchen
und süße Speise (die Einladung in die Villa Massimo, Erfolg meiner Erzählungen usw.), aber mein tägliches Brot
habe ich nicht.« (24. Mai 1961)

*Selbstbildnis mit sechzig Jahren*

Jeden gelüstet es einmal
Sich vor dem Spiegel
Abzubilden, Kopf oder ganze Figur.
...
Von weitem könnte man dich
Für eine Dame halten
Wären da nicht
Die Schatten unter den Augen
...
Überdruß les ich zugleich
Und Neugier aus deinen Zügen
Und die dich bewohnen, die Worte
Geistern dir über die Stirn.

Selbstverständlich waren Auskünfte zu geben, für Zeitschriften, Rundfunk und Fernsehen, Fragen über Herkunft, Familie, geplante Werke zu beantworten, sie klagt:
»Nun kam es vor, daß ich, statt ... etwas in Erfahrung zu
bringen, selbst in Erfahrung gebracht werden sollte. Dabei wurde mir erst klar, daß ich, so alt ich war, noch keine
feste Position bezogen hatte ... Fragen wie: Glauben Sie

an Gott? – Fürchten Sie sich vor dem Tod? brachten mich, obwohl ihre Ungeheuerlichkeit den Zeitungsschreibern offenbar gar nicht zum Bewußtsein kam, in tödliche Verlegenheit.« (*Wohin denn ich* 423)
Sie schildert Iris das Interview eines jungen Mannes, der fünf Stunden blieb, während ein Photograph herumschlich, Blumenvasen herunterwarf und alles knipste. Man wollte sie im Palmengarten fotografieren, es regnete und schneite wie toll, »das machte mir, obwohl wirklich nur Irrsinnige spazieren gingen, weniger aus als den beiden Männern, ich fütterte, ohne Hut und in Stöckelschuhen, gehorsam den Schwan zu Fragen wie: ›Glauben Sie an ein Leben nach dem Tode?‹ Ich mußte oft sehr lachen, es ist aber doch bedrückend, daß all der Blödsinn, den man in solchen Fällen redet, in die Zeitung kommt«.


*Interview*

Wenn er kommt, der Besucher,
Der Neugierige und dich fragt,
Dann bekenne ihm, daß du keine Briefmarken sammelst
...
Daß du nicht weißt,
Warum du dich hinsetzt und schreibst,
Unwillig, weil es dir kein Vergnügen macht.
Daß du den Sinn deines Lebens immer noch nicht
Herausgefunden hast, obwohl du schon alt bist.
Daß du geliebt hast, aber unzureichend,
Daß du gekämpft hast, aber mit zaghaften Armen.
Daß du an vielen Orten zu Hause warst,
Aber ein Heimatrecht hast an keinem.
Daß du dich nach dem Tode sehnst und ihn fürchtest.
Daß du kein Beispiel geben kannst als dieses:
Immer noch offen.

*

> »Wie sehr hatte das kleine Stück des Kom-
> ponisten Robert Schumann ›Von fremden
> Ländern und Menschen‹ mich in meiner
> Kindheit entzückt ... Jetzt fragte ich
> mich, was mich dort in den fremden Welt-
> gegenden erwarten sollte –«

Die große Südamerika-Reise von März bis Mai 1962, zögernd angetreten, brachte nicht nur Überraschungen – wie
das Wiedersehen mit einem emigrierten Professor aus Königsberg –, vermittelte nicht nur seltsame Erfahrungen –
wie den Besuch einer Schlangenfarm –, sondern verlieh ihr
einen neuen Blick für das eigene Leben. Geschildert hat sie
die äußeren und inneren Erlebnisse in den Aufzeichnungen *Wohin denn ich* (1963) und in den *Reisegedichten*, die
sie ihrem Begleiter in Brasilien, Gottfried von Nostitz,
widmete. (»Rund um den Horizont | Von einem Gewitter
zum andern | Einzusammeln die Blitze, die Regengüsse |
Die Fetzen Himmelsblau ...«)
Eingeladen zu einer Vortrags- und Lesereise hatte das
Auswärtige Amt, der Terminplan für Brasilien war vor-
gegeben. Neben dem offiziellen Programm hatte die
Unternehmung aber auch einen privaten Aspekt. Marie
Luise Kaschnitz war seit seiner Freiburger Studentenzeit
befreundet mit Gottfried (»Gogo«) von Nostitz, der in-
zwischen zum Generalkonsul in São Paulo avanciert war
und sie einlud, bei ihm zu Gast zu sein und mit ihm das
Land zu erkunden. Als erfreulich erwies sich nebenbei,
daß die Verlegerin Hilde Claassen, die ihre in Übersee
verheirateten Kinder besuchen wollte, auf dem gleichen
Schiff »Federico C.« mitreiste – allerdings in der billige-
ren zweiten Klasse.
Der Abschied von Iris in Genua war überschattet von
Selbstvorwürfen: sie habe dreißig Jahre vertan, sich nicht

genug um ihr Kind gekümmert – so hat sie es empfunden, als sie das Gesicht der Tochter im Rückspiegel des Taxis verschwinden sah. Ein Vergleich der veröffentlichten »Aufzeichnungen« mit dem privaten Reise-Kalender zeigt, daß die Notizen auch hier als Materialsammlung dienten – freilich verändert oder, wie die Dichterin gesagt haben würde, ›verwandelt‹: »So verfolgte mich in jener Reisenacht alles Gesehene, aber nicht Ergründete, alles Hingeschriebene, aber nicht Verwandelte – jeder, der sich mit dem Rohstoff Leben nicht zufriedengeben will, wird mich verstehen.« (*Wohin denn ich* 541)

Während der Fahrt versucht sie, an einem Vortrag über *Das Amt des Dichters* zu arbeiten – vergeblich, die Mitreisenden – verzweifelte portugiesische Auswanderer vom dritten oder millionenschwere Argentinier vom ersten Deck – lassen sie nicht zur Besinnung kommen. »Dem Handwerk des Schreibens haftet ohnehin etwas Unanständiges an, wie dem Nacktphotographen, schon das Sichbesinnen ist verdächtig, warum will er alles so genau wissen ...« Der Vortrag kippt ihr scheinbar grotesk ins Gegenteil um: »Der Dichter ist das Sprachrohr der Ratlosigkeit unserer Zeit. Der Dichter kann nichts tun, als die Erscheinungen abtasten, er wird sich die Fingerspitzen aufreißen, in Kot fassen, in klares, rinnendes Wasser, in Blut. Der Dichter soll das Erwünschte verschweigen und das Unerwünschte sagen. Jede seiner Äußerungen soll eine Zerreißprobe sein, zerreiß Leinwand, oder laß dich stoßen, in die Zukunft hinein.«

Reisezeit wird als Lehrzeit, die »Überfahrt« in des Wortes doppelter Bedeutung betrachtet. Im Gegensatz zur Schilderung in *Wohin denn ich*, die mit der Ankunft auf dem fremden Erdteil endet, führt das private Tagebuch weiter, hält die Eindrücke fest, die sie mit ihrem Freund Gottfried gemeinsam erlebte. Er habe sie heiraten wollen, lautet ein

Gerücht, das sich weder bestätigen noch abweisen ließ. Sie sind Freunde geblieben und haben sich auch späterhin, als er nach München zog, oft gesehen. Die Aufzeichnungen aber sind eine Hinwendung an Guido, den sie sogar – als imaginären Gesprächspartner – mit »Du« anredet (was der Verlegerin sehr mißfällt). »Beim Tee Gespräch mit Frau Claassen über mein Manuskript. Alle Stellen ›Du‹ entprivatisieren«, notiert sie, ohne sich danach zu richten. (»Daß dein Tod für alle anderen eine bedauerliche Tatsache, für mich aber ein lebendiger Prozeß, immer noch Anziehung, Abstoßung, Nähe und Ferne war, wollte niemand verstehen …«)

Mit Nostitz lernt sie den südbrasilianischen Urwald kennen. Sie besuchen Petropolis bei Rio de Janeiro, wo Stefan Zweig sich das Leben nahm, fahren am Rio Negro entlang in das Landesinnere mit Eukalyptuswäldern, Mimosenhainen, Macchiahügeln und schwarzen Stieren. Man geht in eine Schlangen-Farm, an die sie nur mit Grausen zurückdenken kann. In einer einsam gelegenen Jesuitenschule hatte man ihr Hörspiel *Der Zöllner Matthäus* einstudiert und führte es zu ihrem Staunen vor Urwaldgemeinden auf. Sie bringt das Leben der Eingeborenen in Erfahrung. Dann wieder kann sie nicht genug über den disziplinierten Tagesablauf der selbständigen, reichen, berufstätigen Frauen staunen, zum Beispiel über »eine Witwe, die um halb sechs aufsteht, reitet, schwimmt, dann in die Fabrik fährt, eines der vielen erstaunlichen weiblichen Wesen, die ich hier kennenlerne, die mit Leidenschaft und Geschick großen Reichtum erwerben«. Eine Maklerin – »Villa, Reitplatz, Swimming-Pool – Die Besitzerin fahrig, egozentrisch, überanstrengt. Gespräche über Politik«, notiert sie. In *Orte* noch einmal ein Rückblick zur Küste von Santos: »Hier, sagt mein Freund Nostitz, sitzen die reichsten Leute von São Paulo, sieh sie dir genau an, und dann werde ich dir über jeden einzelnen etwas erzählen ... Alle, die du hier siehst, sagt mein Freund, sind Emigranten. Sie haben den Hafen von Santos erst vor wenigen Jahren und mit nicht mehr als zehn Dollar in der Tasche betreten« ... (*Orte* 554)

Ende April 1962 tritt sie über Teneriffa, Barcelona, Marseille und Rom die Rückreise an, auf einem weniger eleganten Schiff diesmal, auf dem die seltsamen Eindrücke sie zu ihrer geisterhaften *Schiffsgeschichte* inspirieren. Tagebuch vom 30. April 1962: »Das Merkwürdige auf Schiffen – daß Leute auftauchen, die man nie gesehen hat, andere völlig verschwinden. Die Kartenspieler. Vielleicht von früheren Reisen – Geister.« – »Daß man keine Post bekommt, auch von Lissabon keine wegschicken kann, macht das eigentlich Archaische einer Schiffsreise aus ... So ist man abgeschnitten, ausgeschaltet, was zu dem Gefühl des Verlustes der eigenen Identität beiträgt.« Man weiß, wie das Problem der »Identität« ihr immer naheging, die Angst, eine Art »blinder Passagier« auf dieser Welt zu sein, ein verlorener, von niemandem vermißter Mensch. (*Tage, Tage, Jahre* 133-135)

7. Mai 1962: »Die schönsten Tage der Reise. Sanftes Meer, blauer Himmel und kein Wind. Viele Delphine, die aber nicht springen, auch dem Schiff nicht nachschwimmen ... Ein Haifisch, man sah nur die schwarze Rückenflosse.«

> Über den Bettrand gebeugt
> Seh ich die Bugwelle schäumen
> Milchweiß und veilchenblau
> ...
> Die schwarze Flosse des Hais
> Meinen Tod wie er auftaucht
> Verschwindet –

Eine neue Erzählung wird skizziert. »Ein Stück, das auf einem Schiff spielt. Szenen: Neptuntaufe, Bordspiele, Musikkapelle, Rettungsübung. Personen: ein Auswanderer, ein pensionierter General, eine Dame, ein junger Mann, ein junges Mädchen. Der Kommandant (der den Verstand verloren hat und keinen Hafen mehr aufsucht), die Passagiere merken, daß die Zeit der Ankunft längst überschritten ist.«

Wie hat sie den Stoff in der *Schiffsgeschichte* gestaltet, ›verwandelt‹?

Eine junge Frau, Viola, steigt auf dem Heimweg von Südamerika nach Europa auf ein mysteriöses Schiff, dessen Passagiere, wie ihr bald klar wird, Flüchtlinge sind – warum, woher, erfährt sie nicht, es sind »lauter Träumer und Spinner«. Die Matrosen sind sich selbst überlassen, hilflos und ohne Anweisungen, aber »alle Uhren werden unaufhörlich zurück- oder vorgestellt«. Der Kommandant zeigt sich nie, es ist fraglich, ob es ihn überhaupt gibt. Die Offiziere jedenfalls sind mit dem Studium von Dantes »Göttlicher Komödie« beschäftigt. Die nächtliche Rettungsübung ist nicht für die Passagiere bestimmt, und auf die Frage, wann das Schiff endlich ankomme, erhält Viola die Antwort: »Ankommen, wo?« Es ist so gut wie sicher, daß man niemals ankommen, daß man das Schiff nicht lebend verlassen wird. Viola, zuerst voll Angst, findet sich allmählich mit ihrem Schicksal ab. Schon zu Beginn der Reise hatte sie rätselhaft erklärt: »Nicht hier sein, nicht dort sein, nirgends sein.« Eines aber will sie unbedingt: dem Bruder »Nachricht geben«. Darum steckt sie ihre Briefe in einen Plastikbeutel und wirft ihn auf einen Kutter, bevor sie, unablässig vom Deck aufs Meer schauend, nur noch Ruhe will, nur noch hören, wie die Bugwelle rauscht.

In gewisser Weise stellt Marie Luise Kaschnitz in der *Schiffsgeschichte* den eigenen Seelenzustand dar. Ihr Buch *Wohin denn ich* beendet sie mit den Versen:

Kein Schiff mehr vorüber
Kein Leuchtstrahl, kein Morsezeichen
Keine Nacht, keine Sterne, kein Mond, kein Fisch
Nur die Bugwelle rauscht, rauscht, rauscht –


*Drei Schwestern*


In den Springbrunnen fällt die Nacht
Wie ein Stein vom Himmel
Schlägt dem Putto ins breite Gesicht ...

»Im Halbdunkel stehe ich auf und schlage die Läden zurück. Da dringt an mein Ohr, bald laut und bald leise,
immer aber klar und hell, das Klingen des Brunnens ...
Ich beuge mich hinaus und sehe den Hof, von Haus,
Trottschopf und Stall dreiseitig umschlossen, von acht
mächtigen Lindenkronen überschattet, von grauen Rhein-
kieseln bedeckt. Und hier, in der Herzkammer der Heimat, bin ich mit einem Schlage völlig wach.«
Das hatte sie noch im Krieg geschrieben, voller Angst, der
alte Besitz könnte von Bomben getroffen werden. Das
Haus zwar war verschont geblieben, doch es gab entschei-
dendere Veränderungen: da waren die Menschen nicht
mehr, die sie geliebt hatte.
Im Sommer 1960 stirbt in Bollschweil die schöne junge
Schwägerin Dorothee von Holzing, die Frau des Bruders,
einen langen, qualvollen Tod. Das älteste ihrer Kinder ist
acht, das jüngste, Amelie, noch nicht zwei Jahre alt. Peter
ist wie zerstört, ist fassungslos. Nach der Beerdigung sitzen die Geschwister am Abend im großen Salon, hören
Platten mit Brahmsliedern, von Fischer-Dieskau gesungen, suchen, wie so oft, Trost in der Musik. Peter hofft,
daß seine Schwester dableibt und für seine Kinder sorgt
»wie eine Haus- und Ehefrau«, aber ihr Bedürfnis, unab-

hängig und frei zu sein, schreckt sie davon ebenso ab wie sein haltloser Schmerz, seine Sentimentalität, seine Hypochondrie – »er ist ohne jedes Gefühl für die Größe eines Schicksals und das Annehmenmüssen« (20. August 1960).

Dann geschah das Schreckliche, daß noch im gleichen Jahr die ältere Schwester an Krebs starb. Mady, die ihre drei Kinder tapfer und selbständig erzogen und ihren Besitz mit Umsicht verwaltet hatte, war mit ihrem zweiten Mann, dem englischen Diplomaten Douglas (Con) O'Neill, der in dieser Heirat die Erfüllung eines langen Lebenswunsches sah, von Peking nach London gezogen. Dort hatte Marie Luise Kaschnitz sie noch in ihrer eleganten, mit eigenen Aquarellen und Tuschzeichnungen, mit kostbarem Silber und chinesischen Möbeln ausgestatteten Wohnung kurz vor ihrem Tode besucht. »Der liebe Gott in Ehren, aber muß er immer gerade da zuschlagen, wo alles schön in Ordnung und voll Freud und Liebe ist?« schrieb sie an die Tochter, als sie in Bollschweil von der Operation der Schwester erfuhr.

Bei Madys Beerdigung im Herbst 1960 in Neuershausen, als vom Ehemann der Grabstein mit Byronversen und ein Ginkgo biloba als Zeichen der Liebe gesetzt wurden, macht sie sich Vorwürfe, Madys Erkrankung in London nicht bemerkt zu haben, weil sie selbst noch zu sehr unter dem Schock von Guidos Tod stand. »Ich war, als mir meine Schwester Mady die Stadt London zeigte, noch nicht bei mir, geschweige denn bei der Welt draußen ... Mein langsames Auftauchen aus der Schwärze und meiner Schwester langsames Versinken, ja, so muß es gewesen sein, daß sie die ersten Anzeichen ihrer tödlichen Krankheit damals schon spürte. Der grüne Tee, die feine Tasse, der Mund voll grüner Blätter, sie nahm kaum etwas anderes zu sich als diesen grünen chinesischen Tee.« (*Orte* 507)

Meine schöne Schwester ist fort und nicht mehr zu
  finden,
Es ist unmöglich, ihr in der Stadt zu
  begegnen,
Man kann sie nicht anrufen, ihr keine Briefe mehr
  schreiben ...

Das Bollschweiler Herrenhaus hat nun für sie nicht mehr
den alten Zauber. Vieles scheint schmerzlich verändert, es
quält sie sogar eine Empfindung des Fremdseins und die
Angst, daß auch das Vertraute nicht mehr vertraut, das
Selbstverständliche nicht mehr selbstverständlich sein
wird.
»Statt mich an manche heitere und gelassene Heimkehr –
Da seid ihr ja wieder, Linden, da bist du ja wieder, Kind
(Kind!) – zu erinnern, hatte ich immer den Abend vor Augen, an dem ich, mit dem Wagen auf das schöne Hügelland
zufahrend und alles, den süßen Wein und die Nüsse und
das über dem Acker schwebende Spiegelbild der abendli-
chen Lampe im voraus schmeckend und sehend, schwefel-
gelbe Wolken in verschiedenen Schichten über den Himmel eilend erblickte ... Es gibt keine Orte, die gefeit sind,
und der sehnsüchtig Heimkehrende bringt unter Umständen die furchtbaren Wolken der Zerstörung selber mit.«
(*Orte* 408)
Ihre Gedanken, die um Bollschweil kreisen, sammeln sich
in einem Projekt, das sie sich seit Jahren vorgenommen
hatte: das Dorf und das Herrenhaus dichterisch zu beschreiben. Nun heißt es im Tagebuch konkret: »Das Dorf.
Schilderung in Absätzen von 10 bis 15 Zeilen: das Werden
und Vergehen, neue, unbekannte Kinder, Veränderung
der Landschaft durch Kalkwerk und Obstplantagen ...
Autobusse und Botenfrau – Haus Nr. 84 [das Gutshaus] –
Friedhof mit Hausnummern auf den Gräbern ...«
Das Buch *Beschreibung eines Dorfes*, das daraus entstand,

wurde ein kleines Meisterwerk.* Zum zweitenmal gelang
es ihr, souverän die für einen bestimmten Text einmalige,
unwiederholbare Form zu finden, wie es ihr zuvor beim
*Haus der Kindheit* geglückt war. In der raffinierten Form
eines Schöpfungsplanes, als ob sie, die Erzählerin, es sei,
die einen Weltentwurf ›in nuce‹ zu liefern habe, entsteht vor
dem Leser das Dorf mit seinen Bewohnern, mit seiner Vergangenheit und seiner landschaftlichen Schönheit, mit
menschlichen Tragödien und dem drohenden Untergang.
Geheimnisvoll hineingewirkt ist ihre eigene Geschichte,
ihre Trauung durch den Dorfpfarrer, der in Dachau umgebracht wurde, der Bräutigam an jenem Dezembertag
1925, der nun schon auf dem Friedhof unter den Parthe-
nonreitern ruht, der Bruder Peter und seine schöne, blasse
Frau, die freundlichen Dörfler als eben dieselben, die im
Krieg den jungen Polen an den Strang lieferten, ihre Liebe
zum *Hexental* und *Gründewald, Ölberg* und *Bettlerpfad.*
Nur das Haus, das Gutshaus mit Brunnen und Linden,
bleibt ausgespart ...
Als Erzählerin, Erfinderin, »Schöpferin« benötigt die Autorin einundzwanzig Tage (also genau dreimal so lang wie
der biblische Gott), um ihr kleines Universum auszumes-
sen und aus dem Gegenwärtigen die Zukunft zu ergänzen.
Sie schildert das Dorf von seinen Anfängen her und auf das
Ende hin. Am letzten Arbeitstag besinnt sie sich, warum
sie alles angefangen habe, doch nur »um entlassen zu werden aus der furchtbaren Beschleunigung, aber man wird
nicht entlassen, gerade hier nicht ...

so daß, wenn ich wiederkehre im Mai und wir gehen
und suchen im noch dürren Wald den Seidelbast ...
und drehe und sehe wie die Häuser des Dorfes sich auf-
tun und die Sterbenden sich auf den Weg machen ...

---

* Das Buch wurde 1961 von Horst Bienek mit Marie Luise Kaschnitz
verfilmt.

wie die Äxte im Wald und die letzten Schmetterlinge
nur noch von den urältesten Leuten erinnert werden
wie, was aber nicht geschehen wird, nicht geschehen
wird, nicht geschehen wird
nach einer möglichen Katastrophe nahezu alles Leben
erlischt und über der Einöde des Tales die Wälder wieder zusammenwachsen, neue Urwälder mitten im Tal –«

Bollschweil, der Ort, den sie am meisten liebte und der sie
zur Ehrenbürgerin ernannte, stellte ihr zum Gedächtnis
einen Gedenkstein auf mit den Zeilen ihres Gedichts:

WOHL DENEN DIE GELEBT
EHE SIE STARBEN.

Peter von Holzing hatte ein Jahr nach dem Tod seiner Frau
wieder geheiratet. Seine dritte Frau Brigitte, Schauspiele-
rin, temperamentvoll und dunkelhaarig, war eine Stieftochter des Freundes Kommerell, mit Marie Luise Kaschnitz lange bekannt und durch sie in die Familie gekommen.
Sehr viel jünger als der Bruder, zielstrebig und aktiv,
brachte sie den festen Willen mit, seinen drei Kindern eine
gute Mutter zu sein. (Das Kaschnitz-Tagebuch nennt sie
warmherzig und »durchaus und immer heiter«). Doch
dann mehren sich die Schwierigkeiten, dem nie ganz zufrie-
denen, häufig kranken Mann und den in Internaten erzoge-
nen Kindern gleichermaßen gerecht zu werden.
Peters wiederholte »Brautschau« und seine diversen Hei-
ratspläne werden in den Tagebüchern ebenso erwähnt wie
die Tatsache, daß er sich ohne Skrupel in neue Liebesver-
hältnisse stürzt, und es scheint angesichts seiner dritten
Heirat kein Zufall, daß im Erzählband *Ferngespräche* Geschichten auftauchen, die die raschen Entscheidungen von
Männern im Hinblick auf neue Eheschließungen zum

Thema haben. Die Erzählung *Das Ölfläschchen* spielt im Deutschland der Besatzungszeit und schildert die überaus glückliche Ehe eines russischen Kommandanten und seiner liebenswürdigen, schwarzlockigen Frau. Tag und Nacht sind die beiden zusammen, benehmen sich wie junge Leute, baden gemeinsam in der Wanne und treiben Scherz miteinander, selbst die wohlwollende Hausgehilfin Johanna »schüttelte den Kopf darüber, daß es so viel zu reden und zu lachen geben kann zwischen Mann und Frau«. Auf einer Reise in ihre sibirische Heimat kommt die Ehefrau aus rätselhaften Gründen ums Leben. Der Kommandant sieht sie erst wieder, als sie steifgefroren im Sarg liegt, über den er sich vor Schmerz weinend und schreiend wirft. Kurze Zeit danach verläßt Johanna das Haus, denn der Kommandant hatte sich eine neue Frau genommen, »eine junge blonde mit langem Haar«.

*Das Inventar*, die zweite, ebenfalls damals entstandene Erzählung, läßt kritische Ironie schon im Titel anklingen: auch die Frau gehört zum *Inventar*. Das Geschehen ist in ein italienisches Dorf verlegt, wo ein junger, eben verwitweter Mann im Begriff ist, das Inventar des Hauses aufzulisten, das seiner Frau gehörte – sie starb durch einen von ihm mitverschuldeten Unfall. Seine hübsche Schwägerin sieht ihm neugierig dabei dazu, betrachtet ihn mit ihren dunklen Augen, »schwarz und weich wie pelzige Falterflügel«. Im Gegensatz zu seiner Frau ist sie fröhlich und aktiv, und noch während er das Inventar schreibt, kommt dem Mann der Einfall, sie zu heiraten. Er steckt der Überraschten den Rubinring der Verstorbenen an den Finger – ihre Frage, ob er sie denn liebe, läßt er unbeantwortet.

Schlimmer als der Tod von Mady, schlimmer als der der jungen Schwägerin und derjenige der uralt gewordenen, geliebten Tante Carola von Brauer war die plötzliche Erkrankung von Lonja. Nicht nur, daß ihr diese Schwester immer besonders nahe, ihr als Kritikerin unentbehrlich geworden war, es erinnerten sie auch die Lähmungserscheinungen, das Auftreten eines Gehirntumors, die Operation mit allen Folgen des Sprechunvermögens, scheinbarer Genesung und Rückfall fatal an die tödliche Krankheit von Guido. Dazu kam ihr schlechtes Gewissen, sich gerade um diese Schwester, die kein richtiges Zuhause besessen hatte, nicht genug gekümmert zu haben. Längst hatte sie bemerkt, daß Lonja nervöser, fahriger war als früher, zerzaust »wie ein aus dem Nest gefallener Vogel«, wenn auch immer noch voller Energie. »Die Lolle ist mehr seelisch als körperlich in einem furchtbaren Zustand, kann sich zu nichts entschließen, will nicht mehr nach München, will absolut noch einmal etwas Großes leisten (jetzt auf dem sozialen Gebiet) und schreckt dann vor jeder Möglichkeit doch wieder zurück ... Ihr Traum wäre Bollschweil – das ist alles sehr traurig, wirklich, mit all ihrem Idealismus und ihrer großen Liebesfähigkeit eine tragische Existenz –« (1963 an Iris).

Lonja hatte, seit ihre Arbeit beim Amt für Wiedergutmachung beendet war, keine kontinuierliche Tätigkeit mehr ausgeübt. Sie war nach Bollschweil gezogen, wo eine ihrer beiden Töchter lebte, wo sie Gedichte schrieb und sich mit pädagogischem Geschick um die Dorfkinder kümmerte. Doch der Bruder Peter empfand sie nach seiner Heirat als belastend, als störend. Er erzählt eine Szene, die er während der gemeinsamen Schulzeit in einem Berliner Pferdeomnibus erlebt hatte und die für Lonja bezeichnend war. Sie hatte zu Weihnachten ein illustriertes Exemplar von »Tausend und eine Nacht« bekommen und blätterte in dem wundervollen Buch, als die magere, bleiche Schaffnerin einen Blick auf die Seiten warf – sofort überreichte ihr Lonja die Kostbarkeit, an der sie selbst sehr hing. An übertriebene Beispiele ihres Gerechtigkeitssinnes, der zu schweren Zerwürfnissen mit der Mutter führte, erinnert er sich – Lonja hatte als Halbwüchsige Franz Werfel und Else Lasker-Schüler kennengelernt und war danach zu Hause so unleidlich, daß sie in ein Pensionat geschickt wurde, weil die Mutter es nicht mehr mit ihr aushielt.

»Meine Schwester ist warmherzig, den Menschen zugewandt in leidenschaftlichen Umarmungen, zärtlichen Briefen und dann wieder einsiedlerisch, hinter verschlossener Tür. Sie diskutiert zornig, verteidigt das Recht der Kinder, der Unterdrückten, der Zigeuner, ist erzieherisch und unduldsam in der Familie ... Ihre verrückte Liebe zur Landschaft, zum Dorf, zum Elternhaus in Bollschweil, Heimkehr immer wieder und Flucht immer wieder und Vertreibung am Ende oder etwas, das sie als Vertreibung ansehen mußte: im Dorf leben, aber nicht mehr unter der Kuppel der Linden, ohne Anteil an den mannigfachen Geschicken der Hausgemeinschaft, eine alternde Frau, die nichts zu sorgen, nichts zu sagen hat. Da will sie auch nicht mehr schreiben, sich nicht mehr mit den Dorfkindern beschäftigen, will gar nichts mehr und läßt den Tod in ihren Körper ein. Das Lieblingskind mit dem schmalen Erbe, von dem in einem ihrer Gedichte die Rede ist.« (*Orte* 443)

Die Vorstellung, als alternde Frau vertrieben zu werden, ließ eine Erzählung entstehen, die im Jahr von Lonjas Tod (1964) erschien und mit dem Georg-Mackensen-Literaturpreis für die beste Kurzgeschichte ausgezeichnet wurde. Der Titel *Ja, mein Engel* ist satirisch-böse gemeint. Der *Engel*, der in Gestalt eines sanften, wunderschönen Mädchens ein Zimmer in der Wohnung einer alten Frau mietet, erweist sich nämlich als rechter Todesengel. Das Mädchen zieht seinen Verlobten nach und verdrängt die Alte aus ihren Zimmern in eine Mansarde unterm Dach (wie auch die Kaschnitzsche Wohnung in der Wiesenau sie besaß, die gewöhnlich an Studentinnen vermietet wurde). Als ein Baby kommt, hofft die ahnungslose alte Frau auf eine Art Familienleben, wird aber nur ausgenützt, um ihr gespartes Geld gebracht und aus dem Krankenhaus nicht mehr nach Hause zurückgeholt.

Lonjas einziger Gedichtband »Das Lied, eine Flamme« ist erst fünf Jahre nach ihrem Tod, mit einem Nachwort von Marie Luise Kaschnitz, erschienen, gerühmt von Benno Reifenberg: »In manchem könnten die drei leidenschaftlichen Schwestern, von Dichtung erfüllt und durch sie gegen die Schläge des Schicksals gewappnet, dem Leben der Brontë ein Echo gegeben haben. Für Lonja Stehelin war Dichtung kein Traum, sondern der höchste Fall der Wirklichkeit.«

Nach Bollschweil zu kommen hieß nun, Lonja zu vermissen. »Im blauen Zimmer in B. habe ich heuer viel an meine zweite Schwester gedacht, die mich, kurz vor ihrer tödlichen Erkrankung und in eben diesem Zimmer, einmal fragte, ob ich das kenne, die Vereisung, die Verödung, das nicht mehr arbeiten, keine Zeile mehr aufs Papier bringen können. Damals hatte ich gelogen, ja gesagt, ich kenne es, es geht vorüber, obwohl ich mich in einem solchen Zustand nie befunden hatte, vielmehr immer voller Arbeitsvorhaben und Pläne gewesen war ... Die Dinge im Glassärgchen, die mögen ihre dünnen, zitternden Finger herausgeholt haben, eines nach dem andern ... Die beiden Dosen mit den zierlichen Mädchen, gemmenartig, weiß auf blau. Alle diese altmodischen, uns seit der Kindheit vertrauten Dosen haben, meine ich, die Finger meiner Schwester damals aufgeschraubt, in allen hat sie etwas gesucht ... So daß ich mir gut vorstellen konnte, wie meiner Schwester damals zumute war, nichts, das sie noch angesprochen hätte, ihr etwas abverlangt hätte, alles leer, taub und tot ... keine Vergangenheit mehr, keine Zukunft mehr, und sie hat es gewußt.«

Ins Tagebuch vom Juli 1965, ein Jahr nach Lonjas Tod, schreibt Marie Luise Kaschnitz: »Gespräch der drei Schwestern über ihre Kindheit. Alle behaupten zu leben, aber zwei sind tot. (Ich hätte es ihnen gern gesagt, aber ich wagte es nicht. Sie haben sich früher so sehr gestritten. Mit den Nägeln die Augen, Haare ausgerissen. Jede von uns hat einen anderen Vater, eine andere Mutter. Wenn ich nicht wüßte ...)«
Die drei Strophen des Gedichtes *Charon* spannen mit ihren magischen Wortwiederholungen den Bogen über ein Leben – vom Kindheitserlebnis, dem Gang zum Potsdamer Jungfernsee, dem »einäugigen Fährmann«, der sie »hinüberrudern« soll – bis zum Lebensende. Der Weg, auf dem die Mädchen gehen, führt aus der Wirklichkeit hinaus und mündet im Tod.

Lachtaube
Lachtaubenwald
Maiglöckchen
Aronstab
Einäugiger Fährmann

Kinder
Langhaarige drei
Über den Jungfernsee
Hinüber
Herüber

Feine Skelette
Drei
Maiglöckchen
Aronstab
Hinüber
Nicht wieder
Herüber.

Als sie dem Fährmann von einst, dem bärtigen Ruder-
bootsmann, den mythischen Namen »Charon« gab, To-
desbegleiter, da lebten die beiden Schwestern, Mady und
Lonja, schon lange nicht mehr.

> Ihr Goldspinnerinnen aus Stroh
> Drei Schwestern doch wenn der Abend kommt
> Und das Mondstrahlgitter
> Ist's wieder Stroh
> Raschelt sibyllenhaft –

# X.
## Auffädeln will ich am Ende
## (1964-1974)

*Schriftstellerin der sechziger Jahre*

> Du mein kleingeschriebenes Ich
> Das immer noch fähige
> Mit allen Sinnen
> Welt aufzunehmen
> Was für eine Welt ...

Bei jedem ihrer Verleger hatte Marie Luise Kaschnitz das Glück, eine persönliche Beziehung »von Person zu Person« herzustellen, wie man es wohl im 19. Jahrhundert, kaum aber im Zeitalter der Massenproduktionen erwarten würde. Bruno Cassirer hatte der »verehrten Frau« persönlich seine langen, handschriftlichen Briefe geschrieben. Mit Eugen und Hilde Claassen konnte sie eine Freundschaft entwickeln, die sogar noch die Kinder einschloß und länger währte, als der Verlag Bestand hatte. Nun trat als neuer Leiter des Suhrkamp- und später auch des Insel-Verlages Siegfried Unseld auf den Plan. Als sie Mitte der sechziger Jahre noch zwischen S. Fischer und dem sie umwerbenden Econ-Verlag, der den Claassen-Verlag erworben hatte, schwankte, entschied sie sich nachdrücklich für Siegfried Unseld, den sie in einer Mischung von heiterer Sympathie, zärtlicher Ironie und aufrichtiger Anerkennung nie anders als den »großen Siegfried« nannte.

Mit Unseld kommt es zu einer Partnerschaft, wie sie zwischen Autor und Verleger nur im Idealfall gelingt. Es war ein ebenso nützlicher wie glücklicher Umstand, daß das

Verlagshaus in der Lindenstraße nur wenige Minuten von ihrer Wohnung entfernt lag und man sich über alles Notwendige sofort persönlich unterhalten konnte – »der große Siegfried« kommt vorbei, ob es sich um Neuigkeiten aus der Verlagsbranche, um die Erörterung schriftstellerischer Pläne oder Mitteilungen rein privater Natur handelt. Alle ihre Bücher, Erzählbände, Gedichte und Hörspiele kommen von nun an im Insel-Verlag heraus, und bei Unseld lernt Marie Luise Kaschnitz jene Schriftstellergeneration kennen, die das literarische Leben in Deutschland seit Beginn der sechziger Jahre prägte.

Eine der ersten literarisch-geselligen Einladungen im Hause des Verlegers, an der sie teilnahm, fand im Herbst 1959 anläßlich der Büchner-Preisverleihung an Günter Eich statt, sie fühlte sich aber da gerade nicht wohl, weil das Gespräch – »oberflächliches Journalistengerede« – ihr nicht behagte. »Ich hielt mich zurück, und das taten auch die anderen Poeten, nämlich Eich und Ilse Aichinger und der junge Johnson, das schon mit viel Lorbeer umkränzte Fohlen aus Suhrkamps Stall. Sein Buch ›Mutmassungen über Jakob‹, das in der Ostzone spielt, und Günther Grass' ›Blechtrommel‹ sind die Bücher, um die sich bei der Buchmesse die ausländischen Verleger gerissen haben.« (Oktober 1959)

Nicht immer verlaufen die gemeinsamen Vorhaben mit Siegfried Unseld harmonisch; es kommt zu Differenzen ausgerechnet bei dem ihr zu Ehren geplanten Insel-Almanach, in dem sie die Beiträge einiger guter Freunde vermißt, und wiederum, als sie die Anthologie »Deutsche Erzähler« herausgibt und unbedingt Luise Rinsers Nachkriegsgeschichte »Jan Lobel aus Warschau« hineinnehmen will – sie setzt sich gegen Unselds Vorschläge nicht durch. Derartige Meinungsverschiedenheiten konnten aber die gegenseitige Achtung keineswegs beeinträchtigen. Ihrem Gedicht zu Unselds Geburtstag im September 1974 kann man die im Laufe von anderhalb Jahrzehnten entstandene Nähe ablesen. (»Wenn ich lieber Siegfried zeichnen könnte | Ich zeichnete die kleine Seejungfrau | ... Sodann einen Hochsommerstrauß | Dein Lebensalter Siegfried...«)

Im Hause des Verlegers sieht sie Wolfgang Koeppen wieder, dessen erste Veröffentlichungen – wie ihre eigenen – bei Bruno Cassirer verlegt worden waren, begegnet Max Frisch, den sie in Rom häufig sieht. 1960 liest Hans Magnus Enzensberger, damals Lektor des Suhrkamp-Verlages, bei Unseld seine neuen Gedichte (»landessprache«) vor, deren aggressive Bitterkeit sie weit mehr beeindruckt als die »reine Poesie« Karl Krolows. Mit Enzensberger und seiner Frau Dagrun verband sie damals eine herzliche Beziehung, die später durch die unterschiedliche politische Einstellung getrübt wurde.[*]

Mehr als je zuvor hat Marie Luise Kaschnitz in den sechziger Jahren teil am öffentlichen literarischen Leben. Der Österreicher Thomas Bernhard – ihr auf Anhieb so sympathisch, daß sie wünscht, er wohne nicht in Wien, sondern in der Nähe, um ihn öfter hören zu können – besucht sie in der Wiesenau. Bei Adornos 60. Geburtstag (1963) ist ihr Tischherr »der gescheite und freche junge Alexander Kluge, der unter anderem auch Filme macht«. In Wolfgang Weyrauchs Anthologie »Elf Autoren über ein Jahrzehnt« zieht sie ein Resümee des Jahres 1964; sie hat Max Hölzer und Helmut Heißenbüttel zu Gast, »den sympathischen, blonden, niederdeutschen ›Schrank‹ mit einer ganz leisen Stimme – vielleicht schrieb ich schon, daß die beiden Antipoden sind und ich die Welthälfte des Max Hölzer bei weitem vorziehe. Die sogenannten ›Texte‹ des Herrn Heißenbüttel sind mir nicht recht

---

[*] Hans Magnus Enzensberger gab 1991 seinem Gedichtband den Titel der Kaschnitz-Gedichte von 1950: Zukunftsmusik.

zugänglich, eine Art von Philosophie, allgemeine Zeit-
erscheinungen in einer merkwürdigen, eigentlich un-
poetischen Weise ausgedrückt, sehr abstrakt, sehr nord-
deutsch – was kann man aber von einem Menschen
erwarten, der sowohl Kaffeehäuser als auch das Theater
haßt ...«

Paul Celan kommt nach Frankfurt und liest ihr aus seinem neuen Gedichtband »Atemwende« vor, den er ihr
widmet. Sie befreundet sich mit Horst Bienek, Walter
Helmut Fritz und mit dem in der Nachbarschaft woh-
nenden Horst Bingel, der sie Hans Bender gegenüber als
»eine herrliche Frau« bezeichnet, »mit den wachsten Augen in der Wiesenau und rundherum«. Ihre Wohnung
wird zur Anlaufstation für Schriftsteller aus aller Welt:
für Johannes Bobrowski aus Ost-Berlin, für Cyrus Atabay, für Heinrich Böll, der wie sie Ehrengast der Villa
Massimo war: »Er ist doch ganz unverändert, überhaupt
nicht bonzig, ganz einfach und natürlich und sehr
›kölsch‹. Im Sommer wird er hier in Frankfurt die Poe-
tikvorlesungen machen.« (Januar 1964)

Als Ingeborg Bachmann den Büchner-Preis erhält, lernt
Marie Luise Kaschnitz ihren Vater kennen, einen Mann,
»der die Urbanität des alten Österreich besaß, der im Bei-
sein großer, fremder Akademiker so völlig allein und
doch ganz sicher war – ein Herr. Die Ingeborg kümmerte
sich um ihre Eltern überhaupt nicht« (an Iris). Ingeborg
Bachmann las später ihre Erzählung »Wildermuth«, die
ihr nicht gefiel – diese Art von Prosa erschien ihr in der
Tat altmodischer als etwa der neue Roman von Gabriele
Wohmann, die sie als »die weitaus Begabteste unter dem
Nachwuchs« bezeichnet und für die Mainzer Akademie
vorschlägt. Es finden sich bei ihr ein Hans Magnus Enzensberger, der für seine Anthologie »Museum der modernen Poesie« ihre fünf italienischen Übersetzungen des
Dichters Eugenio Montale benötigt, und die Dichterin

Hilde Domin, der sie für das Buch »Doppelinterpretationen« eine Deutung des Gedichtes *Auferstehung* liefert (»Manchmal stehen wir auf | ... | Mitten am Tage | Mit unserem lebendigen Haar | Mit unserer atmenden Haut.«).

Die Büchner-Preisfeier der Darmstädter Akademie, die herbstlichen Buchmessen als Treffpunkt von Autoren und Verlegern, Vorträge im Freien Deutschen Hochstift, Lesungen im Kunstkabinett und Treffen in Schloß Wolfsgarten bei der Prinzessin von Hessen, Poetik-Vorlesungen und Tagungen des PEN sind alljährlich wiederkehrende, anregende Anlässe des Erfahrungsaustausches und Wiedersehens.

Bei Unseld lernt sie Peter Weiss kennen und hört Wolfgang Hildesheimers Lesung inmitten einer Runde von Gästen – er war »witzig, unterhaltend und gut gelaunt wie selten« – »er ist wie verwandelt, seit er den Büchnerpreis bekam« (1966). Anläßlich der Buchmesse versammelt sie selber »die literarischen Freunde« um sich, Elisabeth Borchers, Johannes Poethen, Horst Bienek, Klaus Wagenbach, Helmut Viebrock und Hilde Claassen. Längst hätte sie sich eine größere, elegantere Wohnung leisten können als die lärmerfüllte in der Wiesenau 8, aber sie hängt an diesem Ort, und Guidos Arbeitszimmer läßt sie nahezu unberührt.

Unseld gibt Empfänge für die Geehrten, 1967 ist es Ernst Bloch, der den Friedenspreis des deutschen Buchhandels erhält. (»... ich war so müde, schon im Auto hin fielen mir die Augen zu, ich habe mich aber dann, durch Whisky ermuntert, gut unterhalten – im Chiffonkleid mit 77 Ohrringen!« schreibt sie Iris.) Den neunzigjährigen Philosophen Bloch sieht sie dann bei Peter Huchel wieder, »ein alter, blinder Raubvogel«, dessen gescheite Geistesgegenwart sie bewundert.

Frankfurt als lebendiger Umschlagplatz der Literatur,

Ort moderner Theateraufführungen und zeitgenössischer Musikdarbietungen, ist eine Drehscheibe der Kultur, an der Marie Luise Kaschnitz regen Anteil hat. Die modernsten Stücke – Arrabal, Beckett, Bond, Handke – sind ihr gegenwärtig, sie liest Reiner Kunze, Christa Wolf und Adolf Muschg. Junge Leute sind so häufig bei ihr zu Gast, daß eine eifersüchtige Freundin von ihren »Pagen« spricht. Jüngere Dichter, Horst Bienek, Walter Helmut Fritz, Peter Härtling, werden ihre Freunde.

»Gestern kam der große Siegfried mit zwei riesigen Champagnergläsern und einer bemerkenswerten Flasche – wir schwätzten lange, gingen spät in der Taverna Royale essen … Celan war euphorisch lustig, lachte die ganze Zeit, machte Späße, wurde dann bei Reicherts alttestamentarisch zornig – und das ausgerechnet, weil jemand etwas gegen Heidegger sagte!« (30. Mai 1968)

Wenn sie also behauptet, das Blickfeld einer alten Frau sei »naturgemäß klein«, so ist das eine der von ihr mit Vorliebe geübten Untertreibungen in eigener Sache. Sie ist selbst energisch in den literarischen Betrieb eingespannt, ist eine der gefragtesten Dichterinnen im Lande und auf Lesereisen durch ganz Deutschland unterwegs, von Hamburg bis München und von Den Haag bis Lissabon. Man verleiht ihr den Ehrendoktor der Frankfurter Universität, die Roswitha-Gedenkmedaille, den Johann Peter Hebel-Preis und die Goethe-Plakette der Stadt Frankfurt. Sie wird in den Orden Pour le mérite gewählt, obgleich sie es mit dem Einwand, sie gehöre zu den Atomgegnern, eher zu verhindern sucht. Der Tochter meldet sie: »Man hat deine arme Mutter zum Ritter des Ordens pour le mérite gemacht – Ich schrieb an den Kanzler, ich könne nicht versprechen, regierungstreu zu handeln, ich unterstützte den (politisch sehr unbeliebten) Ostermarsch, ich würde mich gegen die Notstandsgesetze äußern … Ich glaube, so etwas wie mein Brief ist,

*Abb 13: Ihr »Foto mit Pfeife«, aufgenommen im August 1946, schenkte Marie Luise Kaschnitz dem Freund Dolf Sternberger.*

*Abb. 14a:  Erste Lesung 1947 im »Blauen Haus« der befreunde-
ten Malerin und Galeristin Hanna Bekker vom Rath.*

*Abb.  14b:  Wiedereröffnung  des  Deutschen  Archäologischen
Institutes in Rom 1953 durch dessen Direktor Guido von Kaschnitz, seine Frau als Zuhörerin (Zweite von rechts).*

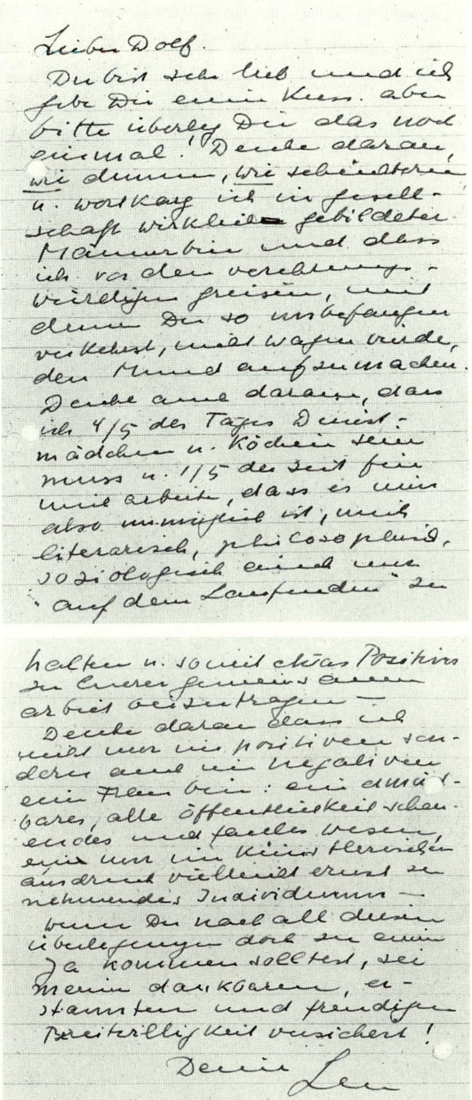

Lieber Dolf.
Du bist sehr lieb und ich gebe Dir einen Kuss. aber bitte überleg Dir das noch einmal! Denke daran, wie dumm, wie schüchtern u. wortkarg ich in Gesellschaft wirklich gebildeter Männer bin und dass ich vor den verehrungswürdigen Greisen, mit denen Du so unbefangen verkehrst, nicht wagen würde, den Mund aufzumachen. Denke auch daran, dass ich 4/5 des Tages Dienstmädchen u. Köchin sein muss u. 1/5 der Zeit für mich arbeite, dass es mir also unmöglich ist, mich literarisch, philosophisch und soziologisch auf dem Laufenden zu halten u. so mit etwas Positives zu Ihrer gemeinsamen arbeit beizutragen.
Denke daran dass ich nicht nur im positiven sondern auch im negativen eine Frau bin: ein unnützbares, alle öffentlichkeit scheuendes und faules Wesen, ein nur im kleinen Bereichen ausdruck vielleicht ernst zu nehmendes Individuum —
wenn Du nach all diesen überlegungen doch zu einem Ja kommen solltest, sei meiner dankbaren, erstaunten und freudigen Bereitwilligkeit versichert!
Deine Lee

Abb. 15: »Lieber Dolf, Du bist sehr lieb und ich gebe Dir einen Kuß.« Brief der Dichterin 1948 an Dolf Sternberger (S. 181).

*Abb. 16: Dolf Sternberger.*

*Abb. 17:  Marie Luise Kaschnitz im Alter von etwa 50 Jahren.*

*Abb. 18a: Büchnerpreisverleihung 1955 an Marie Luise Kasch-*
*nitz (Mitte). Die Laudatio hielt Bundespräsident Theodor Heuss*
*(rechts neben der Dichterin).*

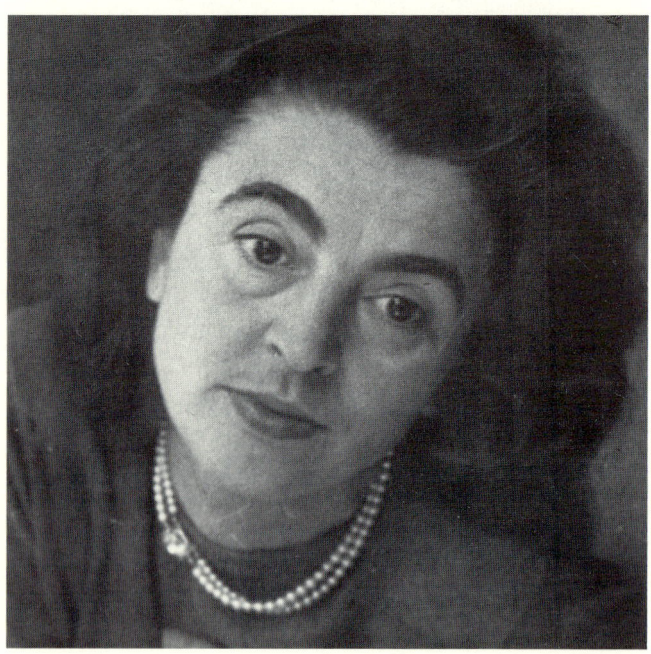

*Abb. 18b: Die Lieblingsschwester: Lonja Stehelin-v. Holzing.*

*Abb. 19a-d: Die Freunde: Theodor W. Adorno, Peter Huchel,*
*Paul Celan, Ingeborg Bachmann.*

*Abb. 20: In Amalfi 1955. Marie Luise Kaschnitz war zeit ihres Lebens eine leidenschaftliche Schwimmerin.*

*Abb. 21: Verleihung der Goethe-Plakette der Stadt Frankfurt 1966.*

*Abb. 22: Mit der Tochter Iris 1967 auf Lesereisen in den USA.*

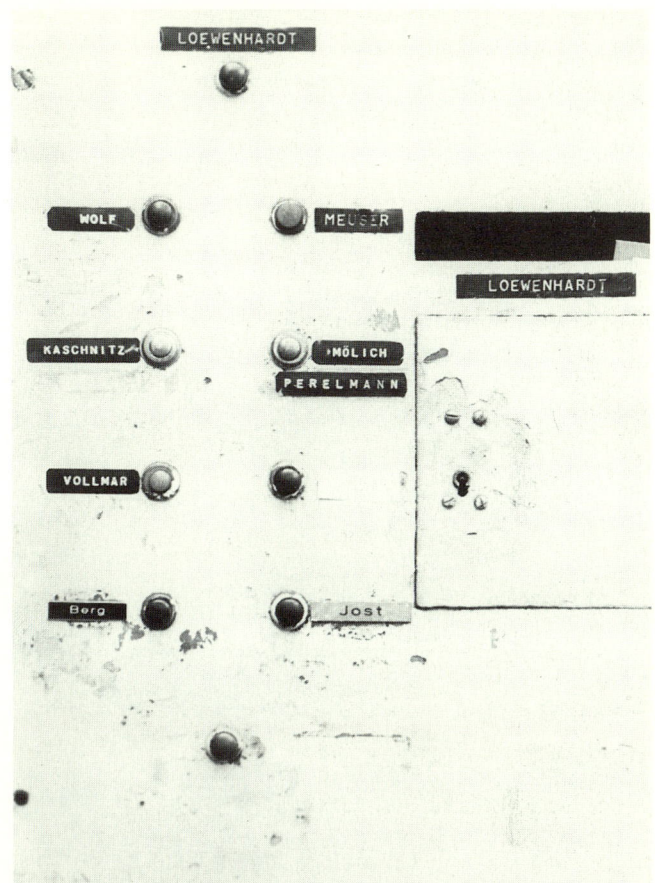

*Abb. 23: Türschild des Mietshauses in der Frankfurter Wiesenau 8.*
*Hier lebte die Dichterin von 1942 bis zu ihrem Tod 1974.*

*Abb. 24: Marie Luise Kaschnitz in ihrer Wohnung 1968.*

solange es den Orden gibt, noch nicht vorgekommen ...«

Es hat ihr niemals behagt, im Licht der Öffentlichkeit zu
stehen, sie haßte den Rummel, den man um ihre Person
veranstaltete. »Das lachende Zeitungsbild täuscht. Ich
mußte lachen, als die beiden würdigen Herren versuchten, das preußisch schwarzweiße Ordensband mit zwei
Sicherheitsnadeln an meinem Ausschnitt zu befestigen,
während gleichzeitig surrende und summende Apparate
sich auf meine Brust richteten, um das Ehrenzeichen
ganz aus der Nähe aufzunehmen. In Wirklichkeit war
mir nicht zum Lachen zumute. Ich war befangen, im
Grunde überzeugt, daß mir diese Ehre nicht zukäme, ich
empfand sie zudem als eine Behinderung meiner Freiheit,
meiner Anonymität.« (*Tage, Tage, Jahre* 282)

Die Verleihung des Bundesverdienstkreuzes lehnte sie
dann aus den gleichen Gründen ab. Sie ist das geworden,
was sie ursprünglich nicht hatte werden wollen: eine
selbständige und berufstätige Frau, anerkannt, erfolgreich. Aber an die Tochter in Rom schreibt sie: »Ich kann
es nicht leiden, daß ich jetzt so eine literarische Person
bin und sonst nichts«. Ihre Unterschrift: »Deine Mutter
h.c.«

Als Horst Bingel 1966 das »Frankfurter Forum für Literatur« ins Leben ruft, stehen auf der Teilnehmerliste unter Hunderten von Schriftstellern auch solche aus dem
Osten. Marie Luise Kaschnitz tritt zusammen mit einem
Belgrader Lyriker aufs Podium und nimmt am Forum
der Schriftsteller gegen die Notstandsgesetze teil. »Nachmittags war eine Riesenmenge auf dem Römerberg, da
sprach Enzensberger sehr witzig, und Bloch. Vielleicht
hilft es doch etwas« (1. November 1966). Dolf Sternberger kommt mit Freunden zu ihr, um seine eigene Rund-
funkansprache zu hören, in der er sich für Grass, Hoch-
huth und Rühmkorf gegen den Wirtschaftsminister

Erhard einsetzte, der die Dichter beschimpft hatte, und die politische Verantwortung von Schriftstellern grundsätzlich begrüßte.

Mit diesen Veranstaltungen kündigte das politische Engagement der Literaten sich an, das in den späten sechziger Jahren seinen Höhepunkt erreichte. Die Künstler und Schriftsteller bekundeten ihren politischen Willen und hatten die Jugend auf ihrer Seite. Die Dichterin trat – mehr oder weniger zu ihrer eigenen Überraschung – für die Sozialdemokratische Partei und Willy Brandt öffentlich ein, ihr Foto erschien auf Wahlanzeigen. (III 807) Sie marschierte mit den Demonstranten auf der Bockenheimer Landstraße, sprach sich für die Studenten und gegen die Polizeieinsätze aus. »Die Leute im Frankfurter Westend halten es mit den Hausbesetzern, den Studenten ... und richten feindselige Blicke auf die Polizeiautos, die Wasserwerfer und was noch alles in den Zug eingefädelt wird.« (III 760)

Zu diesen ›Leuten vom Frankfurter Westend‹ gehört sie selbst, wenn auch vielleicht wacher und skeptischer als andere. Sie erkennt einerseits das Positive in der neuen Selbständigkeit der Jugend, die sich gegen alle Formen von Autoritätshörigkeit wehrt, so wie sie selbst sich früher gegen Uniformen und Talare gewehrt hatte, sieht andererseits die geistigen Verluste, die durch die vollständige Politisierung besonders der Hochschulen entstehen, sie durchschaut die Realitätsblindheit und ideologische Einseitigkeit. »Der chinesische Staatschef Mao ist in der Sicht der Jugend das Vorbild schlechthin. Alle Enttäuschungen über den sowjetrussischen Imperialismus oder die Zustände im roten Paradies Kuba werden wettgemacht durch die spärlichen Nachrichten aus dem allerfernsten China ...« (III 819)

Bei Schriftsteller-Zusammenkünften wird fast über nichts anderes gesprochen als über den Vietnamkrieg, die Stu-

dentenunruhen, den Terrorismus. Marie Luise Kaschnitz
war im Grunde kein politischer Mensch. Aber durch die
sich zuspitzenden Ereignisse, das Aufkommen rechtsra-
dikaler Parteien einerseits, der APO andererseits über-
dachte sie kritisch den eigenen Standort. »Ich habe einmal einen Brief bekommen, der mir klargemacht hat, was
ich nicht war, nicht getan, nicht durchgemacht habe. Ich
bin nicht von einem betrunkenen Vater geschlagen und
angebrüllt worden ... gehungert habe ich nur, wenn alle
gehungert haben ... und niemand hat mich gezwungen,
auf andere Menschen zu schießen. Sie sind, stand in dem
Brief, nie wirklich gedemütigt worden. Obwohl ich im
Grunde froh darüber bin, daß nie ein Vorgesetzter mich,
wie das heute heißt, zur Sau gemacht hat, kein Liebhaber
mich wie ein Stück Mist behandelt hat, bedaure ich doch
den Mangel an Erfahrung, der mir in dem Brief vorge-
worfen wird ... O die vielen Leben, die man hätte leben
können, diese vielen schrecklichen Leben.« (*Orte* 498)


*Theodor W. Adorno*

Th. W. A.

Etwas machte sich auf
Ein Flüssiges und doch Festes
Kroch die Matten hinunter
Die Straßen
Zuletzt ihm auf die Brust.

Der Gedichtband *Ein Wort weiter* von 1965 beginnt mit
*Reisegedichten*, deren erster Teil Gottfried von Nostitz
gewidmet ist in Erinnerung an die gemeinsame Brasilien-
reise. Der Freund hatte sie inzwischen oft besucht, und sie
sah ihn in München, wo sie Mitglied der Bayerischen Akademie der Schönen Künste geworden war. Ihre *Reisegedichte*, die, schärfer noch als bei Benn, das Vergebliche

allen Reisens feststellen – (»Ich | Auf dem soundsovielen Breitengrad | ... Bin nicht mehr ich«) –, enthalten versteckte Hinweise auf das, was während der Reise unausgesprochen blieb (»Bald ist die Mitgift Leben aufgezehrt, bald legt sich die Liebe schlafen«).
Der zweite Teil der *Reisegedichte* ist für einen anderen Freund verfaßt: Theodor W. Adorno.

> Die Farbe der Lagunen war Rauch und Feuer
> Die Mondsichel Z bedeutete Untergang
> Sank der Staub, erschienen die Sterne.

Theodor W. Adorno ist der Freund, der sie intellektuell wahrscheinlich am meisten herausgefordert hat. Der kritische Soziologe und Philosoph, mit Max Horkheimer Begründer der »Frankfurter Schule«, war als ehemaliger Kompositionsschüler bei Alban Berg kundig auf einem Gebiet, das ihr ohne seine unermüdlichen Erklärungen kaum so vertraut geworden wäre, dem der zeitgenössischen Musik. Viele ihrer Tagebuchnotizen bestätigen es. »Anweisung zum Hören moderner Musik« steht da, und sie zitiert den Aufsatz »Über die Schwierigkeiten des Komponierens heute«.
Musikalisch sind die meisten Veranstaltungen bei Adornos, »er spielte fast die ganze Zeit Klavier, viel Schumann auf meinen Wunsch, und Schönberg. Wir genossen es, einmal keine perfekten Platten, sondern einen so musikalischen Menschen, der auch (beim ›Carneval‹) danebenhaut und dazu singt und brummt –«. (November 1964)
Adorno ist als Marxist nicht nur umstritten, sondern wird, wie Marie Luise Kaschnitz selber schreibt, von einigen als »Verderber der Jugend« bezeichnet und gehaßt. (III 794) Sie aber bleibt wie immer von der Meinung anderer völlig unabhängig. Sie schätzt ihn sehr, und auf langen gemeinsamen Spaziergängen durch den Frankfurter Palmengar-

ten, bei intensiven Abendgesprächen und gegenseitigen Besuchen werden mit dem Freund über Jahre hin alle Pläne und Vorhaben besprochen. In *Tage, Tage, Jahre* widmet sie »T. W. A.« die Episode »Das Kind«, denn Adorno hatte ihr von dem beinahe tödlich verlaufenen Besuch eines auf ihn »dämonisch« wirkenden Kindes erzählt, das mit der Aufforderung, seinen Ball aus der Dachrinne zu holen, bei ihm eingedrungen war (25. Mai 1967).

Es gibt in ihrer Freundschaft einen wunden Punkt: Adorno und Dolf Sternberger sind Antipoden und können sich nicht ausstehen. Nach wie vor steht Dolf ihr nahe, werden Briefe gewechselt, schreibt sie ihm Weihnachten 1964 aus Rom: »Ich umarme Dich für Deinen *lieben* Weihnachtsbrief, kann man denn aufhören sich zu lieben, ach *nein*.«

Endlich unternimmt sie nach Jahren der schier unversöhnlichen Feindschaft einen mutigen Vorstoß und lädt beide Parteien mit ihren Frauen, dazu Siegfried Unseld als neutrale Größe, zu einem »Versöhnungsdinner« ein. Das Ergebnis, bis Rom gemeldet, lautet: »Ich fand es reichlich ungemütlich, nicht aber die elegant erschienenen Beteiligten, die aufgeregt waren wie bei der ersten Tanzstunde. Unseld trank und redete zuviel, der Teddie [Adorno] war aschgrau und offensichtlich krank, Ilse [Sternberger] umarmte und küßte ihn, wozu sich der Dolf bei Gretel [Adorno] nicht entschließen konnte.« (1. Oktober 1966)

Ihr Einsatz hat sich nicht gelohnt, auch sie konnte eine freundschaftliche Beziehung nicht erreichen und beide Parteien niemals zusammen einladen.

Was sie an Adorno schätzte, war seine Vielseitigkeit, seine phänomenale Gedankenschärfe, sein kritischer, keine Beschönigungen duldender Intellekt, seine enorme Energie. Iris berichtet sie voll Bewunderung von dem unermüdlichen Fleiß des Wissenschaftlers: »Er hat drei neue Vorträge gemacht (und gehalten) und seine ›Ästhetik‹ schon halb fertig. Ein Phänomen! Dazu natürlich Vorlesung, Seminar und Institut!« Gemeint ist das von Adorno und Horkheimer 1950 wiedergegründete Institut für Sozialforschung, das seit den sechziger Jahren auf gesellschaftskritischer und pädagogischer Ebene eine entscheidende Rolle innerhalb der linken Studentenbewegung spielte.

> Seine Erfahrungen lehrten ihn
> Gewalt zu hassen
> Weshalb man ihn abtrünnig schalt
> Es brauchte ihn keiner
> Ins Grab zu stoßen
> In diesem strahlenden Sommer.
> Er war lange schon traurig
> Fiel.

Was sie an Adorno störte, war nicht seine negative Gesellschafts- und Kulturkritik – ihr mißfiel seine Eitelkeit, die sich in einem nie befriedigten Geltungsbedürfnis aussprach. Es war ihr unbegreiflich, daß ein so gescheiter, begabter Mensch ununterbrochen Bestätigung von anderen brauchte.

Voll Mitleid spricht sie über diesen komplizierten, verletzbaren und »übersensiblen« Freund, der sich zeitlebens für die Studenten einsetzte, um dann während der Studentenunruhen die Erfahrung zu machen, daß er nicht mehr verstanden, nicht mehr gewollt wurde – »für ihn, was für ein Sturz!« (9. Dezember 1968) Adorno hatte die Polizei in sein von Studenten besetztes Institut geholt.

Im gleichen Jahr, mitten in die Studentenrevolten von 1968 hinein, kam auch Paul Celan zu einer Lesung in die Frankfurter Universität. »Bei Celan, Hörsaal 6, war es sehr spannend, ob die Studenten, die sich am Nachmittag gegen den Germanisten Stern (38 Jahre, kein Greis) aufgelehnt und selbst eine Parallelvorlesung veranstaltet hatten, ausfallend werden würden ...« Es kam zu demonstrativen Protesten einzelner Studenten, die den Raum verließen, aber zu keinem Eklat, wie sie ihn befürchtet hatte.

Adornos Fall hingegen kam überraschend, der Aufstand der Studentinnen, die mit nacktem Oberkörper und einer Rose in der Hand an sein Pult stürmten, um ihn als »Rosenkavalier« der Lächerlichkeit preiszugeben, war unvorhersehbar gewesen. Er mußte erleben, verhöhnt und verspottet zu werden, und ging ihrer Meinung nach daran zugrunde: »Er starb an sich selbst | Am Nicht-mehr-eines-Sein | Mit seiner Jugend | Und aller Jugend ...«

Adorno war für sie der interessanteste und geistig anspruchsvollste Freund jener Jahre. Bitter, von kafkaeskem Sarkasmus sind dann die Texte, die Marie Luise Kaschnitz 1969, in seinem Todesjahr, verfaßt. Ihr Buch *Steht noch dahin* trägt die Spuren ihrer engagierten Diskussionen, siebzig Kurztexte, die blitzlichtartig die menschliche und gesellschaftliche Misere, die Kluft zwischen humanitärem Anspruch und inhumaner Wirklichkeit, beleuchten. Das Buch ist »eine scheinbar gelassene und gleichmütige Formulierung der Apokalypse, die immer ganz leise bleibt und eben deshalb beklemmend und aufschreckend wirkt«.*

»Ob wir davonkommen, ohne gefoltert zu werden, ob wir eines natürlichen Todes sterben, ob wir nicht wieder hungern, die Abfalleimer nach Kartoffelschalen durchsuchen, ob wir getrieben werden in Rudeln, wir haben's gesehen ... Ob wir uns fortstehlen rechtzeitig auf ein weißes Bett oder zugrunde gehen am hundertfachen Atomblitz, ob

---

* M. Reich-Ranicki, Entgegnung. Zur deutschen Literatur der 70er Jahre. Stuttgart 1979, S. 40.

wir es fertigbringen, mit einer Hoffnung zu sterben, steht noch dahin, steht alles noch dahin.« Das kleine Buch gibt als Resümee *Was wir noch können:* »Wir können noch sehen, wir können noch hören, wir können noch leiden, noch lieben.«

Noch lieben? Die anbrechende Welle der Pornographie reizt sie zu so zornig ätzenden, aggressiven Kurztexten wie *Kinder seht her:* »Es dauert nicht mehr lang und der Beischlaf wird sich die Straße erobern, massiv hier und klotzig, nicht die leichten, zärtlichen Küsse von Paris. Schon liegen in den bürgerlichen Wohnstuben Bücher, die photographierten Gegenstände sind Hinterteile, Schoß und Schamlippen, Schamhaare in gewaltiger Vergrößerung, die intime Landschaft frei unter die Lupe gelegt. Seht doch, Kinder, so sieht eure Mutter unter der Strumpfhose aus, so schiebt der Vater ihr sein Ding zwischen die Beine, so seid ihr gemacht worden, unter Kichern und Stöhnen, so werdet ihr es treiben, nichts mehr von dunklem Geheimnis ... Zeigt es den Muckern, den Heuchlern, schreibt es an die Wände, fucken, vögeln, wetzen, das lustige Vokabular aus der Latrine ... Die alte Liebe ist doch nicht tot, auch nicht die alte Traurigkeit, das alte Versagen.« (VII 913)

Adorno hatte 1950 das berühmt gewordene Verdikt geprägt von der Unzulässigkeit von Kunst. »Kulturkritik findet sich der letzten Stufe der Dialektik von Kultur und Barbarei gegenüber: nach Auschwitz ein Gedicht zu schreiben, ist barbarisch, und das frißt auch die Erkenntnis an, warum es unmöglich ward, heute Gedichte zu schreiben.« Wie sollte sie, die Dichterin, sich dazu stellen? Vom Schweigen, vom endgültigen Verstummen hat sie gesprochen: »Dein Gedicht | Schlag es dir in den Hals ...«

Sie skizziert in der Kladde eine Erzählung vom endgültigen Verstummen: »Der Schriftsteller, der viel Erfolg gehabt hat, will nicht mehr schreiben ... Eines Tages entdeckt sie (seine Frau) ihn zufällig – hinter dem Zaun eines Krankenhauses oder Irrenhauses – als Pfleger – Essensträger oder so etwas.« Die daraus entstandene Erzählung *Der Schriftsteller* handelt vom Zweifel des Schreibenden am Werk – denn man kann auch leben, wenn es »überhaupt keine Schriftsteller, keine Maler und keine Komponisten mehr gibt« – der Schriftsteller mischt sich unerkannt unter die Irren.

Sie notiert Adornos Meinung, daß die heutige politische Situation Kunst nicht mehr zulasse, ihrer aber bedürfe. (III 799) Wie begegnete sie dieser Negativ-Forderung? Sie nimmt die Worte Maschinengewehre, Stacheldraht, Wasserwerfer, Ratten, Auschwitz in ihre Dichtung auf und beweist ihre Könnerschaft noch angesichts des abstoßendsten Materials. »Viel Güte genossen | Die Kinder, | Einigen schenkte man | Kostbares Spielzeug | Raketen | Anderen erlaubte man, | Sich ihr eigenes Grab zu graben | Und sich hinfallen zu lassen tot | Zu den stinkenden | Schwestern und Brüdern.« Sie spannt den Bogen des Entsetzens bis in ihre Gegenwart, bis zur Berliner Mauer, die sie »in ihrer makabren Scheußlichkeit« mit eigenen Augen sah. (»Eine Schranke durchbrechen | Von Händen im Stacheldraht ... Leuchtgranaten | Gezappel im Scheinwerferstrahl.«

Als in Frankfurt der Auschwitz-Prozeß stattfand, an dem sie mit ihrem Bruder teilnahm, hat sich, wie Marcel Reich-Ranicki bemerkte, kaum ein Schriftsteller der Bundesrepublik darum gekümmert. Marie Luise Kaschnitz war neben der aus Deutschland emigrierten Nelly Sachs, mit der sie korrespondierte, die einzige Lyrikerin, die in erschütternden Visionen das Geschehene beschwor.

Es gibt einen Zettel, worauf sie während des Prozesses Satzfetzen kritzelte. Der kaum leserlichen Schrift merkt man die Erregung an. Wirr und klein steht da: »Schilfzäune aufgerichtet, dahinter die Juden aus Straßengräben geholt und zu (unleserlich) verbrannt. Etwaiger Schmuck und Zahngold ... aufgebrochen ... Die Herren machten sich die Finger nicht schmutzig. Häftlinge, Sträflinge, Gefangene mußten die Arbeit ausführen. Sie wurden danach alle erschossen ... Stillstehen im Schlafwagen (abgehängt). Abstellgleis. Landschaft. Auf den Ankunftsbahnhof warten (unleserlich) ... Das 19. Jahrhundert geht zuende inklusive Humanität.«

Adorno habe »Gegenbilder« von ihr verlangt, sagt Marie Luise Kaschnitz, »Gegenbilder also jenes Wahren, Guten und Schönen, das einmal als Wahlspruch den Giebel der alten Frankfurter Oper zierte«. Er hat aber später sein Verdikt, daß Dichten unmöglich geworden sei, in gewisser Weise widerrufen. (»Das perennierende Leiden hat soviel Recht auf Ausdruck wie der Gemarterte zu brüllen; darum mag es falsch gewesen sein, nach Auschwitz ließe kein Gedicht mehr sich schreiben.«) Er war mit einer Frau befreundet, die als einzige deutsche Dichterin in der Lage war, das Entsetzliche in Worte zu fassen.

> Unsere Würde ein Kleid
> Sie ziehen uns aus am Ende.
> Nackt vor der Grube
> Woran erinnert dich das?

Mit ihrer verkürzten, verknappten Lyrik, die schmucklos und reimlos, ohne Zeichen und Wohlklang nur noch das Wesentliche formuliert, »*Du Bruder und ich | Schuldig*«, mit diesen Gedichten beschritt Marie Luise Kaschnitz radikal den Weg in die Moderne.

## Römische Sommer

> Weinst Tränen die ich nicht sehe
> Denkst Gedanken die ich nicht weiß.

»Daß man doch niemals ganz dort ist, wo man gerade ist, vielmehr an mehreren Orten zugleich ... Bei mir durchdrangen sich vor allem drei, mir besonders vertraute Orte: das badische Dorf, das meine eigentliche Heimat ist, die mittelgroße und abgesehen von ihren Flußufern und einigen Alleen häßliche Stadt, in der ich wohne, und Rom, wo ich so viele Jahre zugebracht habe und wohin ich auch jetzt noch alljährlich zurückkehrte.« (*Wohin denn ich* 526)
So sehr Marie Luise Kaschnitz bedauert hat, daß ihre einzige Tochter nicht in der Nähe lebte, so schön war es, daß deren Wohnort Rom war. In jedem Jahr seit Guidos Tod besuchte sie sie dort, wo sie am glücklichsten gewesen war.

> Römischer Nachtblick
> Braunblaues Gemäuer
> Angestrahltes Gebälk
> Und die Zeder
> Schiefwipflig
> Gegen den helleren Himmel.
> Bilder, nie mehr verlierbare.

Iris wohnte in der Via Vittoria im obersten Stock hoch über den Dächern, mit herrlichem Blick und einer Terrasse, von der aus man im Rund die Peterskuppel sieht, die Kuppel von San Carlo am Corso, wo Goethe wohnte, die Villa Medici, den Quirinal, die Kirche San Trinità dei Monti über der Spanischen Treppe, schließlich, wenn man sich aus dem Fenster beugt, auch das helle Rechteck des Spitals, in dem Marie Luise Kaschnitz starb.

Beschwerlich waren allein die vielen Stufen, die zu erklimmen waren, als ein neuer Aufzug in das alte Haus gebaut wurde. »Die Treppe ist eng, steil, man zählt die Stufen ... einhundertdreißig, bleibt stehen, keucht ... Oben sind die Gitter für den neuen Aufzug schon befestigt, bald werden wir schweben, gelassen aus dem Kästchen treten, casa nostra, das kleine Wunder über den Dächern, drei Zimmer ... keine Gardinen, wozu auch, wir sind höher als alle Fenster, sehen hinab auf die steinernen Schluchten der Altstadt ... Ein erfüllter Wunschtraum (Wunschtraum auch eines Toten) und die kleinen Möbel meiner Mutter, der Schreibtisch, die Kommode aus Rosenholz, der geschnörkelte Spiegel mit seiner bukolischen Landschaft, alles aus der Vergangenheit der Familie ...« (*Tage, Tage, Jahre* 121)

Wenn ihr die Treppen zu anstrengend sind, bleibt sie bei Ingeborg Bachmann, die um die Ecke in der Via Bocca di Leone wohnt in einer Wohnung, die etwas Eingeschlossenes, Kellerhaftes hat und ihr wie ein »Versteck« vorkommt, mit einer Terrasse zum Hof hinaus, auf der sie sich, wenn Ingeborg nicht da ist, vor den räudigen, mit Wunden bedeckten Katzen derart fürchtet, daß sie es nicht wagt, die Läden zu öffnen. Im Dunkel der Räume aber fühlt sie sich geborgen wie in einer Muschel, fühlt sich in die Berliner Kindheit versetzt, in die Souterrainwohnung des Hausmeisters, in der man nur die Füße vor den Fenstern vorübergehen sah. »Dunkelheit also und Stille, Niemand-weiß-wo-ich-bin-Stimmung. Niemand weiß, wer ich bin. Das Leben ist irgendwo draußen ...«

In der luftigen Wohnung in der Via Vittoria dagegen sitzt die Tochter auf dem Fußboden und telefoniert. »Viel zu tun, viel Verantwortung, und noch immer das Kindergesicht und die Kinderverzweiflung, wenn etwas nicht gut geht, und kein Glück, wenigstens keines im bürgerlichen Sinn.« Das fehlende Glück »im bürgerlichen Sinn« be

stand darin, daß die Tochter, obgleich sie mit ihrer Tätigkeit durchaus zufrieden war, ihr unversorgt erschien, solange sie unverheiratet war. »Den Sturz ins Unglück sieht
eine Mutter beständig voraus, auch die Einsamkeit, die
Armut im Alter – über ihren eigenen Tod hinaus möchte
sie den Kindern den Schutz geben, den sie ihnen geben
konnte, als sie noch im Sandhaufen spielten ... Die Männer, die mit ihrer Tochter zusammenkommen, müssen
liebesfähig, verantwortungsbewußt und zuverlässig
sein...« (*Tage, Tage, Jahre* 124)
Es mag für Iris, die tagsüber bei der »Nuova Conso-
nanza« arbeitete, einer Gesellschaft, die Konzerte mit
zeitgenössischer Musik organisierte, und abends Kurse
am Goethe-Institut gab, nicht leicht gewesen sein, mit
ihr, die sie, ihre Freunde, ihre Umgebung mit dem doppelten Blick der Mutter und der Dichterin sah, konfron-
tiert zu sein.

»ROMA, Via Vittoria, sesto piano, also über den Dächern ... gefrühstückt auf dem breiten Bett, wo schon
die Schreibmaschine steht und das Telephon. Mutter und
Tochter und die Telephonstimmen, die alle die Tochter
angehen ...« Iris arbeitet den Tag über, kommt erst spät
abends vom Sprachunterricht zurück, es wird eine kleine
Mahlzeit bereitet oder im Restaurant gegenüber gegessen. »Da sitzen wir beieinander und verderben uns den
Appetit mit ländlichem, schwarzgebranntem Gebäck und
sehen uns in die Augen, wie geht es dir, wirklich, wirklich, du weinst doch nicht, nein, ich weine nicht.« (*Orte*
437)

Einfach kann dieses Miteinander nicht gewesen sein.

Was sie sieht, erlebt und erfährt, wird in die kleinen Oktavheftchen notiert, wird zu Gedichten und Erzählungen

gestaltet, wenn der Stoff es zuläßt (»Immer noch ausge-
hen wollen | ... Und einsammeln im Drahtkorb | Schick-
sal um Schicksal«).
Ein Vergleich des flüchtig Skizzierten in den Notizbü-
chern mit dem daraus entstandenen Werk zeigt, mit welcher Sicherheit sie das bruchstückhafte Material zu voll-
kommenen Gebilden zu gestalten vermochte. »Notizen
für römische Gedichte«, steht da. »Verkehrschaos und
Lärm. Oleanderstadt. Katzen im Gewitterregen, tafelnd.
Iris über den Dächern im Fenster, zu weit weg, außer
Rufweite, kleine anmutige Gestalt.«

> Außer Rufweite du
> Anmutig im hellen Fenster
> Über Dächern aus Lehmgrau ...
> Im erleuchteten Viereck du klein
> Mein Fleisch du fern mein Blut
> Außer Rufweite hin und her
> Pantomimisch im weißen Kleid
> Rührst die nackten Arme
> Schüttelst das kurze Haar
> Hebst Dinge auf, legst sie zurück
> Weinst Tränen, die ich nicht sehe
> Denkst Gedanken, die ich nicht weiß.

Zu den Freunden, die sie in Rom trifft, gehören Gustav
René Hocke, Stefan Andres, der seiner jüdischen Frau
Dorothee zuliebe nach Italien zog, die Übersetzerin Toni
Kienlechner, die Schriftstellerin Ingrid Bachèr, bei der Iris
in der Via del Gesú wohnte, bevor sie eine eigene Wohnung fand.
Gustav René Hocke erzählt von der Ordensverleihung an
einen vatikanischen Priester, der am Abend alle seine Orden anlegte und damit prahlte, während Stefan Andres in
die schlichte Soutane schlüpfte und sie für den Rest des

Abends anbehielt. Ingrid Bachèr verabredet sich mit ihr im Hotel Minerva nahe dem Pantheon, wo Marie Luise Kaschnitz, an einem kleinen, runden Marmortisch schreibend, sehr zurückhaltend wirkt, »nur ihre Augen waren auffallend immer und unvergeßlich. Sie saß sehr gerade und der Tisch war mit Manuskripten bedeckt, an denen sie arbeitete, eine sorgfältige Arbeiterin, sogleich bereit, über das Geschriebene zu diskutieren«.[*]

Es besucht sie Gabriele Wohmann, die ihr beim Tee in der hochgelegenen Wohnung gegenübersitzt, ihr »ernstes, schönes, gescheites Gesicht« betrachtet und ihm trotz aller Distanz und Klugheit, aller Kaschnitzschen Ironie anmerkt, daß diese Dichterin »keinen Moment aus dem Leiden sich entläßt«.[**]

> Seit einigen Tagen Jahren hinke ich
> Das macht
> Mein einer Fuß ist aus Marmor
> Akanthusblatt überwächst ihn
> Der andere geht und geht.
> Auf den Schultern trage ich
> Das leichte gerettete
> Vorsichtig.
> Seht weg.

Nach Rom kommt auch Adorno, sie setzen die gewohnten Frankfurter Palmengartengänge zu ausgiebigen Gesprächen im römischen Zoo fort. Mit ihrem Neffen Michael von Marschall fährt sie an einem heißen, wolkenlosen Julitag 1965 zu Luise Rinser, die sich bei Rocca di Papa ein neues Haus gebaut hat und über einen riesigen schwarzen Hund »Lupo« befehligt, der auf leise Hetzge-

---

[*] In: Insel-Almanach 1971, a. a. O., S. 57.
[**] In: Insel-Almanach 1971, a. a. O., S. 62.

räusche hin »jedem Menschen die Gurgel durchbiß« – die Besucher werden das Gefühl nicht los, daß die Gastgeberin ihre Macht genoß.

Sie unterhielten sich über das Jenseits, und Luise Rinser »äußerte die häretischen Ansichten eines Menschen, der im Glauben so fest ist, daß er sich das erlauben darf«. Marie Luise Kaschnitz vermerkt: »Fegefeuer und Hölle drängen sich ihrer Ansicht nach in die Momente des Sterbens zusammen. Gott ist nicht der Richter, sondern in diesem Augenblick richtet jeder sich selbst.«

An diesen Besuch hat sich auch Luise Rinser noch Jahre später noch deutlich erinnert, Marie Luise Kaschnitz habe gefragt, ob sie ihren Mann je wiedersehen würde. Sie habe es bejaht.*

> Berg-und-Tal-Fahrt
> Und deine Hand
> Wieder in meiner
> . . .
> Mehr also fragen die Frager
> Erwarten Sie nicht nach dem Tode?
> Und ich antworte
> Weniger nicht.
> *(Ein Leben nach dem Tode)*

Marie Luise Kaschnitz hatte der Schriftsteller-Kollegin bei dieser Gelegenheit ihren Gedichtband *Dein Schweigen – meine Stimme* mitgebracht, für den sich Luise Rinser mit einem erfreuten Brief bedankt. »Rocca di Papa, 23. Juli 1965. Liebe Frau Kaschnitz, ... Zu Ihren Gedichten: Ich bin das, was man fasziniert nennt. Magisch gebannt. Ich lese und lese in diesen unheimlichen Gebilden und erschrecke vor der Intensität Ihrer Beschäftigung mit dem

---

* Brief von Luise Rinser an D. v. G. am 15. November 1990.

Tod und der Unterwelt. Auch ich lebe mit dem Tod. Aber mir ist der Tod das Tor nicht zum Hades. Wohin? Ich weiß nicht, was der Himmel ist. Aber ich hoffe auf eine Erfüllung all dessen, was hier Fragment blieb: die Liebe. Ich habe ein unzerstörbares ... Wissen davon, daß es Erlösung gibt, die *nicht* Vergessen ist, sondern neues wirkliches Leben ... Und ich spüre ja die Ewigkeit schon jetzt ›hautnah‹, wie man so sagt. – Schade, daß wir uns nur so kurz sahen ... Sehr herzlich, und sehr mit Ihnen beschäftigt, Ihre Luise Rinser.«

Die Notizen in den unveröffentlichten Kladden, im allgemeinen knapp und sachlich, werden ausführlich nach Gesprächen mit Max Frisch in Rom. Sie besprechen ihre literarischen Pläne, erörtern Begonnenes: Sie legt den Plan zu einem Hörspiel vor, er gibt Ratschläge, die er in seinem Stück »Biographie. Ein Spiel« ähnlich selber anwenden wird. Ins Tagebuch vom Mai 1965 schreibt Marie Luise Kaschnitz: »Abendessen mit Frisch. Die Frage, wie man sich von dem Beruf des Schriftstellers auch eines Tages frei machen könnte. Die Tatsache, daß man einmal etwas Gutes geschrieben hat, verpflichtet dazu, immer weiter zu schreiben, auch wenn man das Wesentliche bereits gesagt hat. Frisch hat einen gewissen Haß auf die Literatur, die Kultur, den Kulturschaum ... Alle Berichte, etwa über die sozialen Verhältnisse im Volkswagenwerk, die Lage in Hungergebieten usw., erscheinen ihm viel wichtiger. Er wehrt sich außerdem gegen die Hierarchie der Unsterblichen, gegen den ›Nachruhm‹, gegen die ›Gesamtausgaben‹. Lieber ein Großer sein *in* seiner Zeit.«

> Zeit schöner Engel
> Mit dem Kranz im Haar
> Und der Pistole im Gürtel.

In Rom erzählt ihr die Archäologin Hermine Speier von ihrem Besuch in New York – sie hatte dort ihren emigrierten Bruder, einen Rabbiner, aufgesucht, war wegen ihres Übertritts zum Katholizismus, der ihr das Leben retten half, mit dem Fluch der strenggläubigen Familie belegt worden und stand noch ganz unter dem Eindruck entsetzlicher Großstadterlebnisse, über die sie erregt berichtet.

Als Marie Luise Kaschnitz im April 1967 zusammen mit Iris für sechs Wochen zu einer Lesereise nach Amerika fährt, ist ihr Eindruck nicht weniger negativ und beängstigend. Zwar war der Dichterin, die noch an den Folgen einer Hüftoperation litt und nicht in bester Form war, von den großen Universitäten Yale, Harvard, Princeton ein begeisterter Empfang bereitet worden, und sie hatte ihr Programm glänzend absolviert. Doch der Eindruck, den sie in *Orte* von der zum Teil per Bahn unternommenen Reise durch den Osten Nordamerikas vermittelt, ist desillusionierend, für sie überwiegen Verwahrlosung, Schmutz, Trostlosigkeit. »Wo ist das Amerika der CARE-Pakete, der gepflegten Besatzungsmacht? Die Hinterhöfe der Industrielandschaft zeigen nichts als Elend ...« Und so oft sie auch auf diese Reise zurückkommt, klingt sie enttäuscht, ja entsetzt. »Noch jetzt schrecke ich manchmal aus dem Schlafe, weil ich mir einbilde, sie wieder zu hören, die Weltuntergangsgeräusche, die Trompeten von Jericho, die mich in den Nächten von Manhattan so sehr erschreckten. Anders als Luftschutzsirenen, greller, hektischer ... Die eisernen Feuertreppen, oft an der Vorderseite der Gebäude angebracht, sind schon erschreckend, man meint sie schüttern und dröhnen zu hören unter den hastigen Tritten fliehender Füße, schmale Eisenstufen zwanzig, dreißig Stockwerke hinunter ... Dabei ist, was sich anhört wie Weltuntergang, meist nur ein Zimmerbrand, durch brennende Zigaretten ins Schwelen versetzte Betten ... Der Schrecken blieb aber immer derselbe,

Weltbrand, Weltangst und keiner, der sich rettet, keiner
der entkommt.« (*Tage, Tage, Jahre* 236)
Die Fahrt nach Amerika war die letzte große Reise, sie hat
danach die Lust am Reisen fast ganz verloren. »Ich, auf
meinem Bett, auf einem Liegestuhl, im Gras sitzend, auf
den Knien das Schreibheft ... Das Nirgendwomehrsein,
nicht zu Hause, nicht auf der Reise, nur bei dem, was ich
mir ausdenke, bei meinen Gestalten, meinen Worten ...«
(*Orte* 457) Sie fuhr zwar zu Lesungen nach Den Haag und
Amsterdam (im November 1970), nahm zu Ehren des
Dichters Paul Celan, der sich in der Seine ertränkt hatte,
an einem Symposium in Paris teil und besuchte 1973 ihren
alten Freund Max Tau in Oslo. Aber in Wirklichkeit hie-
ßen ihre einzig angestrebten Ziele nur noch Bollschweil
und Rom.
»Eine Sammlung von Ansichtskarten, nicht das Matter-
horn, nicht das angestrahlte Brügge, vielmehr ganz unbekannte Gegenden ... nie wird man da hinkommen ...
aber mir gehörig, in einem anderen Leben gesehen.« (*Orte*
559)

### Ansichtskarten

Meine Freunde reisen.
Ich nicht. Ich fürchte mich
Vor dem eisigen Packeis
Vor den traulichen Fachwerkhäusern
Vor den leeren Augen
Des Kaisers Gordian.

Unter ihrer Post im Schreibtisch lag zwischen den Brief-
stapeln auch eine Ansichtskarte aus Rom, sie zeigt eine
Abbildung vom Bronzekopf des Kaisers Gordian.

> Denn der Vogel drängte sich jetzt ganz nah
> an meine Füße, und ich spürte seine stau-
> bige Wärme an meinem nackten Bein. Er
> war sehr groß und häßlich, und seine Au-
> gen waren trübe und ohne Glanz, und als
> ich auf ihn herunter- und gerade in seine
> traurigen, kalten Augen sah, gab er ein
> merkwürdiges Krächzen von sich.
>
> *(Vogel Rock)*

Obwohl Marie Luise Kaschnitz ihren Ruhm im wesentli-
chen der Lyrik verdankte, ist sie doch im gleichen Maße
bedeutend als Erzählerin. Fünf Bände mit fünfzig Erzählungen hat sie veröffentlicht, fast noch einmal so viele Erzählungen erschienen verstreut in Zeitschriften und sind
aus dem Nachlaß herausgegeben worden. Sie hat den Reiz
der Kurzgeschichte, die in Deutschland nach dem Krieg
zu einer wichtigen literarischen Gattung wurde, als
»wahre Verlockung« bezeichnet, denn »von der besonderen Begebenheit der alten Novelle bis zum pointelosen
Ausschnitt aus einem alltäglichen Menschenleben sei alles
denkbar«. (VII 738). Die kurze gedrängte Prosa entsprach
ihrem erzählerischen Elan und ließ Marcel Reich-Ranicki
beim Erscheinen der *Ferngespräche* den vielzitierten Aus-
spruch tun: »Einige dieser Geschichten werden uns überleben.«[*] Sie lernte den Literaturkritiker, der ihr Werk
schätzte und sie durch sein Lob förderte, 1973 endlich
auch persönlich kennen und meldet der Tochter, daß sie
den klugen Reich-Ranicki, der von römischen Nächten
mit ihr, Iris, und Ingeborg Bachmann geschwärmt habe,
»frech und amüsant« fand.

---

[*] Marcel Reich-Ranicki, Literatur der kleinen Schritte, München 1967,
S. 225.

In ihren Erzählungen *Ferngespräche* entwickelt Marie Luise Kaschnitz ihre unverwechselbar eigene Sprache. Das Geheimnis liegt im scheinbar mühelosen Übergang von glasklar nüchterner Beobachtung in den Bereich des Zweideutigen und Unkontrollierbaren. Wirklichkeit und Illusion durchdringen einander. »Das Unbewußte und die Vision spielen eine enorme Rolle bei mir ... Unter dem Einfluß Kafkas stehe ich, wie meine ganze Generation, gewiß.« (VII 971)

*Ferngespräche*, sagt die Autorin, das heiße auch: Liebesferne, Aneinandervorbeireden, Fremdheit, Nicht-Verstehen. (VII 855) Sie hat die technische Einrichtung des Telefons als ein Instrument der Scheinnähe empfunden. »Statt eines Telefonats einmal wieder ein Brief!« schreibt sie an Iris. »Eigentlich ist ja diese Telefoniererei etwas Furchtbares, eine Scheinnähe, kaum daß man den Hörer hingelegt hat, sind die 1000 Kilometer wieder dazwischen, und alle Machtlosigkeit, Hilflosigkeit ist wieder da! Ich denke beständig an Dich und Deine Probleme, bin völlig unfähig zu arbeiten ...« (Ostern 1969)

Der Band enthält in der Erzählung *Eisbären* die Geschichte eines Lebens- und Liebesbetruges, im *Tunsch* den unerklärlichen Mord. Berühmt gewordenes Beispiel für ein beängstigendes, sich jedem rationalen Verstand entziehendes Erlebnis ist die Geschichte vom *Vogel Rock*, dem Seelenvogel, der am hellen Tage in ihren Zimmern herumstreicht, so groß, daß er im Flur mit den Flügeln an die Möbel streift, so grauenerregend, daß sie vor Angst flieht, um ihn bei der Rückkehr wiederum vorzufinden, bedrängend, bedrohend, unabweisbar. Das übernatürliche Erlebnis wird zum Spiegel des Seelischen, zur Metapher des Unbewußten.

Weißnoch, weißnoch
Den Vogel Unheil
Seh ihn noch hocken
Seh ihn noch hüpfen
Im Käfig überm Bett uns.

Seltsam beklemmend ist die Erzählung *Die Füße im Feuer*,
ein Titel, der bewußt an das berühmte Gedicht von Con-
rad Ferdinand Meyer erinnern soll. Es ist die Schilderung
einer Frau, die an der Gleichgültigkeit und Verständnislo-
sigkeit ihrer Umwelt verkümmert und zugrunde geht. Die
Junggesellin, die ursprünglich an vielen Dingen Interesse
zeigte – sie hatte in einer Kunstausstellung Kokoschkas
»Windsbraut« betrachtet(!), hatte sogar an eine Heirat gedacht –, wird zunehmend einsamer und ist schließlich bis
zum Absterben teilnahmslos. Sie geht nicht mehr aus,
empfindet eisige Kälte, wirft schließlich auf der Suche
nach Wärme all ihre Briefe und Bücher ins Kaminfeuer
und stirbt an ihren Verbrennungen.
Diese Erzählung berührt doppelt merkwürdig, weil sie ein
Schicksal wie das von Ingeborg Bachmann benennt, die an
den Folgen eines selbstverschuldeten Brandes starb. »Ich
kann nicht mehr schreiben, heißt es in der Geschichte. Ich
war bei meiner kindischen Suche nach einigen halbver-
brannten Briefbogen unvorsichtig, vielleicht haben auch
die Mullbinden an meinen Füßen Feuer gefangen. Jedenfalls schwelen meine Beine bis zu den Knien, und ich habe
nicht mehr die Kraft, sie aus den Flammen zu ziehen«,
heißt es in der Erzählung. »Schönes Feuer, liebes Feuer,
alter Vulkan aus der Tiefe der Erde, zieht mich heraus aus
den Flammen, ich bin doch hin. Ich bin nicht unsterblich,
ich weine, und meine Finger krampfen sich um einen Fetzen Papier, auf dem das Wort Liebe steht.«

## »Kein Zauberspruch«

> Immer noch will ich
> Ein Aufhebens machen
> Vom Tod von der Liebe

Eine dichte Folge von Briefen markiert die Vitalität und nicht nachlassende Teilnahme von Marie Luise Kaschnitz an allen Dingen des Lebens. Sie habe eigentlich mit mehr Stille gerechnet, meint sie erstaunt, doch die Ruhelosigkeit halte an. »Ich muß die Zeitung lesen und die Politiker im Fernsehen reden hören. Ich kann von dem leidenschaftlichen Wunsch, es möge besser werden, es möge friedlicher und gerechter zugehen, nicht ablassen. Meine Neugierde ist die eines Menschen, der jeden Tag auf einen Berg steigen möchte, damit ihm dort endlich das gelobte Land erscheint.«

> Die Schrift der Sterne wird klarer
> Wenn die Sterne verschwinden.

Für ihr dichterisches und literarisches Werk erhält sie 1970 den Johann Peter Hebel-Preis des Landes Baden-Württemberg, 1971 die Goethe-Plakette des Landes Hessen. Im gleichen Jahr erscheinen der Band *Zwischen immer und Nie. Gestalten und Themen der Dichtung* und ein Sammelband mit fünf neuen Hörspielen, deren Titel *Gespräche im All* einen Gedanken aufnimmt, der sie seit Guidos Tod ununterbrochen beschäftigte. Fast beschwörend ruft sie im letzten Hörspiel die alten Codeworte auf: »Du hast mich deine Windsbraut genannt ... Ich bin dir nachgelaufen. Jetzt bin ich außer Atem und hab' keine Stimme mehr. Aber ich hab' dich erreicht.« (VI 476, 496) Sie wird mit der Herausgabe von Eichendorffs Gedichten betreut und schreibt ein ausführliches Vorwort, dessen so-

zialkritischen Tönen man das eigene Engagement zur Zeit
des revolutionären studentischen Aufbruchs anmerkt. Sie
wirft dem Romantiker Eskapismus vor und erklärt, weder
Heine noch Büchner wäre es damals in den Sinn gekommen, »vom Waldesrauschen zu schwärmen«. (VII 896)
Daran kann man ihre eigene Entwicklung ermessen.

In den Briefen an Iris tauchen Klagen kaum auf, doch die
fast hektische Berichterstattung über alles, was sie erlebt,
über Theateraufführungen, Konzerte und Jazzmusik,
über Besucher, Schulklassen und Einladungen, die sie für
ihren Verleger Unseld, für Freunde und Kollegen veranstaltet (wobei mit viel Humor sogar der Menüabfolge –
Tournedos, Reis mit Avocados, Himbeersahne – gedacht
wird), die Erörterungen von Arbeitsplänen und -aufträ-
gen können nicht verdecken, daß neben das bloße Mittei-
lungsbedürfnis wachsende Einsamkeit tritt. Was ist, da sie
doch niemals wirklich allein ist, der Grund? Sie hatte sich
das Älterwerden als neue, befriedigende Lebensstufe an-
zueignen gesucht, bewundernd schreibt sie von den späten
Leistungen eines Hemingway, eines Matisse und erzählt
vom alten Renoir, der sich den Pinsel an die Hand binden
ließ: »Da war fast alles tot, nur etwas noch wach, der
Drang zu erfinden, zu formen, sich auszudrücken.« (*Orte*
425)

»Das Alter ist für mich kein Kerker«, antwortet sie auf den
Brief einer gleichaltrigen Frau, »sondern ein Balkon, von
dem man zugleich weiter und genauer sieht«. Sie wisse,
daß sie sterben müsse, aber in einer Todeszelle, wie die
Korrespondentin, fühle sie sich nicht. (*Orte* 531)
(»Schwarzer Kalender | O wieviel Zeit vertan | Frühlinge
übergangen | Knospen geringgeschätzt | Wieviel kostbare
Zeit vertan | An den Strohkönig Tod«)

»Der Tod ist in meinen Gedichten, Geschichten, Aufzeichnungen überall anzutreffen, aber in meinem Alltag
nicht. Ich denke nicht an ihn, jeder Versuch, ihn mir

vorzustellen, wird abgebrochen, er kommt noch früh genug.«

Allerdings bleibt es nicht bei dieser Aussage, denn in ihrem letzten Buch *Orte* beschäftigt sie sich sehr wohl mit allen nur erdenklichen, auch grauenvollen Todesarten, mit Verfolgungswahn, Schmerzen, Angstträumen und Ekel, allerdings mit dem Entschluß: »Nur nichts wissen wollen, ich bedenke mein Leben, mein Leben war reich ... Meine Tochter hat in den Augen ihres sterbenden Vaters Tränen gesehen. Vielleicht ist das Schlimmste, von den Lebenden Abschied zu nehmen und in ihren Augen das Entsetzen zu sehen.« (*Orte* 551, 545, 615)

Der wirkliche Grund ihrer plötzlichen Einsamkeit war, daß der einzige Mensch ihr fortan nicht mehr zur Verfügung stand.

Iris hatte im Mai 1970 den Pfarrer und Komponisten Dieter Schnebel geheiratet. Er brachte aus seiner ersten Ehe zwei Kinder mit, so daß die bis dahin ungebunden lebende Tochter nun plötzlich eine Familie zu versorgen hatte, mit der sie selbstverständlich fortan alle freie Zeit, auch alle Ferien verbrachte.

Zwar schien der langgehegte Wunsch der Mutter, die Tochter für die Zukunft versorgt zu sehen, damit endlich in Erfüllung gegangen zu sein. Aber sie hatte sich all die Jahre hin auf Iris fixiert, hatte die Tochter in alle ihre Reisepläne (einschließlich Amerika) einbezogen, konnte sie alljährlich in Rom besuchen. Daß Iris, inzwischen nach München übergesiedelt, nun nicht mehr abkömmlich war, hat sie schmerzlich empfunden, das sich Zurückziehenmüssen ins eigne Gehäuse hat ihr Einsamkeitsgefühl verstärkt. Die Einsamkeit wuchs noch, als jüngere Kollegen vor ihr starben, Ingeborg Bachmann in Rom ihren Verbrennungen erlag, Paul Celan sich in Paris das Leben nahm – die Gedichte, die sie beiden Dichtern widmete, drücken ihre Betroffenheit aus.

Alt sein heißt suchen
Suchen ...
Einen Teil von einem Schmuckstück
Einen Brocken Erinnerung –

Für die Umfrage einer Zeitschrift befragt, was das Ideal
des irdischen Glücks für sie sei, antwortete sie: »Liebe und
Produktivität«. (VII 944)

1972 erschien ihr Gedichtband *Kein Zauberspruch*, für
den sie die Roswitha-Gedenkmedaille erhielt. Darin ent-
wirft sie Zukunftsbilder für die Nachgeborenen, die Hoffnung auf eine friedliche bessere Welt.

Und doch mein Jahrhundert vorüber
Wird mit Stacheldrahtzäunen
Niemand mehr Geld verdienen –
Diesseits und jenseits der Grenzen.
Bedeuten Worte dasselbe
...

Der Band enthält auch die in Rom entstandenen Gedichte,
diejenigen für die gestorbenen Schwestern, für Carl Jakob
Burckhardt und Helmut Viebrock, für die dahingegange-
nen Freunde Adorno, Celan und Eich. Sie zieht eine Bi-
lanz der Verluste, und viele Verse sind durchzogen von
aggressiver Trauer im Bewußtsein der Sinnlosigkeit und
Ohnmacht. Das Gedicht *Die Gärten* ist eines der erschüt-
terndsten, das sie je geschrieben hat.

Die Gärten untergepflügt ...
Einen Brunnen gegraben
Mich selbst
Ans Drehkreuz gespannt
Da geh ich rundum

Schöpfe mein brackiges Lebenswasser
Schreie den Eselsschrei
Hinauf zu den Sternen.

Dem Gedichtband hat sie die Widmung vorangestellt: *Für Iris und Dieter.* Mit der Tochter beschäftigt sich noch der letzte Text, den sie überhaupt schrieb. Sie habe den Menschen, der ihr am nächsten stehe, beinahe völlig verschwiegen. Warum? Aus Schamgefühl? Aus Sehnsucht? Aus Schuldbewußtsein?
»Denn wenn irgendwo, auch in einem Schriftsteller, Schamgefühl sich noch regt, dann gegenüber allem, was seine Kinder angeht, ihr Schicksal, ihre Liebesbeziehungen, ihre Schwierigkeiten, ihr Glück.«
Damit könnte sie es bewenden lassen, Iris ist nun eine längst erwachsene, verheiratete Frau – dennoch überkommt sie der alte Vorwurf, vieles falsch gemacht zu haben. Ihre glückliche Ehe sei für das Kind eine Belastung gewesen. »Ihr haltet auch immer zusammen, sagte unsere Tochter vierjährig und stellte sich mit geballten Fäusten mit dem Gesicht zur Wand.«*
Sie hat diesen Text selber nicht mehr veröffentlicht. Doch der Dichter Walter Helmut Fritz, mit ihr befreundet und wie sie Mitglied der Darmstädter Akademie, berichtet, wie sehr das Thema einer persönlichen Schuld sie immer beschäftigt habe. Man solle Schuld nicht nur als eine Belastung empfinden, sagte Marie Luise Kaschnitz zu ihm, weil auch all das Furchtbare, das von außen auf einen zukomme und das man gewöhnlich der Gesellschaft, dem Schicksal zuschreibe, in Wirklichkeit in verhüllter Form nur die Summe dessen sei, was man selbst an Fehlern, an Unrecht in seinem Leben begangen habe.**

---

\* Uwe Johnson übernahm die Textstellen in seinem Roman *Jahrestage*.
\*\* Brief von Walter Helmut Fritz an D. v. G. vom 23. Mai 1991.

Immer noch will ich
Ein Aufhebens machen
Vom Tod von der Liebe
Und auf den geäderten
Marmor des Tisches
Ins Weiße Euch schreiben
Abendrotzeit.

*Peter Huchel*

In deinen Gedichten die Geisterpferde
Streifen mit ihrem Atem mein Gesicht

Im Mai 1972 besuchte sie während eines ihrer Bollschweil-Aufenthalte zum ersten Mal der ihr durch sein Werk lange schon vertraute Dichter Peter Huchel. Der ehemalige Chefredakteur der in Ost-Berlin erscheinenden Literaturzeitschrift ›Sinn und Form‹ war nach zehn Jahren des Schreibverbots und der Überwachung durch den Staatssicherheitsdienst aus der DDR nach Staufen im Breisgau gezogen. An jenem Abend im Mai hatte ihn sein Nachbar Erhart Kästner mit dem Auto herübergebracht, und gemeinsam saßen sie die halbe Nacht unter den Linden im Park bei nicht enden wollenden Gesprächen.

»Ich war glücklich«, schreibt Marie Luise Kaschnitz der Tochter, »weil ich den Peter Huchel so liebe, er war auch zufrieden, aber still. Kästner führte mit seinen Gerhart-Hauptmann-Erinnerungen – er war sein Sekretär – das große Wort. Dann hat aber Huchel doch noch von Sinn und Form und seinen Erlebnissen erzählt«.

Der Lyriker Huchel war vollkommen anders als die Männer, mit denen Marie Luise Kaschnitz bisher befreundet gewesen war, ja ihnen gewissermaßen entgegengesetzt. Weder verfügte er über die ubiquitäre Eloquenz des geistvollen Dolf Sternberger, noch über die bestechend scharfe analytische Intelligenz Adornos, er war vielmehr eher schweigsam, ein eigensinniger Mensch und grüblerischer Einzelgänger. Der große, stämmige, gutaussehende Mann, dessen »riesiger Lebensbaum seinen Schatten« in ihr Leben warf, besaß nicht nur eine im Innersten sensible Dichterseele, die ihn zu seinen poetischen Landschaftsbildern und magischen Naturgedichten befähigte. Er hatte auch das Kunststück fertiggebracht, die DDR-Literaturzeitschrift unter dem ihm feindlich gesinnten Kulturminister Johannes R. Becher durch seine unbestechliche Geisteshaltung zu einem der bedeutendsten, international anerkannten Literaturmagazine zu machen – bis man ihn kaltstellte. Huchel war neun Jahre lang ohne Ausreisegenehmigung in Wilhelmshorst festgehalten worden, als man im Ausland auf seinen Fall aufmerksam machte. Er konnte dann, heimatlos geworden, ein Jahr lang als Gast in der Villa Massimo wohnen, bevor er nach Staufen kam.

»... das Zuhause waren die Worte«, heißt es in einer besonders persönlichen Erinnerung an die Freunde. Marie Luise Kaschnitz nennt es einen Aufruf des Unvergeßlichen, wenn sie an die Männer denkt, die ihr zugetan waren, an »den Klang einer Stimme, die raschen präzisen Schlüsse des männlichen Geistes, die männliche Schwermut, alles unter den Horizont gewandert, aber von mir noch einmal heraufgezogen, ein Fischer, Menschenfischer, Lebensfischer, wer wäre es nicht«. (*Tage, Tage, Jahre* 143)
Man sieht sich, wenn sie in Bollschweil wohnt, beinahe täglich. Sobald sie in ihren Briefen Peter Huchel erwähnt, liegt ein freudiger Glanz über den Zeilen. Sie fährt zum Schwimmen nach Staufen herüber, denn Huchels wohnen zur Miete in einem Haus, das über ein Schwimmbad ver-

fügt. Man macht Ausflüge ins Münstertal, das Zusammensein belebt sie, begeistert kehrt sie zurück. »Peter hat sehr lustig von seinem Aufenthalt im Rilke-Turm in Muzot erzählt, wo eine meist betrunkene Dame ihn betreute und mit ihm entsetzliche gefährliche Autofahrten über die Schweizer Bergpässe machte.« (Sommer 1973 an Iris)

Zur gleichen Zeit nimmt sie, zusammen mit dem Philosophen Hans-Georg Gadamer und seiner Frau, an einer Sitzung des Ordens ›Pour le mérite‹ in der Villa des Bundespräsidenten Heinemann teil. Sie schickt Iris einen Bericht und ein Zeitungsbild, das sie an der Seite von Carl Zuckmayer zeigt, »der ganz außerordentlich guter Laune war, zum ersten Mal wieder ein neues Theaterstück im Kopf hatte, er sprang herum vor lauter Vergnügen und plauderte aus der Schule, und man meinte, es könne sogar noch etwas werden, der Rattenfänger von Hameln als Hippie von heute«. Im übrigen werde ihr der Umgang mit Altersgenossen, die sie als rechthaberisch und reaktionär einstuft, manchmal schwer, erklärt sie freimütig. Sie selber ist nach wie vor allem Neuen gegenüber aufgeschlossen, als eine wache, hellhörige, lernbegierige Zeitgenössin hat Heinrich Vormweg sie damals erlebt.

Unter den »Schriftstellerkollegen« ist Peter Huchel der einzige, den sie in dieser Weise liebt, dessen menschliche Persönlichkeit sie vorbehaltlos anerkennt. Es entsteht eine außergewöhnliche Freundschaft, »eine wunderbare Beziehung«. Huchel war ihr im gleichen Maße zugetan, er spürte die geistige und seelische Verwandtschaft. Wie er sie bewunderte, geht aus dem Nachwort hervor, das er einer Auswahl ihrer Gedichte anfügte. Sie waren sich sympathisch, schon bevor sie sich kannten – als ihrer beider Gedichte in Almanachen der dreißiger Jahre erschienen, als sie gemeinsam an Treffen des PEN-Clubs teilnahmen, jeder als Bewohner einer anderen Landeshälfte. Sie hatte vor Jahren darum gekämpft, daß ihm, Huchel, der Immermann-Preis der Stadt Düsseldorf zuerkannt würde, und eine zornige Korrespondenz geführt, als ihr klar wurde, daß es aus politischen Gründen unterblieb. Nun stellten sie amüsiert fest, daß sie die gleichen Neigungen, den gleichen literarischen Geschmack hatten und ihre Sympathien den gleichen Menschen galten: Günter Eich und Ingeborg Bachmann. Huchel hatte die junge, schüchterne Dichterin Bachmann bei einem von Hans Mayer veranstalteten Lyriksymposium 1960 in Leipzig kennengelernt und sie für eine Woche eingeladen, in seinem brandenburgischen Haus zu Gast zu sein. Er berichtete, daß er sie später unvermutet in Italien wiedertraf, als sie mit einem ihm unbekannten Mann auf einer Terrasse saß. Herbeigerufen, habe Ingeborg Bachmann lachend gesagt, gerade in diesem Augenblick habe Max Frisch ihr eine Liebeserklärung machen wollen.

Peter Huchel widmete Marie Luise Kaschnitz das Gedicht *Die Reise*. Als häufiger Gast in Bollschweil hatte er auch ihren Bruder und dessen Kinder kennengelernt, und zum Tod des Philipp von Holzing, Peters Sohn, der von einem Lastwagen getötet worden war, schrieb er ihm erschütterte Verse.

Den furchtbaren Tod dieses zwanzigjährigen, von früh an sehr geliebten Neffen hat Marie Luise Kaschnitz kaum verwunden. Man empfindet ihren Schmerz über die Tragik des Unfalles, den ein durch Übermüdung nachlässiger Transportfahrer verursacht hatte, wenn man das Gedicht liest, das sie dem toten Jungen gewidmet hat: *Philipp*.

*1953-1973*

Im letzten Sommer noch
Dein schöner freier Gang
Täuschte mich und alle.
Angekettet war dir längst
Die Kugel Tod.

Als sie im Sommer 1974 an dem Vortrag arbeitet, den sie zum Jubiläum des Insel-Verlages halten will, macht Huchel sie auf die ihr nahezu unbekannte Dichterin Gertrud Kolmar aufmerksam, die in ein Vernichtungslager verschleppt und umgebracht wurde, und sie hat sie zusammen mit Else Lasker-Schüler und Rose Ausländer in ihrem Aufsatz genannt, in dem sie auch die Gedichte von Brecht, Eich und Enzensberger, von Huchel, Paul Celan und der »unvergessenen Ingeborg Bachmann« zitiert. *Rettung durch Phantasie*, so der Titel des Vortrags, wurde ein bewegtes Plädoyer für die Lyrik. Doch zwei Tage bevor sie den Vortrag anläßlich der Frankfurter Buchmesse am 12. Oktober 1974 halten sollte, starb sie in Rom.

Peter Huchel hat auch in der milden badischen Landschaft seine brandenburgisch-märkische Heimat immer vermißt. Seinen Gedichten, in denen er Seen und sandige Kiefernwälder als Kindheitseindrücke, als Lebens-Zeichen aufrief, antwortete die Freundin mit Versen, in denen sie die Orte aufruft, die sie beide kannten, Brandenburg, London, Rom. Jede der fünf Strophen benennt aber auch die ihr bewußten existenziellen Gemeinsamkeiten und seelischen Verbindungslinien, um auszudrücken, wie wichtig diese Beziehung für sie war.

> In deinen Gedichten die Geisterpferde
> Streifen mit ihrem Atem mein Gesicht.
> Deine Flüsse drängen
> Sich mir an den Weg
> Dein riesiger Lebensbaum
> Wirft seinen Schatten.
> . . .
> War ich's? Ich war's
> Behalte mich im Auge.
> Nachgeht mir dein Elend
> Dein Traum.

## Auffädeln will ich am Ende

Auffädeln will ich am Ende
Alles Atlantische
Ein Bild mir zu machen später
Von dem, was ich sah

In vielem schließt sich der Kreis. Sie selber zieht ein Resümee ihres Lebens, notiert in ein großes schwarzes Schulheft »Materialien zu einer Biographie«, Stichworte, Anhaltspunkte, Erinnerungsstücke.

– Kein frommes Kind.
– Schwarze Köchin schwarzer Mann schwarzer Hund Lola. Negervater und ein kleines Negerkind – saß im weißen Hemdchen mit gefalteten Händen auf der Semmelbüchse – Kurze und schwarze Särge.
– Souvenirs der Eltern: die Gondel aus Venedig. [Quer darüber, mit Bleistift: Gedicht]
– Die Irren. Die Betrunkenen. Alles Assoziale ein Schrecken.
– Der Matrose vor dem Schloß in Karlsruhe. Die alten »Herrschaften« hinten in den Wagen geschlüpft.
– Früh und gern gelesen. Firmenschilder in der Straßenbahn (Pferdebahn). Worte bilden. Entdeckung der Sprache durch die Schrift.
– Puppentheater. Wolfsschlucht. Laterna magica. Kaleidoskop.
– Ein Mannsbild zu sein, Wunsch die ganze Kindheit hindurch.
– Erstes Gedicht: ›Ich war in all den Jahren‹
– Wege durch Rom. Von der via Sardegna bis zur Via Arenula, wo ich ein eiskaltes schäbiges Zimmer hatte bei einer von ihrem Mann verlassenen Frau mit Töchterchen, mit dem ich abends am Kohlenbecken saß und aus Comicstrips italienisch lernte.

- Windsbraut und Photo mit kurzem Rock.
- Nazizeit in Königsberg.
- Feigheit. Mag sein daß sie noch niemals Mut auf-
  brachte.
- Hätte nicht mit einem Mann ins Bett gehen können
  ohne daß Eros mitspielt.
- Beginn seiner Krankheit. 1956 Wien ... Das kann
  doch uns nicht geschehen. Und wie soll sie ihm nach
  dem Urteil wieder in die Augen sehen. Mit ihren Au-
  gen in denen steht ›du stirbst‹.
- Das Miteinander nach dem Tode.
- Marburg Wälder Pilze. Das Pausenzeichen des BBC
- Alleinsein positiv.
- Die toten Freunde sind schon eine ganze Schar ...

Stichworte als Markierungspunkte eines Lebens.

Es entstand das letzte Buch, die Aufzeichnungen *Orte*, die
auf authentischen Erlebnissen beruhen und doch über die
private Schilderung weit hinausgehen. »Vom Allerpersönlichsten zum Unpersönlichsten gelangen ...« Das Buch
enthält auch ein Stück Zeit-, Welt- und Entwicklungsge-
schichte.
»Ich bin nicht aus Verlegenheit um literarischen Stoff,
auch nicht aus Erfindungsschwäche zum Tagebuch zurückgekehrt. Schon meine letzten langen und von mir als
›gegenständlich‹ bezeichneten Gedichte sind eine Art von
Chronik ...« (III 808) – »Das Autobiographische ist vielen
Schriftstellern nachgewiesen worden ... Was uns auf den
Nägeln brennt, muß aber aus der Feder ... Zahllose Ar-
beitsstunden, Bemühung um die Form, Sätze gedreht, ge-
wendet, Morgenstunden, Nachtstunden, schon selbst ein
Stück Leben, da hat sich inzwischen alles verändert, ist
dem Persönlichen entwachsen ...«
Auch damit schließt sich ein Kreis. Denn als sie in Ost-

preußen mit ihren ersten Tagebucheintragungen begann, führte sie mit dem Freund Alfred Partikel – dessen in *Orte* mehrfach gedacht wird – ein entscheidendes Gespräch über den Sinn des Tagebuches. »5. Februar (1936). Spaziergang mit Partikel. Gespräch über Tagebuchaufzeichnungen und alle Ordnungen und Aufbewahrungen des Lebens. Über Erlebnis der Form, und die Natur, die wieder sprengend und zerstörend dazwischenkommt.« Dreißig Jahre später sagte sie in einem Vortrag vor der Mainzer Akademie, »wer zu seinem Tagebuch kommt, kommt zu sich selbst und zur Welt«.
Es mündet das letzte Buch in die ersten Überlegungen ein.

»Hier steht, was mir eingefallen ist in den letzten Jahren, nicht der Reihe nach, vielmehr einmal dies, einmal das, und in eine Ordnung wollte ich es nicht bringen, obwohl doch das Leben seine Ordnung hat, seine Reihenfolge, seinen Anfang, seine Mitte und dem Ende zu«, damit leitet sie das Buch *Orte* ein. Im Unterschied zu *Wohin denn ich* und *Tage, Tage, Jahre* ist jetzt die innere Ordnung willkürlich. Es heißt, daß sie, kurz bevor die Lektorin des Verlages, Elisabeth Borchers, zu ihr kam, um das fertige Manuskript abzuholen, die Seiten in die Luft geworfen und wieder eingesammelt habe – die Willkür sollte deutlich machen, daß es sich weniger um geographische als um geistige *Orte* handelt, um Standorte und Seelenlandschaften. Die letzte Seite schreibt sie in Bollschweil, im Blauen Zimmer mit der Lampe aus Murano, dem Schreibtisch aus Rosenholz, in dessen Schublade die rote Tonscherbe, die getrocknete, mit Nelken besteckte Pomeranze liegt. »Ich verlasse mein Zimmer nicht durch die Tür, zu der eine kleine Treppe hinaufführt ... Auch nicht durch eines der tiefen Fenster, wenn der Mond in mein Zimmer scheint. Vielmehr trete ich durch einen glatten Rosenholzrahmen in ein staubiges Eichenwäldchen ... Ich gehe immer weiter, weiter nach Osten, und meine Füße hinterlassen keine Spur.«

> Über den Tod geht nichts
> Kein Springbrunnenstrahl überspielt ihn
> Keine Musik deckt ihn zu.
> Er ist wenn er ausholt richtig und richtig zuschlägt
> Ein gewaltiger Zerstörer.

Der Tod, so oft auch beschworen und erdacht (»und traurig nur insofern, als es galt, die Erde zu verlassen, diese ganz bestimmten Menschen, Landschaften und Dinge, an denen ich hänge und für die Schlaf und Träume kein Ersatz sein können«), er war weder vorauszusehen noch erwünscht, als sie im Herbst 1974 eine Reise antrat. Marie Luise Kaschnitz war voller Ideen und Projekte. Sie hatte mit neuen Aufzeichnungen begonnen. Das, was ihr begegnete und wovon sie Iris berichtete – ein Abend mit Lotte Lenya und Anja Silja, die Brecht-Lieder vortrugen, ein unverhoffter alter Film mit ihrer Mutter, ein Gespräch mit Marie-Luise Fleißer –, ging in die Texte ein. Die Beschäftigung mit Brecht und Fleißer fällt in die Zeit, in der sie sich vehement für die SPD einsetzte und mit der politischen Zukunft der Bundesrepublik auseinandersetzte. »Denn ich habe doch allerhand zu sagen, und zwar gerade vom Standpunkt einer siebzigjährigen Bürgerin. Zum Beispiel ... daß ich von Altersjahr zu Altersjahr den Terror und die Gewaltanwendung mehr verabscheue und also eine miserable Revolutionärin bin ... Als Gefahr bezeichne ich heute den wachsenden Nationalismus und die von rechts und von links drohende Einschränkung einer freiheitlichen Demokratie.« (III 822). Eine Wahlanzeige mit ihrem Bild war in der Zeitung erschienen, sie erhielt Droh- und Warnbriefe. In einem Frauengefängnis las sie

*Lange Schatten* und *Der Tulpenmann* vor und erntete herbe Ablehnung: die Insassinnen wollten etwas Angenehmes, Erfreuliches hören. Sie äußert sich zur Hochschulsituation, zur Politisierung der Literatur und zur Rolle der Parteien. (»Bei welchen Bataillonen Gott steht, ist nicht ausgemacht, obwohl man sich jedenfalls Jesus bei der CDU nicht vorstellen könnte«). (III 780) Sie wollte als Zeitgenossin ernstgenommen werden und ärgerte sich, daß man sie nach ihrer adligen Herkunft, nicht aber danach fragte, wie sie es mit den Roten Zellen halte oder mit dem Papst. (III 821) Lebensfreunde werden erwähnt wie Max Tau, der sie »entdeckt«, zum Schreiben ermutigt und nun um ihre Mitwirkung an seiner Osloer Fernsehsendung gebeten hatte, wie Ingeborg Bachmann, die so furchtbar gestorben war, wie der aus Amerika nach Freiburg berufene Philosophieprofessor Werner Marx, mit dem sie freundschaftlichen Umgang pflegte und lange Spaziergänge bis nach St. Ulrich unternahm, seit er im oberen Stock des Bollschweiler Gutshauses eine Wohnung bezogen hatte.

»Mit jedem Dichter stirbt eine Welt –«.

Begonnene und halb vollendete Arbeiten liegen auf dem Schreibtisch. Der *Gesang vom Menschenleben*, ein Gedichtzyklus, an dem sie ihr Leben lang gearbeitet hatte, erscheint. Für den neuen Gedichtband »Andere Zeichen« von Rose Ausländer, die in einem Brief ihre »Intensität und ihre leise Herzlichkeit« rühmt, schreibt sie ein einfühlsames Nachwort. Sie setzt sich für die Erhaltung des Goethe-Hauses am Corso in Rom ein. Sie korrigiert die entstehenden Romane jüngerer Autorinnen, korrespondiert mit Ingeborg Drewitz und Eva Zeller. Sie gibt die Gedichte von Georg Trakl heraus, für sie »der Dichter schlechthin«, ihre »Jugendliebe«. Dabei recherchiert sie sehr sorgfältig und findet einen Helfer in Klaus Schultz, einem jungen Dramaturgen, der, seit er sie Ende 1973 kennengelernt hatte, von ihrer Persönlichkeit, ihrer Ausstrahlung, ihrer Stimme und Art zu sprechen, zu erzählen, tief beeindruckt war. Marie Luise Kaschnitz mochte ihn, der seit April 1974 in demselben Haus wohnte, sie feiern gemeinsam seinen Geburtstag, bei ihr lernt der spätere Generalintendant des Nationaltheaters Mannheim Persönlichkeiten Frankfurts kennen: Dolf Sternberger und Peter Huchel, Siegfried Unseld und Marcel Reich-Ranicki, Helmut Viebrock und Horst Bingel. Der Dramaturg, an der Frankfurter Oper tätig, besucht mit ihr Schauspiel- und Opernvorstellungen, einmal auch eine Orchesterprobe mit dem Dirigenten Christoph von Dohnányi und dem Pianisten Mauricio Pollini, die das zweite Klavierkonzert von Brahms spielen – lange habe sie nichts so erfreut wie diese Musik, schreibt sie an Iris. (»Und Musik immer wieder | Verständigung | Bei der Orchesterprobe … Ich ausgesegnet vor dem Tod, entlassen | Und wartend auf den Einbruch immer wieder | Meiner unsagbaren grundlosen Freude.«)

»Wo immer sie eintrat in ein Zimmer oder in einen Festsaal, und an Ehrungen hat es ihr nicht gefehlt in den letzten Jahren«, schreibt Horst Krüger, »war sie diese einmalige, ganz unverwechselbare Persönlichkeit: eher spröde bis wortkarg, eine große, fast mütterliche Schweigerin, die vor allem zuhören konnte. Sie war eben immer ›die Kaschnitz‹. Sie schwieg – wie konnte es anders sein in dieser Welt des Geredes? – weil sie etwas zu sagen hatte – Ich habe diese Frau, die ich in den letzten zehn Jahren in Frankfurt näher kennenlernte, bewundert. Es ging bei aller Neugier, Offenheit, Wachheit, die ihr eigen waren, eine Aura der Unnahbarkeit von ihr aus. Äußerlich erschien sie noch einmal wie eine

Dame, wie eine letzte Vertreterin bürgerlich-aristokrati-
scher Geisteskultur ... Sie verkörperte noch einmal poetische Existenz heute.«*

Gerade in den späten Jahren empfand sie, der hemmenden
körperlichen Unbeholfenheit entgegen, sich von innerer
Gelassenheit erfüllt und wie eine Tänzerin im Geiste
(»Geübt, Auf Zehenspitzen zu gehen | Über die wankende
Erde«). Von Leichtigkeit, Leichtfüßigkeit ist viel die Rede
in späten Texten und den sogenannten *Tanzgedichten*, die
sie von jeher beschäftigt hatten. »Neue Pläne für die Tanz-
gedichte. Kugel, Verberger, Mutterschoß, rollende Kugel«, steht im ersten Tagebuch von 1936. »Der Schwer-
kraft ist eine andere Kraft entgegengesetzt, die von der
Erde los will. Der große fliegende Sprung.« Und so heißt
es im letzten, 1972 erschienenen Gedichtband *Kein Zauberspruch*:

> Der Eisläufer setzte an
> Zum Doppelsalchow
> Wirbelte sich in die Luft
> Kam zu Boden ohne Erschütterung
> Und schwingt schon weiter
> Leicht wie ein Gedanke
> Und fliegt
> Und fliegt.

Sie erkrankte in Porto Ercole, einem italienischen Küsten-
ort nördlich von Rom, wo sie mit ihrem Bruder Urlaub
machte. Peter von Holzing feierte seinen 70. Geburtstag
auf der Reise, sie schenkte ihm ein Gedicht. »Ich seh, wie's
zugeht: Alte Bäume sterben | Und neue wachsen in die
neue Zeit«. – Der da spricht, ist der Putto im Springbrun-

---

* Horst Krüger in: Die Zeit, 18. Oktober 1974.

nen am Bollschweiler Gutshaus, ein Geburtstagsgeschenk der Familie. »In meinem Becken spielen junge Kinder | Mein Strahl erhebt sich, | Singt Unsterblichkeit.« Es wurde das letzte Gedicht, das sie schrieb.

Sie erkrankte, weil sie sich beim Schwimmen übernommen und erkältet hatte. Schwimmen, man weiß es, war ihre Leidenschaft. Verärgert hat sie bemerkt, daß sie es wohl besser lassen sollte. »Dinge, die ich nicht mehr tun werde meines Alters wegen, weit hinausschwimmen etwa, so weit, daß die Küste versinkt, die Badehütten sich klein an den Boden drücken, die Gefahrenfahne, dieser rote Wimpel, nicht mehr deutlich zu erkennen ist …« (*Tage, Tage, Jahre* 130)

Wasser, ihr schönen der Erde, ihr singet und rauschet
Ach, nicht umsonst an mein Ohr, und du, schimmernde
     Woge,
Süße der Liebe, umspülest mein Herz nicht vergebens.

Sie war geschwommen, dreimal am Tag in jenem kalten September 1974. Sie telefonierte mit Iris und schrieb an Klaus Schultz:
»Es ist alles ganz anders als in meinen früheren, neapolitanischen Villegiaturen, viel ernster, etruskisch eben, und ein Gewitter nach dem anderen zieht herauf und entlädt sich mit ungeheurem Getöse. Keine Zitronengärten mit ihren süßen Oktobergerüchen, keine bunten Häuschen unter Weinlaubgerank, alles aus Tuff und Asche, das ist mein gewiß sehr ungerechter Eindruck … Auf den Bergen ringsum fünf riesige Festungen, alte, unbegreiflich, warum dieser schäbige Hafen des Herkules (Porto Ercole) je so geschützt werden mußte. Mir fehlen zur Belehrung die deutschen Professoren … Zum Meer hinab sind es viele brüchige Stufen, das mare ist zudem agitato, und ich mußte Iris am Telefon versprechen, nur in der Piscina zu

schwimmen, die auf halber Höhe und sehr schön unter den Pinien liegt, und bis jetzt hab ich das auch getan, habe freilich auch unten gesessen, weil man das Meer ja nicht nur sehen, sondern vor allem auch riechen und von großen Wellen überschüttet werden will ...«

Ein Hauch
Mir um die Schultern
Liebkosung schöne Bewegung
Wie einst von tyrrhenischen Wellen –
        *(Ein Leben nach dem Tode)*

Das Wasser, das Meer – ihr Wort für Leben und Liebe und Tod.

Auffädeln will ich am Ende
Alles Atlantische
Ein Bild mir zu machen später
Von dem, was ich sah
Von den Wellen, den hoch aufgebäumten
        schaumüberstürzten
Den zähen, dickflüssigen
Den starrhäutig gläsernen
Den erdfarbenen, schlammfarbenen, rauchgrauen
Den gletschergrünen, milchweißen, kobalt ...

Man brachte sie mit dem Verdacht auf Lungenentzündung in ein Krankenhaus in Rom, die Clinica de Spirito Santo, Monte Mario. »Hier ist auch Stefan Andres gestorben«, sagte sie beim Eintreffen, und: »Das ist der Anfang vom Ende«.
Es ging ihr schlecht, doch sie wollte leben, jetzt erst recht und mit aller Kraft. Sie wollte aufstehen, wollte gehen und fiel, sie begann zu essen und behielt nichts bei sich. Iris

war ständig in ihrer Nähe. Marie Luise Kaschnitz starb zehn Tage nachdem sie nach Rom zurückgekommen war, am 10. Oktober 1974.

### Diese drei Tage

Diese drei Tage
Vom Tod bis zum Grabe
Wie frei werd ich sein
Hierhin und dorthin schweifen
Zu den alten Orten der Freude
. . .
Denn ein Totenbett
Ist ein Totenbett mehr nicht
Einen Freudensprung
Will ich tun am Ende
Hinab hinauf
Leicht wie der Geist der Rose

Behaltet im Ohr
Die Brandung
Irgendeine
Mediterrane
Die Felsenufer
Jauchzend und donnernd
Hinab
Hinauf.

Die Frankfurter Buchmesse begann, man erwartete sie, der Vortrag sollte gehalten werden. Der Freund Klaus Schultz, aus Frankfurt herbeigeeilt, traf eine halbe Stunde nach ihrem Tod ein. Er stand lange vor ihrem Sarg, der dann nach Deutschland überführt wurde, um auf dem Friedhof von Bollschweil bestattet zu werden, an Guidos

Stein mit den Parthenonreitern. (»Und einer der Jünglinge wendet sich um nach dem andern | Winkt –«)

Mit Staunen nahm der junge Freund noch den Namen wahr, den die italienische Behörde an ihrem Sarg ange-bracht hatte und mit dem sie nun aus Rom die Heimreise antrat, mit ihrem alten Mädchennamen, MARIE LUISE VON HOLZING-BERSTETT.

# Zeittafel

1901 Am 31. Januar wird Marie Luise Freiin von Hol-
zing-Berstett in Karlsruhe geboren. Sie ist die dritte
Tochter des preußischen Generals Max Freiherr von
Holzing-Berstett (1867-1936) und seiner Frau Elsa,
geb. Freiin von Seldeneck (1875-1941). – Zwei ältere
Schwestern (Karola, Lonja), ein jüngerer Bruder
(Peter)

1902-1918  Kindheit in Potsdam und Berlin. 1918/19
Übersiedlung auf das Familiengut Bollschweil bei
Freiburg im Schwarzwald

1921-1924  Ausbildung zur Buchhändlerin in Weimar,
erste Berufstätigkeit beim Recht-Verlag in München, wo sie ihren späteren Mann kennenlernt

1925 Heirat mit Dr. Guido Freiherr Kaschnitz von Weinberg, Übersiedlung nach Rom (bis 1932)

1928 Geburt der Tochter Iris Costanza

1932 bis 1937  in Königsberg. Es entstehen die Romane
*Liebe beginnt* (1933) und *Elissa* (1937). Lyrikpreis
(1935). Erste Erzählungen in Zeitschriften

1937-1941  in Marburg/Lahn. Seit 1941 (mit Unterbre-
chungen in Kronberg) in Frankfurt/Main

1944 *Griechische Mythen* (Nachdruck 1947)

1946 *Menschen und Dinge 1945*

1947 Erscheinen des ersten Lyrikbandes *Gedichte* (1928-
1944)

1948 *Totentanz und Gedichte zur Zeit*

1949 *Gustav Courbet, Roman eines Malerlebens* (Biographie), 1967 unter dem Titel *Die Wahrheit, nicht der
Traum* veröffentlicht. Mitglied des PEN

1950 *Zukunftsmusik* (Gedichte)

1951 *Ewige Stadt* (Rom-Gedichte)

1952 bis 1956   Wohnsitz in Rom. Es erscheint der Erzählband *Das dicke Kind* (1952) und *Engelsbrücke,
Römisches Tagebuch* (1955). Von jetzt ab kontinuierlich auch Hörspiele

1955 Büchner-Preis

1956 *Das Haus der Kindheit*

1957 *Neue Gedichte*. – Immermann-Preis der Stadt Düsseldorf

1958 Tod von Guido Kaschnitz von Weinberg in Frankfurt

1960 *Lange Schatten* (Erzählungen). *Die Umgebung von
Rom*

1962 *Dein Schweigen – meine Stimme* (Gedichte). *Hörspiele* (Sammelband)

1963 *Wohin denn ich*, Aufzeichnungen

1964 Literaturpreis des Bundesverbandes der Deutschen
Industrie. Georg-Mackensen-Literaturpreis für die
beste Kurzgeschichte

1965 *Ein Wort weiter* (Gedichte). *Überallnie* (Ausgewählte Gedichte)

1966 *Ferngespräche* (Erzählungen). *Beschreibung eines
Dorfes*. Goethe-Plakette der Stadt Frankfurt

1967 Wahl in den Orden ›Pour le mérite‹

1968 *Tage, Tage, Jahre* (Aufzeichnungen). Ehrendoktor
der Johann Wolfgang Goethe-Universität Frankfurt

1969 *Vogel Rock*, Unheimliche Geschichten

1970 *Steht noch dahin. Neue Prosa*. Johann Peter Hebel-
Preis des Landes Baden-Württemberg

1971 *Gespräche im All. Hörspiele. Zwischen immer und
nie. Gestalten und Themen der Dichtung*. Goethe-
Plakette des Landes Hessen

1972 *Kein Zauberspruch* (Gedichte)

1973 *Orte. Aufzeichnungen.* Roswitha-Gedenkmedaille
der Stadt Bad Gandersheim

1974 *Gesang vom Menschenleben* (Gedichtzyklus)
  10. Oktober 1974: Marie Luise Kaschnitz stirbt in Rom.

Aus dem Nachlaß:
1975 *Der alte Garten. Ein Märchen.*
1984 *Florens. Eichendorffs Jugend* (Biographischer Essay)
1986 *Orte und Menschen* (Aufzeichnungen)

# Nachweise

Grundlage der zitierten Texte:
Marie Luise Kaschnitz, Gesammelte Werke in sieben Bänden,
hg. v. Christian Büttrich und Norbert Miller, Frankfurt/Main:
Insel Verlag, 1981-1989.
Zitiert wird mit römischer Bandangabe und arabischer Seitenzahl.

Erster Band (I): Die frühe Prosa: *Liebe beginnt. Elissa. Der alte
Garten. Griechische Mythen.* 1981
Zweiter Band (II): Die autobiographische Prosa I. *Engelsbrücke.
Das Haus der Kindheit. Wohin denn ich. Beschreibung eines
Dorfes.* 1981
Dritter Band (III): Die autobiographische Prosa II. *Tage, Tage,
Jahre. Steht noch dahin. Orte. Einzelne autobiographische
Texte.* 1982
Vierter Band (IV): Die Erzählungen: *Erzählungen 1919-1974. –
Das dicke Kind und andere Erzählungen. – Lange Schatten. –
Ferngespräche. – Vogel Rock. Unheimliche Geschichten. – Eis-
bären. Ausgewählte Erzählungen. – Erzählungen aus dem
Nachlaß.* 1983
Fünfter Band (V): Die Gedichte. *Die Gedichtsammlungen 1947 –
1982 (Gedichte – Gedichte zur Zeit – Zukunftsmusik – Ewige
Stadt – Neue Gedichte – Dein Schweigen-meine Stimme – Ein
Wort weiter – Kein Zauberspruch – Gesang vom Menschenle-
ben. – Verstreute Gedichte 1932-1976. – Nachgelassene Ge-
dichte 1919-1974.* 1985
Sechster Band (VI): Die Hörspiele. Die biographischen Studien.
*Hörspiele 1944-1971. – Florens. Eichendorffs Jugend. – Die
Wahrheit, nicht der Traum. Das Leben des Malers Courbet. –
Biographie Guido Kaschnitz-Weinberg.* 1987
Siebter Band (VII): Die essayistische Prosa. *Menschen und Dinge
1945. Zwölf Essays. – Zwischen Immer und Nie. Gestalten und
Themen der Dichtung. – Einzeln veröffentlichte und nachge-
lassene Prosa.* 1989

Alle im Text entweder ganz – mit der jeweiligen Überschrift – oder teilweise zitierten Gedichte von Marie Luise Kaschnitz wurden ausnahmslos dem fünften Band ihrer Gesammelten Werke entnommen: *Die Gedichte*, hg. v. Christian Büttrich und Norbert Miller, Insel Verlag Frankfurt/Main 1985.

Die Tagebücher und Briefe von Marie Luise Kaschnitz sind bisher unveröffentlicht. Der handschriftliche Nachlaß befindet sich im Deutschen Literaturarchiv in Marbach am Neckar, Einzelkorrespondenzen in Privatbesitz.

# Literaturverzeichnis

Eine umfangreiche Bibliographie, die bis zum Jahre 1984 die erschienene Sekundärliteratur – Monographien, literaturwissen-
schaftliche Arbeiten, Besprechungen in Sammelwerken und
Zeitschriften – umfaßt, wurde durch Christian Büttrich erstellt
und findet sich in dem Materialienband Marie Luise Kaschnitz,
hg. v. Uwe Schweikert, Frankfurt/Main (suhrkamp taschen-
buch materialien) 1984.

Adorno, Theodor W., *Noten zur Literatur I-III,* Frankfurt 1965
Allemann, Beda, *Paul Celan,* in: *Schriftsteller der Gegenwart,*
   hg. v. Klaus Nonnenmann, 1963, S. 70 bis 75
*Als der Krieg zu Ende war.* Literarische politische Publizistik
   1945-1949, Marbach 1973
Bachmann, Ingeborg, *Frankfurter Vorlesungen:* Probleme zeit-
   genössischer Dichtung, München 1982
Bachmann, Ingeborg, *Sämtliche Gedichte* (Werke, 1. Band) und
   Ingeborg Bachmann, *Sämtliche Erzählungen* (Werke, 2.
   Band). hg. v. Christine Koschel, Inge von Weidenbaum, Cle-
   mens Münster, München – Zürich 1987 und 1988
Beicken, Peter, Ingeborg Bachmann, München (Beck'sche Reihe
   Autorenbücher), 1988
Bienek, Horst, *Werkstattgespräche mit Schriftstellern,* München
   1962, S. 33-46
Boetcher-Joeres, Ruth-Ellen, *Mensch oder Frau?* Marie Luise
   Kaschnitz' »Orte« als autobiographischer Beweis eines Frau-
   enbewußtseins. In: Der Deutschunterricht 3, 1986, S. 77 ff.
Cambon, Glauco, *Marie Luise Kaschnitz, Poetessa delle macerie,*
   in: ›Pensiero Critico. Problemi del nostro tempo‹, Serie 3,
   Nr. 9/10, Mailand 1954, S. 81-89
Celan, Paul, *Die Niemandsrose.* Gedichte, Frankfurt/Main 1963
Claassen, Eugen, *In Büchern denken.* Briefwechsel mit Autoren
   und Übersetzern, ausgew. und hg. v. Hilde Claassen, Ham-
   burg und Düsseldorf 1970

›Die DAME‹. Ein deutsches Journal für den verwöhnten Geschmack, 1912 bis 1943. (Nachdruck), hg. v. Christian Ferber, Berlin 1980

*Der deutsche PEN-Club im Exil 1933-1948*. Eine Ausstellung der Deutschen Bibliothek Frankfurt, Frankfurt/Main 1980

Dinesen, Ruth, *Nelly Sachs*. Eine Biographie, Frankfurt/Main 1992

Drewitz, Ingeborg, *Marie Luise Kaschnitz*, in: ›Frankfurter Hefte‹ 30, 1975, H. 10, S. 55-62

Durzak, Manfred, *Die deutsche Kurzgeschichte der Gegenwart*, Stuttgart 1980

Edschmid, Kasimir, *Huldigung für Marie Luise Kaschnitz*, in: ›Jahrbuch der Deutschen Akademie für Sprache und Dichtung‹, Darmstadt 1955 (1959)

Eich, Günter. *Gesammelte Maulwürfe*. Gedichte, Frankfurt/Main 1970

Friedrich, Hugo, *Die Struktur der modernen Lyrik*. Von der Mitte des 19. bis zur Mitte des 20. Jahrhunderts, München 1964

Frisch, Max, *Tagebuch 1966/1971*, Frankfurt/Main 1972

*Fünf Jahre Roswitha-Gedenkmedaille*. Literaturpreis der Stadt Bad Gandersheim 1973-1977, hg. v. H. Mersmann, Bad Gandersheim 1978

Hermanns, Irmgard, *Das spezifisch weibliche Selbstverständnis im Werk von Autorinnen*. Marie Luise Kaschnitz, Ingeborg Bachmann, Christa Wolf, Sylvia Plath, in: ›Buch und Bibliothek‹ 38 (1986), S. 68-75

Heuss, Theodor, *Dank an Marie Luise Kaschnitz*. Ansprache des Bundespräsidenten zur Verleihung des Georg-Büchner-Preises, in: ›Deutsche Akademie für Sprache und Dichtung Darmstadt‹, Jahrbuch 1955

Hoffmann, Dieter, *Zwei große Liebende*. Gedichte von Else Lasker-Schüler und Marie Luise Kaschnitz, in: ›Tribüne‹ 1966, 5, Heft 18

Huchel, Peter, *Die Sternenreuse*. Gedichte, München 1967

*Insel-Almanach auf das Jahr 1971*, hg. v. Hans Bender für Marie Luise Kaschnitz. Frankfurt/Main 1970

Jauker, Sigrid, *Marie Luise Kaschnitz*. Monographie und Versuch einer Deutung, Diss. Graz 1966

Kaschnitz, Marie Luise, *Nicht nur von hier und von heute*. Ausgewählte Prosa und Lyrik. Mit einem Nachwort von Helmut Praschek, Berlin (Ost) 1973

Kaschnitz, Marie Luise, *Gedichte*, ausgew. u. m. e. Nachw. v. Peter Huchel, Frankfurt/Main 1975

Kaschnitz, Marie Luise, *Der Tulpenmann*. Erzählungen, Ausw. u. Nachw. v. Hans Bender, Stuttgart 1976

Kaschnitz, Marie Luise, *Überallnie*. Ausgewählte Gedichte 1928-1965. M. e. Nachw. v. Karl Krolow, Frankfurt/Main 1984

Kaschnitz, Marie Luise, *Notizen der Hoffnung*. Ausgewählte Gedichte. Nachw. v. Heinz Czechowski, Berlin und Weimar 1984

Kaschnitz, Marie Luise, *Orte und Menschen*. M. e. Nachw. v. Marcel Reich-Ranicki, Frankfurt/Main 1986

Kettner, Sabine, *Kinder, die erwachsen werden*. Eine Studie zu der Erzählung *Lange Schatten*, in: ›Der Deutschunterricht‹ 18, 1987

Köhler, Lotte, *Marie Luise Kaschnitz*, in: *Deutsche Dichter der Gegenwart*, hg. v. Benno von Wiese, Berlin 1973, S. 153-167

Lämmert, Eberhard, *Eichendorffs Wandel unter den Deutschen*. Überlegungen zur Wirkungsgeschichte seiner Dichtung, in: Hans Steffen (Hg.), *Die deutsche Romantik*. Poetik, Formen und Motive, Göttingen 1969

Lenz, Siegfried, *Eignung zum Opfer*. Über Marie Luise Kaschnitz' Erzählungen »Ferngespräche«, in: S. L., *Beziehungen*. Ansichten und Bekenntnisse zur Literatur, Hamburg 1970, S. 226-232

Lohner, Marlene (Hg.), *Was willst du, du lebst*. Trauer und Selbstfindung in Texten von Marie Luise Kaschnitz, Frankfurt/Main (Die Frau in der Gesellschaft) 1991

Mayer, Hans, *Die umerzogene Literatur*. Deutsche Schriftsteller und Bücher 1945-1968, Berlin 1988

Merck, Grethe, *Der Schriftsteller in dieser Zeit:* Ingeborg Bachmann und Marie Luise Kaschnitz, in: ›Neue Sammlung‹ 7, 1967, S. 347-358

*Museum der modernen Poesie*. Hg. v. H.M. Enzensberger, Frankfurt/Main 1960

Mutius, Dagmar von, *Versteck ohne Anschlag*. Eine Kindheit. Mit einem Vorwort von Marie Luise Kaschnitz, Heidenheim 1975

*P. E. N. Bundesrepublik Deutschland*. Mit Autorenlexikon, hg. v. P. E. N.-Zentrum Bundesrepublik Deutschland, München 1988

Poethen, Johannes, *Wohnstatt zwischen den Atemzügen*. Gedichte. M. e. Nachw. v. Marie Luise Kaschnitz, Hamburg 1966

*Proben und Berichte*, Ein Almanach zum 50jährigen Bestehen des Claassen-Verlags 1934-1984, hg. v. Helmut Frielinghaus, Düsseldorf 1984

Puknus, Hans, (Hg.) *Neue Literatur der Frauen*. Deutschsprachige Autorinnen der Gegenwart, München 1980

Pulver, Elsbeth, *Marie Luise Kaschnitz*, Autorenbuch, München (Becks Autorenbücher Bd. 40) 1984

Pulver, Elsbeth, *In einer Zirkelrose wohnen*. Zum Erscheinen der Gesamtausgabe der Werke von Marie Luise Kaschnitz und zum zehnten Todestag der Dichterin, in: ›Schweizer Monatshefte‹, Heft 11, November 1984, S. 935-945

Reich-Ranicki, Marcel, *Entgegnung*. Zur deutschen Literatur der siebziger Jahre, Stuttgart 1979

Reich-Ranicki, Marcel, *Marie Luise Kaschnitz*. Meisterin des beredten Schweigens, in: M. R.-R., *Lauter Lobreden*, Frankfurt/Main 1985, S. 41-51

Rudolph, Ekkehart, *Protokoll zur Person*. Autoren über sich und ihr Werk, München 1971, S. 85-93

Schäfer, Hans-Dieter, *Das gespaltene Bewußtsein*. Deutsche Kultur und Lebenswirklichkeit 1933-1945, München 1981

Schönau, Walter, *Zum Geschwistermotiv im Werk der Marie Luise Kaschnitz*, in: ›Phantasie und Deutung‹ 1986, S. 253-265

Schwerte, Hans, *Marie Luise Kaschnitz*, in: *Die deutsche Lyrik* 1945-1975, hg. v. Klaus Weissenberger, Düsseldorf 1981

Stephan, Inge, *Männliche Ordnung und weibliche Erfahrung*: Überlegungen zum autobiographischen Schreiben bei Marie Luise Kaschnitz, in: *Frauenliteratur ohne Tradition?* hg. v. Stephan / Venske / Weigel, Frankfurt/Main 1987

Sternberger, Dolf, *Nachruf auf Guido Freiherr Kaschnitz von*

*Weinberg*, in: ›Die Gegenwart‹ 13, Nr. 19, vom 20.9.1958, S. 533 f.

Sternberger, Dolf, *Panorama oder Ansichten vom 19. Jahrhundert*, Hamburg 1955

Storz, Gerhard, *Statt einer Vita im Stil des Sallust*, in: *Sprache und Politik*, Festgabe für Dolf Sternberger zum 60. Geburtstag, Heidelberg 1968

Tau, Max, *Das Leben lieben*. Max Tau in Briefen und Dokumenten 1945-1976, hg. v. Hans Däumling, Würzburg 1988

*»Unsere frühesten Jahre sind nicht die glücklichsten«*. Dichterinnen beschreiben Jugendjahre, hg. v. Norgard Kohlhagen, Frankfurt/Main 1983

Vormweg, Heinrich (Hg.), *Marie Luise Kaschnitz*. Ein Lesebuch 1964-1974, Frankfurt/Main 1975

Waldmüller, Monika (Hg.), *Die Wandlung*. Eine Monatsschrift 1945-1949, Marbach, Deutsche Schillergesellschaft 1988

Weyrather, Irmgard, *»Ich bin noch aus dem vorigen Jahrhundert«*. Frauenleben zwischen Kaiserreich und Wirtschaftswunder, Frankfurt/Main 1985

# Nachbemerkung

Seit ich die Dichtung von Marie Luise Kaschnitz zum ersten Mal las, hat ihr Werk mich beschäftigt – damit erging es mir nicht anders als Peter Härtling, der sagt, daß ihre Gedichte, die er in der Zeitschrift ›Die Wandlung‹ fand, seither zu seinem poetischen Haushalt gehören.

Als junges Mädchen lernte ich Marie Luise Kaschnitz anläßlich einer Lesung persönlich kennen, und es entwickelte sich aus dem damals entstandenen Austausch von Briefen und Büchern schließlich der Wunsch, mich mit Leben und Werk dieser außergewöhnlichen Schriftstellerin intensiv zu beschäftigen.

Daß das Vorhaben verwirklicht und die Biographie geschrieben werden konnte, ist – neben anderen glücklichen Zufällen – auch dem Umstand zu verdanken, daß mir die Tochter von Marie Luise Kaschnitz auf bereitwillige und freundliche Weise behilflich war. Ihre Erzählungen und ergänzenden Schilderungen, ihre Kenntnisse von Personen, Daten und Zusammenhängen, vor allem auch die mir überlassenen Typoskripte der handschriftlich erhaltenen, aber unveröffentlichten Tagebücher und Notizhefte, wurden, zusammen mit den von ihr gehüteten, nun im Marbacher Literaturarchiv betreuten Briefsammlungen zur Grundlage meiner Arbeit.

Gemeinsam mit Iris Schnebel-Kaschnitz reiste ich zu Orten, an denen Marie Luise Kaschnitz lebte und von denen sie in ihren »Aufzeichnungen« die farbigsten Bilder entworfen hat. Wir fuhren von Berlin und Potsdam, den Städten und Landschaften ihrer Kindheit, zu dem alten Herrensitz Bollschweil im Schwarzwald, in das die Familie nach dem Ersten Weltkrieg übersiedelte, als Marie Luise von Holzing achtzehn Jahre alt war. Sie liebte das alte Anwesen und kehrte in jedem Jahr ihres Lebens dorthin zurück. Das Gutshaus Bollschweil, der geheime Mittelpunkt ihres (auch verfilmten) Buches *Beschreibung eines Dorfes* hat in ihren Erinnerungen die größte Rolle gespielt. Es war für sie der Ort, *da Brunnen und Linden Heimat beschwören.*

In Rom, das sie als ihre *zweite Heimat* bezeichnet hat, wo sie das Buch *Engelsbrücke,* den Gedichtzyklus *Ewige Stadt,* die Aufzeichnungen *Tage, Tage, Jahre,* Hörspiele und Erzählungen schrieb, wohnten wir in eben der Wohnung mit der oleandergesäumten Terrasse und den alten Rosenholzmöbeln, von denen in *Orte* die Rede ist:

*ROMA, Via Vittoria 3, sesto piano, also über den Dächern, und vom eigenen Dach aus die römische Stadtlandschaft, der große Rundblick – Vom Kaminzimmer der nahe Blick auf die Höfe, die kleinen Terrassen, Balkone, darüber der grüne Himmel der Piazza del Popolo –* Wir gingen in Lokale, in denen sich Marie Luise Kaschnitz mit Freunden wie Hermann Kesten, Gustav René Hocke, Ingrid Bachèr, Max Frisch und mit der ihr geistesverwandten Ingeborg Bachmann traf, die in der Nachbarstraße lebte und bis zum Tod mit ihr befreundet blieb. Wir besuchten das Deutsche Archäologische Institut in der Via Sardegna, dessen Direktor während der fünfziger Jahre Guido von Kaschnitz wurde, und auch die Villa Massimo, in der die Dichterin 1961 als Ehrengast wohnte. Ihren Spuren nachgehend, fanden wir jene Stätten wieder, die sie in *Engelsbrücke* und dem Bericht *Meine acht römischen Wohnungen* geschildert hat, die Villen und Museen, Straßen, Plätze und Kirchen, Treppen und Gärten, von denen auch in den autobiographischen Aufzeichnungen die Rede ist.

Durch Iris Schnebel-Kaschnitz kam ich mit einigen der alten Freunde zusammen und erhielt mündlich oder schriftlich Auskünfte, für die ich mich an dieser Stelle herzlich bedanken möchte: bei den Professoren HansGeorg Gadamer und Richard Hamann, bei Arthur Henkel und Wolfgang Preiser, Hans von Steuben und Otto von Simson, Helmut Viebrock und Ernst Homann-Wedeking. Ich sprach mit Dolf Sternberger, der als Freund Marie Luise Kaschnitz zeitlebens am nächsten stand, mit der Schwägerin Brigitte von Holzing in Bollschweil und dem Neffen Michael Marschall von Bieberstein in Rom.

Gespräche fanden statt mit den Dichtern Albrecht Goes, Geno Hartlaub und Karl Krolow, mit Antje und Gesine Bultmann, die Marie Luise Kaschnitz in ihrer Marburger Zeit erlebt hatten, mit der Frankfurter Freundin und Ärztin Alexandra von Metzler und mit Ursula Held, einer Schülerin des Malerfreundes Alfred Partikel aus der Königsberger Zeit. Nachrichten aus persönlicher Kenntnis der Dichterin gaben mir Luise Rinser und Golo Mann, Walter Helmut Fritz und Peter Härtling, der Kunsthistoriker Harald Keller in Frankfurt, Toni Kienlechner in Rom, Oswald von Nostitz und Klaus Schultz, der mit Marie Luise Kaschnitz in der späten Phase ihres Lebens befreundet war. Marie Therese Technau, Witwe des im Weltkrieg gefallenen Archäologen Werner Technau, erinnerte sich an die gemeinsame römische Zeit am Ende der zwanziger Jahre, die Archäologen Bernard Andreae und Helga von Heintze berichteten über den zweiten Aufenthalt im Rom der fünfziger Jahre.

Monica Huchel, die Witwe von Peter Huchel, erzählte vorurteilslos und offen von der Freundschaft zwischen Marie Luise Kaschnitz und dem aus der DDR übergesiedelten Dichter, der seit 1970 in der Nähe von Bollschweil, in Staufen im Breisgau, lebte. In Frankfurt besuchte ich Rolf Tiedemann, den Herausgeber von Adornos Schriften. Er lebt in der Wiesenau 8 in jener Wohnung, die, durch eine Bronzetafel bezeichnet, mehr als dreißig Jahre lang, von 1942 bis zu ihrem Tode 1974, das Zuhause von Marie Luise Kaschnitz war, ihr *Frankfurter pied à terre*, wie sie es nannte und von dem sie immer wieder aufbrach – nach Rom, wo die einzige Tochter wohnte, nach Bollschweil, wo der Bruder Peter von Holzing den Gutsbetrieb verwaltete, das Anwesen betreute.

Briefe, Informationen und Bestätigungen erreichten mich von Hans Bender, C.F. Curtius, Hans Magnus Enzensberger, Joachim Fest und Max Frisch, von Hans Werner Henze und Walter Höllerer, von Kurt Kaschnitz von Weinberg, Luise Usinger und allen jenen Korrespondenten, die mir ihre mit Marie Luise Kaschnitz gewechselten Briefe freundlicherweise zur Verfügung stellten. Bereitwillige Unterstützung bei der Sichtung der Handschriften haben mir im Deutschen Literaturarchiv Marbach Hildegard Dieke und Werner Volke zukommen lassen, und während der Arbeit haben sich meine Töchter Isabella und Constanze belebend an den Korrekturen beteiligt.

Zutiefst dankbar aber bin ich meinem Mann für seine stete Hilfe, sein Verständnis und jene Form liebevoller Bestätigung und geistiger Ermutigung, »die, ob wir sie auch bitter nötig haben«, wie es in einem Gedicht von Marie Luise Kaschnitz heißt, »sich doch nicht allezeit von selbst verstehen«.

*Dagmar von Gersdorff*

# Personenregister

Adorno, Theodor W. (1903-
1969). Soziologe, Philo-
soph, Musiktheoretiker
150, 175, 189, 192, 251,
255, 259-261, 285, 291-298,
303, 314, 317
Aicher-Scholl, Inge.
Schwester der von den
Nazis ermordeten Ge-
schwister Sophie und Hans
Scholl 164
Aichinger, Ilse (geb. 1921).
Schriftstellerin 184, 208,
284
Aischylos (525 v. Chr.-456
v. Chr.). Griech. Dramati-
ker 101
Alexander I. (1777-1825).
Russ. Zar 183
Andersch, Alfred (1914-1980).
Schriftsteller 180
Andres, Stefan (1906-1970).
Schriftsteller 157, 180, 207,
302, 329
Arendt, Hannah (1906-1975).
Soziologin, Politologin,
Schriftstellerin 173
Arrabal, Fernando (geb.
1932). Span. Dramatiker
288
Atabay, Cyrus (geb. 1929).
Dichter 286
Ausländer, Rose (1901-1988).

Dichterin 184, 220, 320,
325

Bachèr, Ingrid (geb. 1930).
Schriftstellerin 320f.
Bachmann, Ingeborg (1926-
1973). Dichterin 183f.,
206-208, 216, 220-225, 237,
243, 245, 251, 258, 261,
286, 300, 308, 310, 313,
319, 320, 325
Baden, Prinz Max von (1867-
1929). Bad. Thronfolger,
dt. Reichskanzler, preuß.
Ministerpräsident 13, 18
Bakunin, Michail (1814-
1876). Russ. Revolutionär
44
Balzac, Honoré de (1799-
1850). Frz. Schriftsteller
136
Baum, Vicky (1888-1960).
Schriftstellerin 88
Bäumer, Gertrud (1873-1954).
Schriftstellerin 101
Beauvoir, Simone de (1908-
1986). Frz. Schriftstellerin
185
Becher, Johannes R. (1891-
1958). Schriftsteller, Mini-
ster für Kultur der ehemaligen DDR 317
Bekker vom Rath, Hanna

# Bildnachweis

# Inhaltsverzeichnis